KB260089

좁은 땅 넓은 바다

【 국토연구원선서 】

좁은 땅 넓은 바다

조정제 지음

책을 펴내면서

좁은 땅 넓은 바다!

나는 40대부터 50대 중반까지의 왕성한 활동기간을 국토개발연구원과 국토·도시계획학회의 국토계획과 도시연구에 빠져 있었고, 50대 후반 뒤늦은 나이에 바다와 해양연구에 투신하게 됨으로써 땅과 바다를 아울러 볼 수 있게 되었다. 나처럼 땅과 바다를 함께 연구한 사람은 흔치 않을 것이다. 이 오랜 연구를 통해서 얻은 결론이 평범한 '좁은 땅 넓은 바다'다.

1978년 10월, 국토개발연구원이 발족할 때는 경제기획원을 그만두고 그 창립멤버로 뛰어들었다. 나는 이 연구원에서 제2차 국토개발계획, 제2제철(製鐵) 후보지 결정을 위한 타당성 검토(광양 대 아산만) 등 굵직한 프로젝트의 연구책임을 맡은 바 있다. 나는 이 연구원의 부원장을 마치고 한국개발연구원(KDI)에서 초빙연구원으로 있을 때 영광스럽게 대한국토·도시계획학회 회장에 추대되었다.

1994년 3월에는 뜻밖에 나는 해운산업연구원장 제의를 받았고 전문성이 맞지 않아 사양하였다. 그러나 한 달 가량 지난 뒤에 강권에 못 이겨 취임하여 바다와 인연을 맺게 되었고, 그후 거의 4년 만에 해양전문가로서 발돋움하고 해양수산부 장관에 취임하게 되었다.

나는 바다와 인연을 맺으면서 비로소 세계를 보는 안목이 생겼다. 세계 속의 한반도를 보자. 흔히 한반도를 '원동(遠東, Far East)'이라 한다. 그렇다면 한반도가 지구의 먼 동쪽 끝에 있는 것인가? 이것은 단지 서구에서 본 시각일 뿐이다. 21세기에는 세계의 중심이 아시아로, 동아시아로, 동북아시아로 옮겨오고 있다. 그래서 2000년을 넘어서자 세계 컨테이너 물동량의 절반이 아시아에서 발생하게 된 것이다.

또한 한반도는 동북아시아의 지리·경제적 중심에 위치하고 있다. 게다가 우리나라는 세계 뱃길의 동쪽 중심에 있다. 이 뱃길은 유럽의 물류 중심 로테르담에서 지중해를 지나 동아시아의 싱가포르 - 카오슝 - 홍콩을 거쳐 한반도의 부산·광양항을 경유하고 일본의 고베, 요코하마를 지나 미국 서안(LA/LB)까지 이르는 바다의 '하이웨이'다. 이 길을 간선항로(main trunk route)라고 한다. 우리는 이 간선항로의 중심에 있는 것이다. 그뿐인가. 일본 섬 - 한반도 - 호주·뉴질랜드 - 남미 - 북미를 잇는 환태평양연안과 유럽대륙을 '랜드 브리지(Land Bridge)'로 이어주는 관문이 바로 부산·광양항이다. 이론상으로는 부산·광양항에 입항하여 한반도관통철도(TKR)를 타고 중국철도(TCR)나 러시아철도(TSR)로 연결하여 유럽으로 가는 편이 바다의 간선항로보다 더 짧은데, 우리는 이 접점의 한 중앙, 곧 지구의 동쪽 중심에 위치하고 있다.

나는 해운산업연구원장으로 있을 때 거꾸로 된 지도를 발표했었다. 만주에 엉덩이를 깔고 앉아 탁 트인 대양을 바라보고 있다고 상상해보라. 일본열도는 한반도의 방파제처럼 놓여 있고 중국 동해안은 우리의 호안(護岸)으로 보인다. 그 속에 우리나라가 동·서양을 호령할 수 있는 '바다의 명당'에 위치하고 있는 게 아닌가?

좁은 땅을 넓게 쓰려면 국토를 개방적으로 이용해야 한다. 한반도 전체를 관세자유지역 또는 투자자유지역으로 생각하자. 작은 나라의 강점을 살리자. 네덜란드는 작은 나라이면서 세계적인 물류중심 부국으로 성장하였다. 작은 나라 네덜란드를 배우자. 강소국(强小國)이 되는 것이다. 그러려면 경제활동에 대한 규제를 확 풀어야 한다. 우리는 세계인이 되어야 한다. 좁은 땅 넓은 바다, 이 길이 중·일의 강대국 틈에서 강소국의 살 길이 아니겠는가?

이 책이 발간되기까지 많은 도움을 주신 국토연구원 이정식 원장, 그리고 흔쾌히 출간을 허락해준 도서출판 한울 김종수 사장에게 감사를 드리고, 이 책의 편집과 교정에 정성을 다해준 국토연구원의 박순업 책임연구원에게 특별한 감사를 표하고 싶다.

2002년 6월

광주(廣州) 불곡산 자락에서

조정제

차례

1부 좁은 땅, 넓게 쓰자

1 작은 것이 강하다

작은 것의 '콤플렉스'
작은 것의 강점을 살리자

작은 것의 '콤플렉스'

우리에게는 작은 것에 대한 '콤플렉스'가 있는 것 같다. 모두들 지나치게 큰 집에서 살고 싶어하고 큰 차를 굴리고 싶어한다. 병원도 동네 근처의 작은 의원보다 멀리 있는 큰 종합병원을 선호한다. 기업도 정부도 큰 것을 좋아한다. 전체 기업구성은 대기업이 두드러지고 중소기업이 너무 빈약하다. 제품도 큰 외형은 근사해도 작은 부품과 끝손질에는 부실하다.

도로체계도 대로(大路)·중로(中路)·소로(小路)의 적절한 계층구조를 갖고 있어야 하는데, 대로만 넓혀가고 중·소 도로는 그대로 방치되어 있다. 도시구조도 서울·부산 등 대도시는 아직도 팽창하고 있는데 지방의 중소도시는 제대로 성장하지 못하고 있다. 나라경제도 경제대국인 일본이나 미국 경제를 모방하려 들고, 대만·싱가포르·네덜란드와 같은 작은 나라의 전략과 지혜를 우습게 여기고 있다.

한강 위에 놓여 있는 다리는 크기에 관계없이 모두 대교(大橋)다.

게다가 영어로 '그랜드 브리지(Grand Bridge)'라고 번역해놓으니 보기가 우습다. 오죽했으면 국호(國號)에도 '대(大)한민국'이라고 대(大)자를 붙였겠는가? 왜 이토록 '작음'에 대한 콤플렉스가 생겨났을까? 우리 한반도가 작은 나라여서 그럴까? 동북아시아의 주변 열강 속에 경험한 소국(小國)의 쓰라린 역사 때문일까? 우리 체구가 서양인들보다 작아서일까?

지구상에는 나라가 작기 때문에 그 작은 크기를 강점으로 슬기롭게 살려 잘 사는 나라가 더러 있다. 싱가포르는 유럽 - 동아시아 - 미국 서안(西岸)으로 이어지는 간선항로상의 입지조건을 살려 국제물류 중심으로 우뚝 솟음으로서 자랑스런 경제부국을 이루었고, 네덜란드는 유럽의 관문(gateway) 기능을 살려 독일이나 프랑스에 못지않은 국민소득을 누리고 있다.

이제 우리는 작은 나라의 지혜와 작은 것의 이점을 살려야 한다. 동네 근처의 작은 의원을 살리고 중소기업을 육성해야 한다. 도로와 도시체계도 중소 크기의 기능으로 보강해야 한다. 작은 차도 잘만 굴러가고 작은 집에서도 오손도손 행복하기만 하다.

우리 하루 속히 작은 것의 '콤플렉스'에서 벗어나자. 작은 것의 강점을 살리고 작은 것의 '아름다움' 속의 소박한 행복부터 누려보자.

* 이 글은 필자가 해양수산개발원 원장으로 재직중 1997년 7월 25일자 ≪내외경제신문≫에 기고한 글이다.

작은 것의 강점을 살리자

환경론자들은 "작은 것이 아름답다(Small is beautiful)"는 말을 흔히 한다. 그러나 나는 "작은 것이 강하다(Small is powerful)"고 주장하고 싶다. 작은 고추가 맵다는 말과도 통한다. 첨단(尖端)산업의 '첨'자도 '대(大)'자위에 '소(小)'자가 얹혀 있어 큰 것을 작게 만든다는 뜻이 아닌가. 흔히 우리나라가 작아서 약소국이 된 것으로 자조하는 생각들을 갖고 있으나, 이는 작은 것의 강점을 잘 몰라서 그런 것이다. 국토가 좁으니 수송거리가 짧고, 혁신과 변화의 지역적 파급이 용이하고, 유행도 쉽게 전국으로 퍼진다. 산업입지 차원에서도 작은 나라의 입지 이익이 적지 않다. 미국처럼 큰 나라에서는 입지 여건이 좋지 않은 곳에 산업이 위치하면 입지요인 하나 때문에 바로 경쟁력을 잃는 수도 있다. 그러나 우리나라는 미국의 주(洲) 하나의 크기에 지나지 않아, 어디에 입지하더라도 주 크기의 땅 내 어딘가에 입지하는 정도의 차이밖에 없으니 불이익도 적은 게 아닌가.

그런데 우리나라의 물류비용은 매출액 대비 15%가 넘고 미국은 7%에 지나지 않다고 한다. 중산층 가구가 미국에서 한국으로 이사한다면, 웬만한 이삿짐은 컨테이너(40푸트) 한 개로 수송할 수 있다. 이때 미국서 부산항까지의 이사 비용은 100만 원이면 충분한데, 이 정도의 살림살이를 서울 시내에서 이사할 때도 그만한 돈이 든다고 하니 우리나라 물류비용이 얼마나 높은지 가늠할 수 있다. 왜 국토가 좁은 데도 물류비용은 그렇게 높은 것일까? 수요를 전제할 때 공급 요인에서 그 원인을 찾을 수 있다. 고(高)물류비용은 근본적으로 물리적 인프라(physical infrastructure)의 부족과 연계체제의 미흡 때문으로 보인다.

우리나라의 대미(對美) 수출화물이 부산에서 대형 컨테이너선 (5,000TEU급)에 실려 미국 서안의 로스앤젤레스나 롱비치 항에 도착되면 그 컨테이너는 바로 대륙횡단철도에 2단 높이로 싣고 전국 각지로 빠르게 운송된다. 지금은 3단으로 싣는 방법도 검토되고 있다고 한다. 우리는 어떤가?

부산항에 컨테이너 화물이 풀리면 부두 내에 화물을 쌓아둘 공간이 없어 멀리 있는 별도의 야적장(off-dock)으로 한번 더 옮겼다가 전국으로 운송되는 경우가 허다하다. 이때에 한 번 더 옮겨 싣고 내리는 비용이 컨테이너 1개당 4, 5만원이나 더 든다. 철도는 부두에서 화물을 실을 수 있도록 충분한 인입선(引入線)이 확보되어 있지 않다. 그것도 1단적(積)에 지나지 않는다. 우리나라의 철도는 터널이 낮고 교량의 한계상 2단적으로는 통과하지 못한다.

우리나라는 아직도 철도나 연안수송보다 육로의 트럭 중심으로 운송체계가 갖춰져 있다. 철도의 경우 미국에서는 한 번에 컨테이너

100개도 수월하게 실어 나르고 연안수송으로는 500개도 가능하다. 이것을 육로의 트럭으로 운송하자면 철도 대신에 트럭 100대가, 연안수송 대체를 위해서는 500대가 육로를 누벼야 하니 그 혼잡이 대단히 커지는 것이다.

우리나라의 물류비용은 작은 국토의 강점을 고려하면 미국보다 엄청나게 높은 것이다. 국토가 좁은 나라에서는 사회간접자본의 건설비용도 적게 들기 마련이다. 지금부터라도 사회간접자본의 확충과 연계장치가 효율적으로 이뤄지면, 우리나라는 국토가 작기 때문에 물류비용이 저렴한 나라로 성공할 수 있을 것이다. 나라가 작은 유럽의 네덜란드나 싱가포르가 우리의 좋은 모델이 된다. 싱가포르는 세계 중심항만을 확보하여 초기에는 항만수입으로 정부재정수입의 70% 내외를 조달하였고, 항만을 근거로 동남아시아의 물류중심국가가 되었고 이를 발판 삼아 지금 세계의 정보, 금융 중심지로 성장하고 있다. 우리나라는 동북아시아 제조업에서 선진 일본과 추격을 위협하는 중국 사이에서 불행한 새우가 되고 있으나, 물류입지상으로는 일본이나 중국에 비교할 수 없는 최적의 조건을 갖추고 있다. 대외경쟁력을 높이는 데 있어서 제조업 원가를 1% 낮추기보다 물류비용을 1% 낮추는 것이 우리나라같이 작은 나라에서는 더 용이해 보인다.

우리나라 지도를 거꾸로 놓고 보면, 일본은 우리나라의 자연 방파제처럼 놓여 있고 상해 이북의 중국 동해안은 우리의 호안(護岸), 그리고 만주 등 동북 3성과 극동러시아는 우리나라의 배후지로 보인다. 우리나라의 부산(가덕도)과 광양항은 유럽과 미국 서안을 연결하는 세계 간선항로의 중심에 위치하고 앞으로 개설 전망이 높은 환태평양 항로와도 연결이 용이할 뿐 아니라 유라시아 철도로 유럽과 연결하는 관문이 되기 때문에 부산항과 광양항은 동북아시아에서 중국의 상해 항이나 일본의 고베 항이나 요코하마 항보다 지리·경제적 입지성(立地性)이 훨씬 좋다. 따라서 부산항과 광양항은 유럽의 로테르담, 동남아시아의 싱가포르, 미국 서안의 로스앤젤레스·롱비치와 함께 세계의 4대 대형 중심항(maga hub port)의 하나로 발전할 잠재력이 높고, 이때에 동북아시아에서 환황해와 환동해의 연안지역은 우리나라의 부산항, 광양항과 피더(Feeder)로 연결되는 물류의 배후지가 되는 것이다. 우리나라가 부산의 가덕신항 등 대형 항만의 개발을 서두르고 국내 물류비용 문제만 해결하면 우리나라는 동북아시아의 국제 물류중심국가로서 그동안 축적한 제조업을 기반으로 하여 물류부국(物流富國)으로 번영할 수 있게 될 것이다.

물류부국 구상은 국토의 전면적 개방을 전제로 한다. 또한 국토의 개방은 작은 국토를 넓게 쓰는 방법이기도 하다. 한반도 전체를 관세자유지역 또는 투자자유지역으로 생각하자. 작은 국토 속에 세계를 끌어들이자. 작은 나라의 강점을 살리는 것이다. 작은 나라 네덜드나 싱가포르를 배우자. 우리는 강소국(强小國)이 되어야 한다. 그러자면 경제활동에 대한 규제를 확 풀어야 한다. 우리는 세계인이 되어야 한다. 좁은 땅 넓은 바다, 이 길이 중(中)·일(日)의 강대국 틈에서 우리 강소국의 살 길이 아니겠는가?

정부에서는 늦게나마 이의 중요성을 깨닫고 동북아시아 물류중심 구상을 세계화의 핵심사업으로 채택하고, 관세자유지역(부산, 인천, 광양), 국제자유도시(제주), 산업자원부 주도의 산업자유지역(군산) 등 국토의 개방체제를 지향하고 있어 무척 다행한 일이다.

　　이제 우리는 작은 나라의 강점을 살려 항만 등 물리적 인프라를 확충하고 효율적인 수송연계체계를 확립해야 한다. 이를 위해 지금부터 차분히 계획하고 준비하고 한반도 전체를 관세자유지역 또는 투자자유지역으로 하는 대담한 '스케일'의 정책을 펴보자.

* 이 글은 필자가 해운산업연구원장 재직중에 대한국토·도시계획학회에서 발간하는 ≪국토정보≫(1996년 10월호)의 <국토시론>에 기고한 글이다.

2 사회 다양성과 능률이 국제경쟁력이다

다양성이 존중되는 사회를 만들자

한 나라의 발전 수준은 흔히 국민소득과 사회적 다양화 정도로 평가된다. 우리나라는 개발연대를 통하여 국민총생산과 국민소득은 어느 정도 증가했으나 이에 걸맞은 사회 전반적인 다양화의 진전은 아직도 상당히 미흡하다.

다양성은 주어진 돈으로 개개인의 효용과 선택의 만족감을 높여주는 것이다. 따라서 여러 소득계층의 상이한 수요와 여러 가지 기호를 다양하게 충족시킬 수 있는 사회가 전개되어야 한다.

다양성 결핍 증세

다양성의 결핍 증세는 재화와 서비스를 생산하는 경제·사회 분야에 국한되지 않고 정치, 교육, 문화, 종교, 그리고 국민의식 속에 두루 자생하고 있다. 나라에는 대통령 한 분, 정당에는 총재 한 분의 목소리만 들린다. 변호사회도, 의사회도, 약사회도 한 목소리밖에 없다. 여당도 야당도 한 목소리밖에 없다. 다른 의견이 나오면 이상하게 보이는 이 사회가 정말 문제다. 교육과 예술도 다양성이 적고 개성이 부족하다. TV 프로그램도 그렇다. 우리나라의 의식구조도 흑백논리로 일관된다. 정치도 정당도 선택의 여지가 많지 않다. 중도나 타협은 변절자나 '사쿠라'로 몰리기 일쑤다. 우리는 일상생활에서 다양성과 선택의 부족을 느끼면서도 이제 만성이 된 듯 체념하면서 덤덤히 산다.

택시는 왜 한 종류뿐인가

우리가 자주 이용하는 택시제도는 어떤가? 이 역시 너무 융통성이 없어 보인다. 택시도 승객의 수요에 따라 그 크기와 서비스의 질을 다양화하여 선택의 폭을 넓힐 수 있을 것이다. 그러자면 현행 택시제도를 위한 각종 규제가 완화되어야 한다.

우선 개인택시에 대한 프리미엄이 상존(尙存)하는데 왜 신규허가를 그토록 통제하는지 알 수 없다. 미국의 로스앤젤레스, 워싱턴, 애틀랜타, 호놀룰루 등에서는 택시에 대한 규제를 완전히 해제하고 있다. 합승택시의 수요가 있는데도 모두 불법화하는 것은 문제다. 한쪽에서는 카풀(car pool)을 조장하면서 택시의 합승은 금지하고 있으니 말이다.

합승이 허용되는 '합승택시'와 그렇지 않는 보통택시로 구분하고 택시의 크기와 요금을 달리해서 선택의 폭을 넓혀주면 어떨까?

주택분양제도를 다양화할 수 없는가

주택분양제도도 개인의 능력과 선호에 따라 선택의 폭을 넓혀주는 방법이 없을까? 지금의 제도는 100% 자기소유 형태와 완전임대주택의 양극(兩極)만 있다. 공공기관과 개인이 일정 지분을 가지고 '공동 소유(co-ownership)'하는 중간 형태가 없다. 이 공동 소유제도는 영국과 캐나다 등에서 활용되고 있다. 이 제도는 개인의 능력에 따라 공동 소유지분 중 개인의 소유지분을 가감함으로써 능력에 맞게 소유의 다양성을 촉진시킬 수 있다. 이 경우 다양성의 이점 외에 자기 지분만큼 주택을 부분 소유하기 때문에 소유 욕구도 충족시키면서 임대주택보다 유지 관리가 잘 되고 더 많이 투자 회수되는 장점이 있다.

토지이용과 개발의 융통성

토지이용도 지나치게 용도를 분리시킴으로써 다양성과 융통성을 허용치 않아 개인의 창의와 가치가 발휘될 수 없다. 미국의 휴스턴 시는 토지이용 규제를 하지 않고도 토지용도간 큰 상충 없이 일정한 토지이용 질서를 확보하고 있다. 우리나라에서도 현행 규제를 어느 정도 완화하여 다소의 용도 혼합을 허용하고 민간의 창의가 반영되도록 할 수 없을까? 토지이용 규제권한은 현재 상당 수준 지방정부에 이양되고 있으나 이를 확대하는 것도 지방 단위로 그 지방의 실정에 맞게 완화 또는 조정함으로써 지역 단위로 특색 있게 다양화할 수 있을 것이다.

토지개발 방법도 한때 토지구획 정리 방법을 중심으로 추진하다가 이것이 지가(地價) 앙등의 원인이 된다고 하여 이제 토지 전면 매수에 의한 공영개발로 치닫고 있다. 이 공영개발 방법은 해당 토지의 계획적인 추진이 가능하기 때문에 계획가들이 선호하는 방법이

지만 토지 소유자의 반발이 크고 시장기능이 지나치게 교란되는 흠이 없지 않다. 따라서 양자(兩者)의 혼합 형태가 추진될 만하고 기업에 의한 일정 규모의 토지개발도 정부와 협의 과정을 거쳐 가능하도록 해야 할 것이다.

레저산업도 다양화가 필요하다

레저산업 등 서비스 부문도 다양성이 적고 선택의 여지가 좁다. 다방, 식당, 노래방, 술집 등도 엄격히 정형화되어 있고 중간의 혼합 형태가 금지되어 있다. 청소년의 건전한 놀이마당과 교제·휴식 공간이 부족하고 여러 소득계층에 적합한 레저 기회의 다양한 공급이 이뤄지지 않는다. 고소득층의 레저를 위한 골프장, 스키장, 수상 위락 시설 등의 확대 공급도 다른 계층의 유보 없이 용인되는 사회가 되어야 한다.

이제 소비자/이용자가 황제다

이제 우리 사회는 다양화의 촉진과 선택 확대가 사회제도와 정책 개발의 중요한 잣대가 되어야 한다. 이제 재화와 서비스를 제공함에 있어 소비자와 고객은 서비스의 단순한 대상이 아니라 '황제'라는 인식 속에 권위주의적인 공급자 위주의 시장구조에서 소비자 위주의 구조로 전환되어야 한다. 사회의 다양화는 국민과 소비자의 의사를 존중한다는 의미에서 민주화의 완결을 뜻하기도 하다. 다양화는 민간의 창의와 기술혁신을 촉진시키는 새로운 문화창출에도 도움이 되고 21세기의 새로운 경제성장의 원동력이 될 것이다. 사회제도를 개혁하려 할 때 정부는 사회의 다양화와 선택의 확대에 관심을 기울이기 바란다.

* 이 글은 필자가 한국개발연구원(KDI)에 초빙연구위원으로 재직하면서 대한국토·
도시학회 회장(1992년 2월~1994년 2월)을 맡고 있을 때 ≪한국경제신문≫(9196호)
<오피니언> 난에 기고한 글이다.

사회능률이 국제경쟁력이다

후생경제학(厚生經濟學)은 '다른 사람에게 손해를 끼치지 않고서는 나의 이익을 증가시킬 수 없는 상태'를 이상적인 최적의 상태로 정의한다. 이 최적의 상태로 이끄는 데 장애가 생기면 사회비능률(社會非能率)이 발생한다. 우리 사회는 구석구석에 뿌리깊이 비능률이 만연되어 있어서 사회의 발전을 가로막고 국제경쟁력을 좀먹고 있다.

복부인 탓하랴

우리 사회는 부동산 투기를 일삼는 복부인들을 지탄한다. 자신의 엄청난 이익을 위해서 많은 사람들에게 큰 손해를 끼쳤으니 지탄의 대상이 되는 것은 당연하다. 그러나 부동산 투기로 큰돈을 벌 수 있는데 아무도 투자하지 않는 사회라면, 그런 사회가 발전할 수 있을까? 나는 그 여인네들을 탓하고 싶지 않다. 그보다는 비능률의 구멍을 만들어놓은 사회에 더 큰 책임이 있는 것이 아닐까?

계층구조를 깨부수자

은행에 가보자. 맨 앞줄에 앉아 직접 고객을 상대하는 여직원들은 눈코 뜰 새 없이 바쁜데, 그 뒤에 한 줄, 그리고 그 뒤의 또 한 줄은 회전의자 속에 파묻혀 사색(?)하고 있다면, 이 두 줄은 분명 비능률의 대상이다.

은행만 그런가. 공기업에 가보자. 계장, 과장, 부장 하더니 요새는 한술 더 떠서 과장보, 부장보가 생기고 있다. 세계의 추세는 IT의 발전에 따라 정보기능이 중간계층을 대체하고 있지 않은가.

숨어 있는 경찰은 없애도 된다

나는 경찰이 음주운전 단속한답시고 2, 3차선을 모두 막아놓고 일일이 입으로 불게 하는 것을 보면 분통이 터진다. 무작위로 몇 대에 한 대 꼴로 점검하는 것도 아니다. 교통 소통은 아랑곳도 하지 않고 모든 차를 다 세워놓는다. 시간 낭비, 에너지 낭비, 경찰 낭비, 이 모든 게 비능률이다.

고속도로로 차를 달려보면 교통순찰차가 너무 많은 것 같다. 선진 외국의 고속도로에서는 몇 시간을 달려도 경찰차가 잘 보이지 않는다. 우리 고속도로에는 그 많은 순찰차가 눈에 잘 띄지 않는 곳에서, 또는 갑자기 속도제한이 강화된 길목에 숨어서 기다린다. 교통사고의 예방보다 적발 위주의 단속이다.

교통순찰차가 교통사고를 줄이는 데 목적이 있다면 사고가 잘 생기는 곳에 보란 듯이 나와 있어야 할 것이고, 잘 보이지 않는 곳에 숨어서 기다리고 있는 순찰차와 경찰은 보다 생산적인 곳으로 돌리는 것이 능률적이 아닐까?

물류는 비능률의 표본이다

우리 사회에서는 이사 한번 하는 데 100만 원 정도 든다. 그 돈이면 미국에서 부산까지 배편으로 운송하는 운임과 맞먹는다니 우리 물류체계는 얼마나 비능률적인가? 미국의 주(州) 하나 크기밖에 안되는 우리나라는 물류비용이 총매출액의 15%가 넘는다는데 그 큰 나라 미국에서는 7% 정도밖에 안된다고 하니, 얼마나 비능률적인가. 그뿐인가. 컨테이너도 팔레트 등의 물류표준화가 되어 있지 않아 옮길 때마다 비용이 추가된다. 건축자재도 표준화되면 자재 공급 가격이 싸질 것이다. 지금은 집을 적당히 지어 놓고 거기에 맞춰 문짝 등 자재를 주문 생산하는 체제니 가격이 비싼 것이 아닌가. 병원에 가보자. 종합병원에 그 많은 환자들이 죽치고 두세 시간을 기다리다 의사를 만나도 면담시간은 1분이 안된다. 기다리는 시간은 생산성이 영(零)이고 그만큼 비능률적인 것이다.

비능률의 구석이 어디 이뿐이랴. 우리가 깨닫지 못하는 비능률도 곳곳에 숨어 있다. 이 모든 비능률의 비용이 국제경쟁력에 반영되는 것이다. 결국 복부인 투기는 주거비용을 높여주고, 은행 직원은 자본비용에 전가되고, 경찰의 과잉 단속은 행정비용에 잡히게 되고, 물류비용은 소비자가격에 전가된다.

이들 비용을 줄이게 되면 사회능률이 향상되고 사회 전반의 생산성이 높아진다. 이제 사회능률의 향상 없이 국제경쟁력 향상도 어렵다. 우리 모두 '사회능률운동'에 동참해서 구석구석에 숨어 있는 비능률의 제거에 앞장서자.

* 이 글은 필자가 국토연구원의 연구위원으로 재직할 때 "사회비능률의 비용"이란
제목으로 ≪서울신문≫(1982년 5월 27일자)에 기고한 글인데 이번에 제목을 바꾸고
약간 손질하였다.

아직도 '네 탓'인가

우리 경제가 'IMF 쇼크' 속에 누란(累卵)의 위기에 봉착해 있는데도 모두들 줄곧 네 탓 타령만 하고 있다.

가장 큰 책임은 물론 행정부에 있다. 그것도 경제 부처와 한국은행 등이 국내외 경제 실상을 제대로 파악하고 미리 대처하지 못한 점에 그 책임이 가장 크다. 그러나 정치권도 책임이 상당하다. IMF가 권고한 정책 가운데 정치권이 제동을 건 것이 적지 않기 때문이다. 국회는 금융개혁 입법을 못하게 했고 노동시장의 유연성을 어렵게 만들었다.

대기업도 노동자도 책임을 면하기 어렵다. 대기업은 개발연대의 경영관행에 젖은 채 새로운 국제여건의 변화에 적응하지 못했고, 노동조직은 집단이익만 추구하다 보니 자기 기업의 대외경쟁력을 외면하였다. 우리나라의 인건비는 영국보다 높다고 하니 해외시장에서 경쟁이 되겠는가? 일반 국민도 2, 3만 달러 시대의 선진국 소비행태를 흉내냈고, 국내여행이 지겨워 모두들 해외관광에 혈안이 되어 있지 않았는가. 그런데도 모두 '네 탓'이란 말인가? 작금의 외환위기, 금융위기, 경제위기는 우리 사회 전반에 만연되어 있는 이 '네 탓' 풍조에서 비롯된 것이다.

카톨릭에서는 '내 탓이요' 운동을 전개해왔고, 원불교에서는 '네 덕, 내 탓' 운동을 실천해왔다. 그러나 이 운동은 종교나 개인 차원의 바람직한 도덕규범에 그치고 집단이익의 추구를 제어하는 사회의 행동규범 차원으로 승화되지 못하고 있다.

'네 탓' 풍조는 사회 공멸의 길이고, '내 탓' 기풍은 상생의 도(道)다. 해결책은 자리이타(自利利他)다. '자리이타' 정신은 우리 사회가 겪고 있는 이 어려움을 해결하는 기본규범이 될 수 있을 것으로 보인다. 현재 우리가 직면하고 있는 이 위기의 근본은 '자리(自利)'만 추구하고 '이타(利他)'를 철저히 배제하는 데 있기 때문이다.

시장경제이론은 경제주체가 자기 이익의 극대화를 추구하면 시장의 '보이지 않는 손'에 의해서 사회 이익의 극대화와 자원의 합리적 배분이 이루어진다고 설명하고 있다. 그러나 이 이론은 개인이나 기업이 그 수가 많고 조직화되지 않은 상태를 전제하고 있는데, 지금처럼 노동자가 조직화되고 기업이 '카르텔'을 형성하게 되면, 이 이론의 기초가 되는 전제가 무너지게 된다.

이처럼 시장경제의 경쟁구조와 유연성이 노동자나 기업의 조직화에 의해서 큰 제약을 받게 되는 사회구조에서는 조직화된 세력간에 자리이타의 새로운 이해조정 규범이 필요하다. 기업에서 발생하는 이익을 근로자와 기업주와 소비자가 같이 적절히 나눠 갖는 자리이타 규범이 필요한 것이다. 이 규범은 기업 이익을 일부 근로자에게

임금 인상으로 돌려주고, 일부는 기업주에게 일정 수준의 이윤을 보장해주며, 또 일부는 소비자에게 가격 인하로 사회에 되돌려주는 이익분배 체계를 추구한다.

IMF의 쓰라린 경험은 우리에게 좋은 교훈을 준다. 이제 '내 탓'에서 IMF의 원인을 찾고 '자리이타'로 더불어 잘사는 세상을 만드는 데 작은 힘을 모으고 앞장서자.

* 이 글은 1998년(원기 83년) 1월 2일자 ≪원불교신문≫에 실린 글인데, 맨 뒷부분을 약간 손질하였다.

노사갈등의 해법 : 보은4분법

　요즈음 노사 갈등이 한마디로 심각하다. '너 죽고 나 살기'식의 투쟁이다. 이런 투쟁이 계속되면 결국 너도 죽고 나도 죽고 만다. 왜 이렇게 되었을까? 이는 상대적 빈곤감과 내 몫 찾기 때문으로 보인다.

　우리 국민의 생활수준은 분명히 러시아보다, 그리고 중국보다 낫다. 주거수준도 사회주의 국가보다 낫다. 그러나 문제는 당장 내 이웃과 비교해서 더 못산다고 생각하는 데 있다. 아이들에게 누구처럼 피아노 레슨을 시켜야 한다고 생각한다. 내 집을, 그것도 큰 집을 갖고 싶어한다. 내 차를, 큰 차를 갖고 싶어한다. 최근 중국도 상대적 빈곤 때문에 옛날 모두 못살았을 때가 좋았다고 느끼는 사람들이 많아지고 있다고 한다.

　이처럼 상대적 빈곤상태에 놓여 있는 근로자는 급하게 내 몫을 챙기고 싶어한다. 심지어 근로자의 기여로 성장한 기업이니 소급해서라도 내 몫을 찾고 싶어한다. 성장의 과실을 나눠 갖자는 데 무슨 잘못이 있겠는가. 문제는 어떻게 나누느냐 하는 것이다.

한 기업의 성장은 노사의 힘만으로 이룩되는 것이 아니다. 기업은 노사가 중심이지만, 이외에도 정부의 보호라는 '법률은(恩)'과 소비자의 호응, 곧 동포은(恩)이 있어야 성장할 수 있는 것이다. 노사 서로가 마치 원수인 것처럼 투쟁의 대상으로 삼아서는 안된다. 노사와 정부와 국민이 동반자로서 서로 키워주는 은혜의 공생관계를 유지해야 한다.

그러면 이제 어떻게 나눌 것인가? 우선 배분의 몫은 '생산성 향상' 또는 '이윤' 범위 내에 한정되어야 한다. '무노동 무임금'과 '무이윤 무배분' 원칙은 고수되어야 한다. 이 원칙이 깨지면 그 기업이 얼마 동안은 견딜지 몰라도 결국 도산을 면하지 못하게 된다. 적자경영의 경우 축소경영도 감내해야 한다.

그러니 이제 이 생산성 범위 내에서 빵을 적절히 배분하는 방법을 제시해야 한다. 이 빵은 생산에 기여한 만큼 근로자, 기업주, 소비자/국민, 국가간에 잘 배분되어야 한다. 근로자와 기업주 사이에서 배분을 할 때 그동안의 기여에 비해 상대적으로 덜 받은 근로자에게 더 많이 돌아가야 한다. 정부가 베푸는 법률은에 대해서는 떳떳이 세금의 몫이 돌아가야 한다. 소비자/국민이 베푸는 동포은에 대해서는 좋은 상품이나 서비스를 '좀더 싸게' 공급하고, 일부는 사내유보(社內留保)를 통하여 기업 확장에 투입되게 함으로써 실업자에게 취업의 문호를 넓혀주는 것이다. 이때 같은 상품을 좀 더 싸게 공급하면 생산성 향상의 일부를 소비자나 동포에게 돌려주는 셈이 된다.

만약 모든 기업이 생산성 향상 가운데 일부를 소비자나 동포에게 '좀 더 싸게' 나눠주기 운동에 동참하게 되면 사회 전체의 물가가 그만큼 안정될 것이고 물가가 안정되면 근로자의 실질임금이 오히려 상승하게 된다. 그뿐인가. 물가가 그만큼 안정되면 수출이 잘되고 수입이 억제되는 것이니, 사회에 도움도 주고 내게도 이로운 자리이타 또는 이타자리 관계가 성립되는 것이 아닌가? 근로자나 기업주가 생산성 향상의 일부를 소비자나 국민에게 좀더 싸게 공급할 수 있도록 해주니 이렇게 나에게 되돌아오는 것이 아닌가.

우리, 보은4분법(報恩四分法)을 사회적 규범으로 받아들이고, "생산성 향상의 10%를 동포에게"라는 자리이타의 캠페인을 전개했으면 한다.

* 이 글은 1998년(원기 83년) 1월 2일자 《원불교신문》에 실린 글인데, 맨 뒷부분을 약간 손질하였다.

사회구조 변화와 선비정신의 재조명

우리나라의 선비정신은 이 땅에서 사형선고된 지 오래다. 조선시대의 선비 우위와 쟁이천시(賤視) 풍조가 우리나라 개발연대의 땀흘려 일하는 시대 여건에 맞지 않는다 하여 깡그리 부정하여 버린 것이다. 조선시대의 사·농·공·상(士農工商)의 차별사회에서 선비(士)는 청렴하며 학식을 숭상하고 생산과 상거래(農·工·商)를 멀리하는 부류로 인식되었다. 개화기에도 선비나 양반은 비가 와도 뛰지 않고 정구 같은 운동은 몸소 하기보다 상것들을 시키고 뒷짐진 채 구경하는 이미지를 갖고 있었다. 이러한 선비의 느릿하고 비생산적인 이미지 때문에, '싸우면서 일하고' 모든 일을 '빨리 빨리' 해치워야 하는 쟁이(匠人) 위주의 사회가 되면서는, 계승·발전시킬 만한 장점까지 송두리째 부정되어버렸다.

어느덧 21세기에 접어든 지금은 사회 가치기준이 많이도 바뀌고 있다. 그토록 재촉하던 '빨리'병과 고속성장병도 경제구조와 사회구조의 변화에 따라 '찬찬히'와 질 위주의 저성장 사회로 바뀌고 있다. 또한 국민소득 1만 달러 시대를 맞이하여 선진 문화시민 의식이 생겨나고 전통문화와 예술에 대한 동경도 늘고 차를 즐기는 사람도 많아지고 있다. 옛 선비를 닮아가는 것이 아닌가. 재화나 서비스의 생산과정도 기계화, 사무자동화 등의 진전에 따라 전통적인 제조업에 종사하는 '블루칼라'의 쟁이가 '화이트칼라'의 선비형으로 바뀌고 있다. 산업구조 면에서도 제2차산업(제조업)과 제3차산업의 중간 내지 혼합 형태라 할 수 있는 제2.5차산업이 부상하고 있다.

우리나라는 이제 이에 걸맞게 선비와 장인의 혼합 내지 쌍전(雙全) 형태라 할 수 있는 '장인선비' 또는 '선비장인' 형의 '새 선비상'을 추구하고 이를 뒷받침하는 '새 선비정신'의 연구와 범사회운동이 필요한 것 같다. 현대판 장인은 더러운 블루칼라 옷을 입지 않고 깨끗한 흰 옷을 입고 있고, 기계화된 공장에서 컴퓨터로 일하고, 그리고 차를 마시고 전통문화와 풍류를 즐긴다. 이들 새 장인들에게 새 선비상을 일깨워주어야 한다. 여지껏 홀대받던 선비정신은 이처럼 온고지신의 자세로 새 시대에 맞게 이제 재평가되어야 한다. 작금에 부정부패가 판치는 세상에 청렴했던 옛 선비 황희 정승의 정신을 본받아야 한다. 이렇게 좋은 선비정신을 오늘에 되살리면, 영국의 기사도 또는 신사도 정신, 일본의 사무라이 정신, 미국의 개척정신을 능가할 수 있지 않을까.

* 이 글은 1998년(원기 83년) 1월 2일자 ≪원불교신문≫에 실린 글인데, 맨 뒷부분을 약간 손질하였다.

3 교통 환승체계와 자동차문화

환승체계: 'Park and Ride'와 'Kiss and Ride'
주차요금, 시장에 맡겨라
인권과 차권
양보의 생산성과 자동차문화

환승체계 : 'Park and Ride'와 'Kiss and Ride'

우리나라는 이제 '내 차(My Car)' 시대에 진입했다. 1990년, 자동차는 300만 대로서 평균 3.5가구당 한 대꼴로 보급되었으나, 2001~2002년에는 한 집에 한 대 정도 보급됨으로써 진짜 '내 차' 시대에 접어들게 된 것이다. 이러한 자동차 홍수 속에서 언제까지 내 차로나 혼자 출퇴근할 수 있게 될까? 도로가 현재의 두 배로 늘어나도 혼잡해질 것이다. 이 시점에서 자가운전에 대한 제동을 걸 필요가 있다.

현재 우리나라에서는 자가운전수당을 지급하여 자가운전을 부추기고 있다. 사실상 주차보조까지 실시하고 있는 셈이다. 정부공공기관 또는 민간기관 등에 고용된 자는 그 기관의 주차시설을 이용하면서도 주차요금을 지불하지 않는 것이 관행이다. 이것은 엄격한 의미에서 주차보조의 한 형태다. 주차요금이 싼 것도 손수 운전하고 쉽게 도심에 진입하는 요인이 된다. 지하철과 고속버스 등 마땅한 대체 대중교통체계의 미비와 환승체계의 미흡도 자가운전을 부추기고 있다.

자가운전 및 주차보조 철폐

여기서 자가운전의 억제는 내 차 소유의 억제를 의미하는 것이 아니다. 오히려 자동차 보급은 촉진하되 그 운행을 억제하도록 하자는 뜻이다. 일본에서는 집집마다 자기 차가 다 있으면서도 출퇴근은 지하철 등 대중교통을 이용하는 게 보통이다. 따라서 차 소유 촉진과 운행 억제라는 상반되는 목표를 동시에 지향하기 위해서는 우선 자동차의 취득·보유과세를 경감시키고 기름 값의 인상을 통한 운행 비용의 증가를 시도해야 한다. 자동차세는 운행과 관계없이 일정액을 부과하는 제도이기 때문에 자동차의 보유를 억제하는 효과가 있다.

둘째로 자가운전수당을 폐지하고 이를 소득보조로 대체해야 한다. 자가운전수당이 자가운전을 촉진하기 위한 제도라면 교통정책상 타당하지 않고, 만일 이 수당이 소득보조의 한 변형이라면, 차의 소유나 운행과 무관하게 소득보조 형태로 바로 지급하는 것이 수혜자의 효용을 더 높여주는 방법임은 후생경제학 이론이 뒷받침한다.

셋째로 피고용자에 대한 주차보조는 자가운전을 촉진하는 효과가 있고 또 자가운전자와 대중교통 이용자 간 형평도 문제가 되므로 이 주차보조제도를 철폐하되, 경우에 따라서는 소득보조 형태로의 대체도 검토해야 한다. 미국의 한 연구(Shoup and Pickrell, 1979)에 의하면, 피고용자에 대한 주차보조를 철폐하고 시중 주차요금을 부과했을 때 20% 가량이 승용차 함께 타기(car pool) 또는 대중교통의 이용으로 전환한 것으로 나타났다. 미국의 관리예산국(OMB: Office of Management and Budget)은 1979년 4월에 워싱턴 '메트로폴리탄'에 있는 연방정부의 집행부에 종사하는 피고용자에 대한 주차보조금을 철폐하기로 하고 같은 해 11월에 2단계로 정부가 관리하는 주차시설의 요금을 대폭 올리기로 결정한 바 있다. 이제 우리나라에서도 주차보조의 철폐 또는 대체를 추진하고 도심지에서의 주차요금의 인상과 더불어 주차부가세(parking surcharge)를 부과해야 할 때가 된 것 같다.

넷째로 자가운전의 억제 시책을 가능케 하고 또 효과 있게 하려면 대중교통체계의 확립이 병행되지 않으면 안된다. 현재 추진중인 지하철의 확충과 더불어 버스전용차선제의 엄격한 적용을 통한 시내버스의 고속화, 그리고 이들 교통수단간 또는 대중교통과 승용차 간의 환승체계의 확립이 필요하다.

환승체계의 구축

환승체계의 일환으로 미국 등에서는 소위 '파크 앤드 라이드(park and ride)'와 '키스 앤드 라이드(kiss and ride)'가 활용된다. '파크 앤드 라이드'는 자기 차를 몰고 와서 환승주차장에 주차해놓고 대중교통을 타고 가는 것이고, '키스 앤드 라이드'는 부인(또는 남편)이 차를 몰고 함께 와서 남편(또는 부인)과 '키스'하고 남편(또는 부인)이 대중교통을 타고 출퇴근하는 형태다. 이때 중요한 것은 전자의 경우 환승주차장을 확보해야 할 뿐만 아니라 정부가 보조를 해서라도 주차료가 싸야만 이용이 촉진된다. 후자의 경우도 우리나라에서 최근 서울의 외곽(분당 등)에서 활용되고 있는데, 문제는 '키스 앤 라이드'를 할 만한 공간이 없다는 점이다. 환승주차장 같은 '환승 뽀뽀 공간'을 역세권과 버스정류장 근방에 마련해줘야 보편적으로 활용될 것 같다.

지역 단위의 교통 수요 관리

우리나라의 마을버스제도는 지역공급차원의 대책이다. 그러나 미국에서는 수요차원의 교통관리대책이 빛을 보고 있다. 최근 미국에서는 지역 단위의 교통관리 조합(TMA: Transportation Management Association)제도가 제법 활성화되고 있다. TMA는 지역 단위로 구성된 민간의 지역협의체가 중심이 되어 그 지역 내의 교통문제를 종합적으로 관리·운용하여 효율적으로 교통 수요를 관리하려는 것이다.

TMA는 지역 단위의 교통 수요 관리 대책으로 지역 단위의 출퇴근시간 조정, 지역 단위의 주차관리 대책, 차 태워주기(ride sharing)와 대중교통 이용 촉진 등이 채택되고, 지역 단위의 교통 서비스 제공을 위한 지역 내 순환교통체계 운용, 지역 단위의 환승체계, 출퇴근 시간과 점심시간의 전용버스 운행 등이 실시되고 있다. 우리나라에서도 지방자치시대를 맞아 교통문제의 자치적 노력과 지역 단위의 해결을 기대해본다.

* 이 글은 필자가 한국개발연구원에 초빙연구위원으로 재직할 때 《중앙경제신문》(1991년 4월 30일자)에 기고한 것이다.

주차요금, 시장에 맡겨라

차는 달리는 재미도 있지만 결국에는 멈춰 서야 일을 볼 수가 있다. 요사이 서울의 중심거리는 그냥 빙빙 돌기도 어렵지만 주차하기는 더 어렵다. 그러나 차를 멈춰야 일을 볼 수 있으니 불법주차가 느는 형편이다.

서울시는 주차요금을 지역별로 구분해 갑지(甲地)는 시간당 2,000~3,000원, 기타는 그보다 낮게 받고 있다. 물가당국에서도 물가관리 차원에서 주차요금의 인상을 억제하고 있는 듯하다.

서울시의 주차 수급 사정을 보면 1983~1986년 동안 승용차 수는 연평균 27% 증가하였는데 주차공간은 이 기간 동안 16%밖에 늘지 않았으니 주차의 어려움이 더해가고 있음을 짐작할 수 있다. 서울의 중심가에 위치한 건축물의 부대주차장의 주차원가를 추정해봤더니 3층의 경우 규모에 따라 시간당 3,000~4,000원으로 나타났다. 따라서 서울시의 주차요금은 상당히 낮은 수준에서 억제되고 있음을 짐작할 수 있다. 참고로 뉴욕과 동경의 주차요금을 살펴보면, 뉴욕의 중심가는 1시간에 11달러, 동경은 1,000엔을 받고 있으니 우리 돈으로 환산하면 1만 원을 훨씬 넘는 것을 알 수 있다.

이러한 저(低)주차요금 정책은 어떠한 영향을 미칠까? 우선 주차장 사업의 수익성이 맞지 않아 주차장 공급이 부진할 수밖에 없다. 신규 확대 공급은커녕 기존 건물의 지하 주차공간도 일부 전용(轉用)하여 수익성이 높은 용도로 바뀌고 만다.

주차요금이 낮고 주차공간이 부족할 때에는 효율적인 주차공간의 배분이 이뤄지지 않는다. 고율(高率)의 주차요금도 지불하려는 긴요지급(緊要至急)한 주차 수요가 불요불급(不要不急)한 주차와 동일하게 취급되기 때문이다. 불요불급한 주차가 하루종일 차지하고 있으면 긴요지급한 주차가 온종일 배제되고 마는 것이다.

서울 시내에는 주차할 수가 없어 4대문 안을 빙빙 도는 경우가 잦다. 이때 개인에게는 휘발유의 소비가 그만큼 발생하고 지체되는 시간 값을 지불하게 된다. 그리고 사회적으로는 원유의 수입이 증가하는 동시에 길에서 가다 멈추었다 하는 동안에 대기오염을 발생시키고 교통 혼잡을 야기한다.

이제 주차요금의 결정은 시장기능에 맡겨야 한다. 서울시에서 현재 갑·을지(甲·乙地) 등으로 구분하여 주차요금을 일률화하고 있으나 이는 지역 단위에서 볼 때 천태만상의 주차시장 상황을 전혀 무시한 것이다. 서울의 중심부 가운데 주차 사정이 극심한 지역은 동경이나 뉴욕을 육박한 수준이 될 수도 있을 것이고, 이는 다시 기업성 위주의 주차 공급을 촉진시켜 장기적으로는 주차요금의 안정화 경향을 보이게 될 것이다. 이처럼 주차요금이 높은 수준으로 현실화되면, 사(私)기업에 의한 주차시설의 확대 공급이 이루어질 뿐 아니라 불요불급한 승용차의 도심 진입을 억제하는 효과도 기대할 수 있다. 이는 도심진입세 또는 도심혼잡세보다 사회적인 비용이 적게 들기 때문에 대안으로 채택할 만하다. 시장기능에 의하여 자율적으로 결정하게 하는 주차요금제도는 시간대별로 주차요금을 달리함(peak load pricing)으로서 시간별 주차 수급을 조정하는 기능도 발휘할 수 있다. 요컨대 주차 수요가 큰 시간대에는 주차요금을 올리고 저녁 늦게는 할인해주는 제도가 그것이다. 또한 한정된 주차공간의 이용도를 높이기 위하여 장기 주차의 경우 주차요금을 체증시키는 제도를 활용하면 자율주차요금제의 이점이 많은 것을 알 수 있다.

주차요금의 자율화 이후 주차시설의 확보가 어느 정도 사기업 위주로 조성되고 나서 주차요금의 도심 진입 기능을 강화할 필요가 있을 때에는 주차요금에 주차세 또는 주차부가금을 부과하는 것도 검토할 수 있을 것이다.

* 이 글은 필자가 국토연구원 부원장 재직중 1987년 4월 14일자 ≪한국경제신문≫에 기고한 글이다.

인권과 차권

    자동차의 숫자는 1960년의 3만 대 수준에서 1985년 말에 100만 대를 넘어섰고 2000년 말에는 1,300만 대를 돌파하였다고 한다. 따라서 1960년에 인구 1,000명당 1.2대에 불과했던 것이 2000년에 와서 3.5명당 한 대꼴이 됨으로써 집집마다 거의 차 한 대씩을 갖고 있는 셈이다. 이제 본격적인 승용차시대가 열린 것이다,

    그러나 이 승용차시대에 접어들면서 우리 사회에 인권(人權)보다 차권(車權)이 존중되는 풍토가 만연되고 있다. 도로 건설 과정에서 차도는 줄기차게 확대되는데 인도는 오히려 축소되는 경향을 보이고 있다. 강남의 삼성로는 심지어 왕복 14차선이나 된다. 미국의 '맨해튼'에도 이처럼 넓은 차도는 없다고 한다. 차도는 또 매끈하게 포장되고 있는데 인도는 울퉁불퉁하고 때로는 끊기기도 한다. 인도여야 할 땅은 차에 물려주고 육교나 지하도로 밀리는 신세가 되고 있다. 어떤 인도는 차도에 밀려 사람이 서로 지나갈 수 없을 정도로 좁다.

서울의 비원 쪽에서 원남동 네거리로 가는 인도가 그렇다. 서울대가 대학로에 있을 때만 해도 이곳은 젊은 '아베크'족이 걷기 좋아하는 길이었는데 거기에 차를 위한 고가도로가 생기면서 인도가 좁아져버렸다.

이러한 추세는 자동차 보급이 확대됨에 따라 차도 확충이 시급하였고 이를 최소 비용으로 하려다 보니 불가피하게 되었다고 볼 수도 있다. 그러나 사람이 걸어다니는 권리는 헌법상 보장되어 있는 거주 이전의 자유보다 더 기본적이고 기초적인 권리가 아닌가. 인권이 잘 보장된 미국과 영국 등에서 도로의 사용권은 걸어다니는 사람에게 우선한다. 땅 위는 걸어다니는 사람에게 우선권이 주어지고 차는 지하차도나 고가로 밀려나는 경향을 보인다. 횡단보도에서의 차권 우선은 우리 사회의 보편화된 관행이다. 신호등이 없는 횡단보도에서는 사람과 차 중에서 먼저 도착한 쪽이 우선권을 갖게 되어 있으나 우리의 관행은 횡단보도 위에 사람이 줄지어 밀려와도 그 사이를 차가 뚫고 달리기 일쑤다. 우리나라 인권존중과 시민문화의 척도를 이로 가늠할 수 있지 않을까?

이뿐인가. 인도에 차가 버젓이 주차해도 그만이다. 비 오는 날 물을 튀기고 질주하는 차를 보면 걷는 사람은 비애를 느끼지 않을 수 없다. 차권도 큰 차가 더 많이 보장받는다. 호텔에 가면 작은 차는 중앙의 현관 근처에는 얼씬도 못하고 멀리 쫓겨나는 신세다. 사람들은 또 3~5년마다 새 차로 바꾸기를 좋아한다. 차가 무슨 위세재(威勢財)인가. 그 옛날 차가 귀할 때는 차가 부의 상징이고 위세재였는지 모른다. 그러나 지금은 집집마다 차가 다 있다시피 하니까 상황이 다르다. 보행자가 가족이 될 수도 있고 자기 자신이 될 수도 있다.

인권보다 차권이 우선하는 이유는 어쩌면 상대방을 생각지 않고 '네 탓'만 하는 개인주의 때문인지도 모른다. 이제 인권이 존중되는 교통문화의 창달에 앞장서자. 차를 밀쳐놓고 자유롭게 걸어보자. 차권을 내던지고 인권을 되찾아주자. 사람 그 자체, 사람 속의 인품과 본성을 되돌려 받자. 자기 이익뿐 아니라 타인의 이익도 생각하는 '자리이타' 정신이나 "내 탓이요" 운동에 우리 다 함께 동참하자.

* 이 글은 필자가 교통학회 부회장(1985. 4~1987. 4)으로 있을 때 ≪대한교통학회≫지(1986년 12월호) 권두언에 실었던 내용을 보완한 것이다.

양보의 생산성과 자동차문화

영어의 'yield'라는 단어는 '생산하다'의 뜻과 '양보하다'의 뜻을 동시에 지니고 있다. 예전에 영어 공부를 할 때는 이 단어가 두 가지의 전혀 다른 뜻을 갖고 있는 것이 이상하게 보였다. 어원이 다른 말처럼 보이지도 않았다. 그러나 최근에 와서야 '양보'가 '생산적'이라는 의미를 알았고, '양보하다'는 뜻과 '생산하다'는 뜻이 관계 깊다는 것을 알게 되었다.

서울에 살다보면, 네거리에 차들이 엉켜 오도가도 못하는 경우를 흔히 본다. 이렇게 엉키게 되면 양보해서 소통이 잘되었을 때보다 당연히 생산적이지 않다. 차선 진입을 놓고 서로 팽팽히 맞설 때, 긴장과 그로 인한 에너지 낭비도 비생산적이다. 이때 흔쾌히 양보하면 건강에 좋다는 '엔돌핀'도 솟구쳐서 생산적이게 될 것이다. 양보하면 당장은 늦게 간다고 생각들 하지만, 양보해서 질서를 지키면 여러 사람이 기쁘게 빨리 갈 수도 있다.

우리나라에는 제대로 된 자동차문화, 또는 교통문화가 아직 뿌리 내리지 않았다. 복잡한 시내에서 자가 운전하는 경우 덕망이 높다는 사람도 입에서 욕지거리가 튀어나올 정도로 기본적인 운전 예의가 없다. 새치기는 예사고, 경적도 제 맘대로 울리고, 피우던 담배도 서슴없이 길거리에 내던지고, 가래까지 내뱉는다. 동양에서 칭송을 받던 '예의의 나라'가 이 모양이 되었으니 한심하다.

차선을 바꿀 때는 먼저 신호를 주게 되어 있다. 그러나 요새 대도시에서는 차선변경신호를 먼저 주고도 차선 진입하기가 무척 어렵다. 차선변경신호를 보면 상대편에서 그 차가 진입 못하게 더 바싹 죄어 달려오기 때문이다. 그래서 택시운전사나 유능한(?) 운전자는 신호의 예고 없이 틈만 나면 바로 차 코를 내밀고 들어가는 것이 예사다.

최근 어떤 방송사가 광주에서 '교통질서 지키기 캠페인'의 일환으로 교통질서를 지키는 시민을 몰래 카메라로 추적했다. 하루 종일 노력 끝에 한 사람 찾기에도 진땀을 흘리는 것을 보고 놀라지 않을 수 없었다. 나도 저러지 않나 하는 생각에 소름이 끼쳤다.

우리나라는 도로의 이용권리체계(right of way)가 제대로 되어 있지 않다. 도로의 이용권리체계는 큰길과 좁은 길이 교차할 때 어느 쪽에 있는 차에게 우선권이 주어지며, 차와 사람 간에는 어느 쪽에 우선권이 있느냐의 문제다. 필자가 미국의 조그마한 대학촌에서 운전할 때에 겪은 창피스러운 기억이 생각난다. 그때 내가 달리던 도로에 '양보(yield)'라는 표지와 함께 '건너는 길'이 가로놓여 있었고 거기에 한 사람이 먼저 와 있었는데, 무심결에 달리던 속도대로 지나쳤더니 그 사람이 뒤에서 소리치며 격렬히 항의하는 모습이 나의 차 거울에 비춰졌다. 창피스럽고 미안했다. 그때는 내가 차를 멈추고 그 사람에게 길을 양보했어야 옳았다.

나는 요즈음 차를 운전하면서 단전호흡을 자주 한다. 마음의 여유가 생기는 것 같아 좋다. 차선진입신호를 주면 큰 무리가 없는 한 양보하기로 하였다. 그때 저쪽에서 손이라도 들어주면 고맙다. 아무 반응이 없으면 섭섭하기도 하지만, 이제는 이 작디작은 고마움을 베풀고 어찌 답례를 기대하랴 싶어 '놓아버리기'로 하였다. 사람들은 큰 희사(喜捨)는 선뜻 하면서 '양보'라는 작은 희사에는 왜 그리 인색할까?

누구나 질서가 아름답고 생산적인 것인 줄 안다. 그러나 질서란 양보를 통해 서로간의 생산성을 높이자는 약속이라는 사실은 잘 모른다. 양보는 한갓 미덕 차원에 그치는 것이기보다 사회 전체의 능률을 높여주는 사회의 기본적인 가치라 할 수 있다. 양보란 입장을 바꾸어서 상대방의 위치에서 보는 것이기도 하다. '내 덕, 네 탓'이 아니라, '네 덕, 내 탓'의 입장이 되는 것이다. 우리, 너의 입장이 되어 양보함으로서 질서의 기본을 정립하고 사회 전체의 여유와 능률을 추구하자.

* 이 글은 1992년 6월 ≪경우회(經友會)≫지에 기고한 바 있다.

4 도시 및 지역계획의 새로운 '패러다임'

국토관의 새 지평

우선 육당 최남선의 글부터 인용해본다. "우리 민족의 역사 가운데 가장 비통한 일은 반도의 민족, 임해국가임에도 불구하고 바다를 잊은 채 살아왔다는 사실이다. 일찍이 바다의 필요성을 깨달은 일본이 오늘날 세계의 열강으로 군림하고 있는 사실은 우리에게 많은 것을 일깨워준다. 역사를 돌이켜보건대, 우리 민족의 끊임없는 환란은 우리 바다를 잊었기 때문에 생겨난 것이며, 그 시련은 지금도 계속되고 있는 것이다."

우리나라는 이상하리만치 오랫동안 대륙 지향과 바다 경시(輕視)적인 경향을 띠어왔다. 그 옛날 선사시대, 삼국시대, 장보고가 동아시아 바다를 제패한 통일신라시대, 그리고 고려 전기를 제외하고, 그 이후 줄곧 바다를 멀리하고 물가를 무서워하기까지 했다. 바닷가에 사는 사람과는 혼사도 잘 하지 않았다. "제해(制海)하는 국가가 세계를 제패한다"는 영국을 위시한 서구의 진취적 기상은 우리에게서 찾아보기 힘들다. 그래서 아직도 친수(親水)·친해(親海)의 스포츠나 레저도 제대로 보급되어 있지 않다.

우리나라의 1, 2차 국토종합개발계획도 좁은 국토 속에 파묻혀 옹기종기 살기 위한 계획에 관심을 두었지, 한반도 주변의 그 넓은 바다와 지구 전체를 보는 시각이 결여되어 있었다. 항만계획도 우리나라 화물을 외국에 실어 나르는 창구에 지나지 않았다. 항구는 또한 일반 시민의 접근이 금지되어 있는 곳이기도 하였다. 그뿐인가? 그동안 한반도는 원동(Far East)의 한 외진 곳에 위치하고 있다는 의미를 담은 서구인들의 '원동(遠東)'이라는 표현에 우리는 이의를 달지도 않았다. 그러나 우리 한반도는 세계를 누비는 간선항로의 중심에 당당히 자리잡고 있다. 이제 외진 원동이 아니다. 간선항로는 유럽의 로테르담 등에서 지중해를 거쳐 싱가포르 - 홍콩·카오슝 - 부산·고베 - 미국의 서안(LA·롱비치 항)으로 연결된다. 이 간선항로는 유럽과 미국 서안을 시계추처럼 왔다갔다한다고 해서 '시계추 서비스(pendulum service)'라고 하는데 우리나라(부산·광양)는 이 시계추 서비스의 동쪽 중심에 위치하고 있다. 우리는 그동안 좁은 땅만을 보다 보니 이 간선항로의 한 중심에 위치하고 있는 우리 국토의 위치와 위상을 잘 보지 못하고 있었다. 이 간선항로상의 중심성을 잘 활용하여 국부(國富)를 항유하고 있는 대표적인 나라는 네덜란드, 싱가포르 등이다. 이들 나라는 이 중심성을 적극 활용하기 위해 대형 중심항만(mega hub port)과 공항(super hub port)을 개발하고 이들 항만과 공항을 최첨단 종합화물기지로 발전시켜왔다. 이제 항만은 단순한 수출입 화물의 통과항만이 아니라 이제 소위 제3세대 항만이라 하여 광활한 배후 물류기지를 조성하고 거기에서 '레벨링', 조립,

AS, 물류센타 운용 등 물류 부가가치(value-added logistics) 창출 기능을 수행하고 있다. 이러한 기능이 발전되면 자연히 화물과 사람이 모이는 곳에 정보 기능, 금융 기능 등이 수반되어 세계 중심으로 발돋움하게 되는 것이다.

우리나라가 세계의 간선항로의 한 중심에 위치한 이점을 살리면 동아시아 또는 동북아시아의 물류중심지가 될 수 있는 최적의 지리·경제학적 여건을 갖추고 있다. 그러나 이 중심성의 필요성을 충분히 깨닫지 못하고 그 이점을 최대한 살리지 못하고 있다. 아직도 우리는 공업입국 개발연대의 개발철학에 묶여 있다. 동북아시아에서 우리나라는 제조업만으로 승부를 걸 수 없다. 최고의 첨단기술은 일본에 뒤지고 중·저기술은 중국에 밀리니 우리의 입장은 갈수록 불리해지고 있다. 그러나 한반도의 동북아시아 중심성의 강점을 살려 '물류부국'의 지혜를 살려간다면 우리의 나아갈 길은 탄탄하다. 우리나라가 세계 간선항로의 중심에 있고 거기에 남북한 관통철도(TKR)가 개통되고 만주(TMR)·몽고(TMGR)를 거쳐 중국(TCR) 또는 시베리아(TSR)로 연결되어 유럽으로 이어지면, 우리나라는 태평양 - 유럽의 연결축과 간선항로의 교차점에 위치하게 되고 이 중심성은 일본이나 중국이 넘볼 수 없는 이점으로 부각되는 것이다. 일본이 오죽 답답했으면 일본의 미래학자들이 규슈 지역과 부산 부근을 연결하는 해저터널 구상을 꿈꾸고 있을까.

우리 국토는 이제 더 이상 극동(極東)이나 원동의 외진 곳에 치우쳐 있는 작은 한반도가 아니라, 이제 동아시아 또는 동북아시아의 물류중심적 위상을 딛고 세계의 중심을 지향하는 국토로 다시 태어나야 한다. 이 넓은 세계 속에서 우리의 '좁은 땅'을 '넓게' 쓰는 방법을 찾아야 한다. 그것은 한 마디로 국토의 개방적 이용이다. 한반도 전체를 관세자유지역 또는 투자자유지역으로 생각하자. 작은 나라의 강점을 살리자. 네덜란드는 작은 나라이면서 세계적인 물류중심 부국으로 성장하였다. 작은 나라 네덜란드를 배우자. 우리는 강소국(强小國)이 되는 것이다. 그러자면 경제활동에 대한 규제를 확 풀어야 한다. 우리는 세계인이 되어야 한다. 좁은 땅 넓은 바다, 이 길이 중(中)·일(日)의 강대국 틈에서 우리 강소국의 살 길이 아니겠는가?

정부에서는 늦게나마 이 중요성을 깨닫고 동북아시아 물류중심 구상을 세계화의 핵심사업으로 채택하고, 관세자유지역(부산, 인천, 광양), 국제자유도시(제주), 산업자원부 주도의 산업자유지역(군산) 등 국토의 개방체제를 지향하고 있어 무척 다행한 일이다.

국토·도시계획 전문가도 이제 좁은 국토 내의 육지나 도시 가꾸기에 더하여 세계 속의 동쪽 중심을 지향하는 우리 한반도의 탁 트인 국토관을 정립하는 데 앞장서주기를 기대해본다.

* 이 글은 대한국토·도시계획학회가 발행하는 ≪국토계획≫(1997년 10월호)의 권두언에 실린 글인데 이번에 조금 손질하였다.

21세기 도시계획의 새로운 정책과제

계획 여건의 변화와 도시계획적 의미

세계화시대의 진전

21세기에는 국제화 내지 더 나아가서 세계화가 더욱 진전되고 지구촌에는 단일세계시장(global single market)이 형성될 것이다. 기업은 가장 경쟁력 있는 주력 산업을 특화해서 세계 제1의 명품을 내놓지 않고서는 살아남지 못한다. 외국인이 와서 생활하기에 불편하지 않을 정도로 도시나 지방이 국제화되지 않으면 그 도시는 국제경쟁에서 탈락하고 만다. 이제 도시의 하드웨어와 소프트웨어를 조성할 때 외국인의 시각에서 보거나 외국인의 감각을 가져보는 세계인의 자세와 여유가 필요하다.

기술·민주사회의 전개

2000년대 우리나라는 소위 기술·민주사회(techno-democratic society)

로 정착될 것이다. 전국토가 사실상 기술국토(techno-state)가 되지 않고서는 우리나라가 세계시장에서 생존할 수 없게 되는 것이다. 기술국토는 '하드웨어'를 기본으로 하고 그 위에 '소프트웨어'의 성숙 정도가 나라의 우열을 가늠하게 된다. 하드웨어의 구축보다 소프트웨어의 구비가 더 시간이 걸리고 따라서 더 어렵다.

우리사회는 IT산업의 성장 위에 전문직종의 성장과 기술관료의 전문화가 예견되고 또한 필요하다. 기술·민주사회의 '민주화'는 단순한 정치적 민주화 차원뿐 아니라 더 나아가서 정부 독단에 대항하는, 시장기능의 활성화, 기업영역의 확대, 주민참여의 적극화까지 포함하는 광의의 뜻으로 이해되는 것이다.

기술·민주사회의 '기술'과 '민주'는 서로 상충될 때도 없지 않다. 기술적으로 완벽한 사업도 주민의 이해를 얻지 못하면 추진이 어려운 경우가 없지 않다. 여기에 주민의 참여와 주민의 설득은 물론, 더 나아가서 '기술'과 '민주' 간의 협상과 타협이 중요해진다.

생산요소의 상대적 가격 변화와 반영

전통적으로 생산요소로 자본, 노동, 토지를 3대 요소로 드는데 최근에는 기술과 정보력을 추가하는 경향이 있다. 그리고 전통적인 3대 요소 중 노동과 토지는 희소성이 증대하고 그 값이 계속 상승하나, 자본은 상대적으로 풍부해지고 이자율이 떨어진다. 21세기는 정보의 시대라 정보의 중요성이 부각된다. 다가오는 시대에는 IT(Information Technology)산업의 성장에 더하여 정보의 가공, 유통, 이용에 혁신이 일어나고 보편화된다. 그리하여 재화와 서비스의 생산과 공급에 있어서 그 생산성의 향상에 정보의 기여도가 더 높아진다.

따라서 21세기에는 산업과 도시의 발전에 있어서 고(高)자본과 고(高)정보에 저(低)노동과 저(低)토지의 조합을 추구하는 일대 전환이 필요하게 된다.

자동차시대의 진전과 교외화

21세기에는 한 집에 차 한 대씩 보급되는 승용차시대가 전개되고 자녀교육이 거주입지의 결정에 영향을 주지 않는 고령화시대가 열리게 된다. 앞으로는 기대수명이 길어지고 한 자녀만 두는 경향이 보편화함에 따라 50세를 약간 넘어서면 자녀의 교육의 부담을 덜게 되어 무(無)구속 거주입지의 결정이 가능하게 된다.

이 두 가지 변화가 결합하면 도시의 외연 확산이 그 옛날의 버스에 의한 저소득층의 교외 방출이 아니라 승용차에 의한 고소득 무구속층(無拘束層)의 교외화가 본격 전개될 것이다.

지방화시대와 환경재의 고평가

시민의 소득이 늘어나고 지방화시대가 전개되면 환경우선 경향이 강화된다. 돌이켜보자. 1960년대 불도저라는 별명이 붙었던 김현옥 서울시장 시대에 더러운 청계천이 보기 싫다 하여 복개해버리고 그 위에 2층 고가도로까지 만들었다. 그 당시 시민들은 대부분 시원하게 잘되었다고 생각하였고, 언론도 별로 비판이 없었다. 지금이라면 누가 찬성할까? 시장이 추진한다면 그는 낙선할 게 뻔하다.

하지만 청계천에 맑은 물이 흐르고 그 양변에 친수공간(親水空間)이 개발되어 있다면 서울은 얼마나 멋있을까? 청계천은 영국의 '템즈' 강이나 프랑스의 '센' 강에 못지않은 크기에 낭만이 넘치는 명소가 되었으리라. 한강은 너무 넓어서 그렇지 못하다. 지금이라도 청계천을 되살릴 수 없을까? 이뿐이랴? 서울 동숭동의 대학로도 1960년대에 시꺼먼 물이 보기 싫다 하여 사정없이 복개해버리지 않았는가? 지금 얼마나 아쉬운가. 이제 우리는 환경우선시대에 살고 있다.

한편 지방시대는 지역이기주의가 사라지게 되고 그 지방과 이웃 간에 좋은 환경을 두고 다투는 풍토가 조성될 것이다. 여기에 지역 간의 이해조정 등 광역행정의 필요성이 그만큼 더 증대되고 이해당사자간의 협상과 거래가 불가피하게 된다.

이제 지방화시대를 넘어서서 지방시대가 정착된다. 지금까지 중앙정부에 집중되던 도시계획 관련 권한들이 지방정부에 속속 넘어오게 된다. 따라서 지방과 도시에 따라 독특한 계획기법과 접근을 시도할 수 있게 되고 이 결과로 도시의 개성화가 가능해질 것이다.

도시경영시대

주민의 소득이 증가하면 필연적으로 도시 공공서비스 향상에 대한 욕구가 분출하게 되지만, 이를 공급하기 위한 재원의 확대에는 한계가 있기 마련이다. 조세의 증수(增收)에 의존하고자 할 때 조세저항에 부딪치기 십상이다. 여기에 도시행정을 하나의 기업으로 보고 도시경영적 접근을 시도하지 않으면 안되게 된다.

도시계획의 새로운 정책 과제

도시인구의 수용과 도시구조의 재편

도시인구는 21세기 들어 그 증가세가 둔화하긴 해도 꾸준히 증가하고 있고 독신가구 역시 증가하는 경향이 있다. 이때 이러한 인구증가와 구조변화를 어떻게 수용하느냐, 그리고 제법 부유하고 자기 승용차를 가지고 있고 자식 교육에 구속받지 않는 이 고령인구를 어떻게 수용하느냐가 큰 과제다. 이들 상당 부분이 교외에 분산될 것이고 이를 수용하기 위한 집단화와 단지구상이 추구될 수 있을 것이다. 이 단지는 50대 후반부터 선호하는 입주환경을 그리고 있기 때문에 준(準)실버타운(silver town)이라고 부르거나 또는 무애촌(無碍村)이라 부를 수 있을 것이다.

독신가구와 일부 고령인구는 교통이 편리하고 편의시설이 잘 갖춰진 곳을 선호하는 경향도 없지 않다. 이들은 토지용도 순화가 아닌 혼합용도개발(MXD: Mixed Use Development)의 계획적인 추진을 검토할 수도 있을 것이다. 이 개발구상은 미국 시카고의 '워터 타워 플레이스(Water Tower Place)'와 같이 주거, 사무실, 소매점, 위락기능 등을 혼합 수용하는 대형 건물을 짓는 것이다. 이는 직주근접(職住近接)의 이점이 있음은 물론이다. 이 MXD는 미국의 경우 처음에는 도심의 재개발을 통하여 이루어졌으나 점차 교외지역으로 확대하고, 주거기능이 강화되는 경향을 보이고 있다.

실버타운의 개발은 승용차 선호도가 높은 세대를 상대로 한 자연적 추세를 반영하는 반면에, MXD는 교통이 편리한 곳에 입지하고 직주근접으로 교통유발의 최소화를 겨냥할 수 있기 때문에 양자(兩

者)를 상황에 따라 적절히 조화하여 도시구조의 개편을 지향할 수 있을 것이다.

교통 유발의 억제와 교통의 분산

도시 내의 교통은 1구간 내지 1지점에 교통 병목현상이 생기면 나머지 전구간의 교통시설이 무용지장물(無用之長物)이 되기도 한다. 따라서 교통혼잡의 분산을 통한 도시교통시스템의 효율성을 높이는 것이 중요한 과제가 된다. 그래서 도시의 통과 교통은 우선 우회도로의 건설로 도심의 진입을 억제하고, 이를 점차 순환도로체계로 발전시키는 한편, 도심 진입 교통에 대해서는 버스전용차선제 등 대중교통 중심의 환승체계를 추구하고 '주차하고 타고 가는' 파크 앤드 라이드나 '차를 환승하는 곳까지 태워주는' 키스 앤드 라이드를 부추겨야 할 것이다. 아울러 토지이용 면에서 1극(極) 집중과 토지용도 순화로 인한 교통유발을 축소하기 위한 도시구조의 재편도 검토되어야 할 것이다. 도시규모가 커질수록 다핵형(多核型)으로 분산하되 자족적 여건을 조성하고, 일정한 기준하에 토지용도의 혼합이용을 허용하는 등 '탄력적인 지역지구제(flexible zoning)'를 부분적이고 점진적으로 도입해야 할 것으로 보인다.

지방자치시대에 걸맞은 도시계획과 민간활동

지방자치시대가 정착됨에 따라 중앙정부에 유보되어 있던 계획권한이 속속 지방정부로 환원되고 있다. 그러나 중앙에서 지방으로 넘기고자 할 때 계획가들은 도시계획이 방만해지고 무질서해지지 않을까 걱정하는 분위기가 아직도 지배적이다. 이는 도시계획의 전문성이 지방정부나 지방의회에 축적되어 있지 않기 때문이기도 하다. 그러나 도시계획의 지방화시대를 맞아 지방도 특색 있는 도시계획이 가능하도록 이에 대비하지 않으면 안된다. 미국 등 선진국에서는 자치체(自治體) 단위로 도입된 계획기법이 좋은 성과를 나타내면 이것이 전국으로 확산되는 경우가 흔히 있다.

상위법에서 지방자치단체에 위임하면 지방정부는 밀도 완화의 기회로 삼아 도시규모와 여건의 차이에도 불구하고 무조건 완화해버리고 마는 경향이 일반적이니 문제가 아닐 수 없다. 차라리 도시단위로 일정 수준의 규제와 밀도를 규정하고 건축법 제40조 3항의 상여용도지역제(incentive or bonus zoning)를 활용하는 방안을 검토하여야 할 것이다. 이 제도는 용도지역제상 개발자에게 허용된 개발한도 이상의 개발권을 보너스로 부여하고 그 대신에 공공재의 공급을 유도하는 제도다. 이 제도는 전통적인 규제 위주의 용도지역제에 기업의 의사와 시장경제 기능을 접목시켜 사적 이익과 공적 이익의 조화를 시도하려는 것이다.

전통적인 용도지역제(eucledian zoning)는 규제가 심하고 융통성이 없다. 그래서 이 단점을 보완하기 위해서 '유동지역제(floating zoning)', '성과지역제(performance zoning)' 등 융통성을 가미하는 기법(flexible zoning)의 도입이 미국 등에서 도시별로 실험적인 단계를 거쳐 실용단계에 진입하고 있다.

토지개발 방법은 지금의 전면 매수(買收)에 의한 공영개발도 한계와 문제가 없지 않다. 공영개발은 토지의 전면 매수로 계획적인 개발이 가능하기 때문에 계획가의 공공적 입장에서는 매력이 있으나 토지 소유자에게는 강제성이 너무 강하고 시장경제 기능을 지나치게 교란시키는 약점이 있다. 따라서 이의 극복을 위해서 토지구획정리와 공영개발의 적절한 조화가 새로운 토지개발의 과제가 될 것이다.

환경우선과 도시 '이미지'의 조성

도시의 주민소득이 증가하면 노동보다 여가를 선호하고 공장보다 환경을 더 중시하는 사회가 전개되는 것은 너무 당연하다. 그래서 도시발전은 주민소득의 증대를 다소 희생시키고 깨끗한 도시환경과 다양성을 선택하며, 개발과 보전의 선택에서 보전에 더 가치를 두는 사회로 진입하게 된다.

도시발전은 항상 다양성을 수반한다. 서울의 반포지역같이 답답하게 천편일률적인 아파트의 건설은 이제 지양하지 않으면 안된다. 일본에서는 도시의 다양성을 확보하기 위하여 대단위 주택건축의 경우 하나의 회사가 일정 호수(예: 150호) 이상을 짓지 못하게 하여 여러 회사를 참여시키거나 또는 단계화하되 다음 세대를 위해 유보지역을 남겨두기도 하여 다양한 건축이 이루어지도록 유도한다.

도시의 다양성 확보를 위해 도시설계나 상세(詳細)지역지구제 등의 기법이 동원될 수 있다. 이들 제도는 개발자의 희생 속에 도시의 미관과 다양성을 계획할 수 있는 기법이기도 하다.

기술사회와 도시경영

생산요소의 상대가격이 변하고 기술·정보의 중요성이 증대되면, 도시경영도 이 여건의 변화에 순응하지 않으면 안된다. 이제 사무자동화가 보편화되고 IT산업의 발전 속에 인터넷시대가 본격화됨에 따라 행정조직의 구조도 중간단계가 축소된 소위 납작한 조직(flat organization)을 지향하고 투명한 도시경영도 가능하게 한다. 또한 도시행정은 이제 행정편의에서 벗어나서 행정을 기업으로 보고 행정서비스를 받는 측의 편의를 우선 배려하는 고객에의 세일즈 행정으로 전환되지 않으면 안된다. 그리고 도시 공공서비스의 공급은 이제 가능하면 민간기업에 위탁하거나 불하하고 또 민관합자(民官合資) 형태의 제3섹터도 과감히 도입하여 지방정부도 작은 정부를 지양하고 능률적인 행정조직을 갖추는 데 앞장서지 않으면 안될 것이다.

도시계획가의 전문성과 소신

앞으로 도시계획 권한이 지방으로 많이 넘어오고 유동지역제, 상여지역제, 도시설계 등 새로운 계획기법을 지방단위로 도입, 실시코자 할 때 도시계획가의 전문성 향상이 크게 요청되는 것은 당연하다. 그리고 이때에는 도시계획가와 토지소유자 및 주민간에 협상이 필요하기 때문에 도시계획가는 도시 전문성에 더하여 협상능력과 소신을 함께 갖추어야 하고 지방자치단체장은 이런 능력을 두루 갖춘 도시전문직이 선출되어야 한다. 이는 21세기 성공적 도시계획의 관건이 될 것이다.

* 이 글은 1992, 1993년 필자가 대한국토·도시계획학회 회장으로 있을 때 학회 주최, 충청북도 후원의 도시 세미나에서 학회장 자격으로 주제발표한 내용이다.

부산의 재편, 새로운 시각이 필요하다

부산의 개황(槪況)과 문제

부산시의 어려움은 흔히 4난(難)으로 묘사된다. 4난이란 산업난, 교통난, 토지(용지)난, 재정난을 일컫는다. 부산시에서는 제조업이 시외로 이전해나가고, 남아 있는 기업도 중소기업 위주이고 노동집약형 중심이라서 대외경쟁력과 성장잠재력이 약하다. 게다가 공장은 이처럼 부산을 떠나가는데 부산시에 적합한 새로운 기능이 보충되지 않아 산업공동화(空洞化) 현상이 짙다.

교통난은, 도로율과 도로포장률이 낮은 데다 통행량은 중구에서 동래구에 이르는 선형교통축(線型交通軸)에 집중되고 이 지역 화물 수송의 75%가 시내도로를 관통하고 있으니 당연한 것이다. 부산시의 가용(可用)토지난도 심각하다. 부산은 가용토지가 한정되어 있는데 단독토지의 비율이 높고 상업지역은 저밀도(低密度)로 이용되고 있으며, 적잖은 소규모 공장이 주거지역에 혼재되어 있다. 상업지역

의 중심인 광복동의 평균 건물높이가 평균 3층도 채 안되는 수준에
멈춰 있다.

부산의 발전 방향

세계도시로의 새로운 탄생

부산은 이제 떠나가는 제조업과 공장에 대한 미련을 버려야 한다.
그 대신에 세계도시에 적합한 기능과 서비스의 유치에 치중하여 새
로운 모습으로 다시 태어나야 한다. 부산의 국제기능은 오사카는 물
론이고 후쿠오카만도 못하다. 우리나라 중추관리기능 중 국제기능도
서울이 93%를 차지하고, 부산은 고작 3%에도 못 미치고 있다.

부산은 동북아시아의 좋은 관문(gateway)임에도 중심항(hub port)
기능을 제대로 못하고 있다. 중심항이 되려면 외국 환적(換積)화물의
비율이 높아야 한다. 대표적인 중심항만인 싱가포르와 홍콩은 70~
80%가 환적화물이다. 그러나 부산항은 아직 30%선에 그치고 있다.

그러니 부산항은 우리나라의 국제항이지 세계의 중심항이라 할
수 없다. 부산이 국제도시, 더 나아가서 세계도시로 성장하려면 그
기본이 되는 '인프라'로서 부산항이 동북아시아의 중심항이 될 수
있는 여건의 정비와 시설의 확충이 시급하다.

대형 중심항만의 조기 완공

부산은 태평양의 전진기지요 동북아시아의 관문이면서도 항만의
중요성을 제대로 인식하지 못해왔다. 오히려 항만으로 드나드는 화
물차가 간선도로를 관통하는 것을 짜증스럽게 여겼고 컨테이너에 세

금까지 부과하고 있다. 네덜란드에서는 '컨테이너 세(稅)'는 상상도 할 수 없고 오히려 승객보다 화물 우선 정책을 실시하고 있는 것과 좋은 대조가 된다.

고베는 인공 섬을 개발하되 이를 항만 위주로 했는데, 부산의 인공섬 구상은 광복동의 건물이 평균 3층을 넘지 못하는 데도 상업용지의 확보에 주안을 둔 채 항만의 새로운 개발에 등한하였다. 부산시는 진작에 인공 섬 구상 대신에 항만 위주의 신항 개발에 승부를 걸었어야 했다.

현재 동북아시아의 중심항 자리를 놓고 부산, 고베, 상해가 사활을 걸고 치열한 경쟁을 벌이고 있다. 입지나 항만의 개발 여건으로 봐서는 그중 부산이 가장 유리하다. 부산에서 러시아의 원동(遠東)에 이르는 환동해권(環東海圈)과 상해 이북의 환황·발해권(環黃渤海圈)은 부산항의 배후지역으로서 환적화물 서비스의 대상 지역이라 할 수 있다. 게다가 한반도 남북 관통 철도가 가동될 수 있는 남북협력 시대가 온다면, 부산항은 세계 간선항로에 접해 있으면서 태평양 - 한반도 - 유라시아철도 - 유럽을 잇는 태평양의 관문도 겸하는 위치에 있어서 그 위상은 더 두드러질 것이다. 이러한 유리한 여건을 놓고 볼 때 환적화물의 비율을 40% 수준 이상으로 높이기는 그렇게 어려워 보이지 않는다.

부산 자유항의 지향

부산항이 대형 항만 조건을 갖추고 동아시아나 동북아시아의 국제 물류중심기지로 발전하려면, 항만 운영이 싱가포르나 로테르담에 뒤지지 않는 신속성과 효율성을 자랑할 수 있어야 하고, 관세 등 세제상의 감면 혜택이 불가피하다. 최근 정부가 채택한 관세자유지역은 자유항으로 가는 첫 단계의 조치로서 중요한 의미를 갖는다. 우선 이 관세자유지역 내에서는 우선 급유(給油), 선용품(船用品) 등이 싸기 때문에 기항이 늘어나고, 소위 물류 부가가치 활동이 촉진된다. 이러한 여건이 성숙되면, 세계의 유명한 다국적기업의 국제지역본부가 입지해서 동아시아 또는 동북아시아를 서비스 지역으로 선택하게 됨으로써 이 지역의 물류중심 기능이 뿌리내리게 되는 것이다.

제2.5차 산업과 생산자 서비스산업의 육성

부산은 이제 전통적인 제조업 위주에서 제2차산업과 제3차산업의 중간쯤에 위치하는 소위 제2.5차산업과 생산자 서비스산업의 육성에 치중해야 한다. 이들 산업은 환경오염이 적고 사무실 내 입주가 가능하다. 이들 산업은 부산의 배후지역이라 할 수 있는 경남의 제조업과 보완관계를 유지하면서 서비스하는 기능을 갖고 부산에 풍부한 중소기업을 활용하여 육성할 수 있을 것이다.

생산자 서비스업은 '생산성의 향상, 신제품의 개발, 제품의 고부가가치화를 위해 생산과정의 다양한 단계에 투입되는 전문서비스를 공급하는 산업'으로 좁게 이해되기도 하나, 넓게는 '재정·금융·보험사업 서비스, 광고, 시장전략 연구, 과학 서비스·연구개발' 등을 포함해서 이해되기도 한다. 생산자서비스는 종래에는 주로 기업 자체 내에서 이루어졌으나, 전문화와 능률화를 위해 외주(outsourcing)를 주는 경향이 있어 이를 부산에서 수용할 수도 있지 않을까?

도심 재개발과 복합용도개발

부산은 가용(可用)토지가 없고 광복동이 저밀도로 이용되고 있으면서도 아직 재개발이 별로 이뤄지지 않고 있다. 부산의 토지가 평면상에 용도가 혼합된 형태로 이용되어왔고 교통 혼잡까지 고려할 때 시카고의 '존 핸콕 센터(John Hancock Center)'(100층 건물)나 '워터 타워 플레이스(Water Tower Place)'(74층)같이 한 건물 내에 수직적 혼합 이용 개발(MXD: Mixed Use Development) 형태나 일본 '아카사카'의 '아크 힐즈(Arc Hills)'같이 한 단지 내에 빌딩 단위의 혼합건축 형태로 재개발을 추진할 필요가 있다.

MXD는 직주근접으로 교통 발생을 줄이고 부산시의 기존의 토지 이용 형태를 살리면서 토지의 고밀(高密) 이용을 가능하게 한다. 부산은 부산 고유의 토지 혼합 이용 형태의 계획적 재개발이 필요하고 이를 위해서 MXD의 개발 기법이 하나의 모델이 될 수 있을 것이다.

부산의 도시구조 개편과 북내항 개발

부산시의 도시구조는 가덕도 신항만 개발과 연계해서 검토되어야 한다. 부산은 항만을 떠나서 발전할 수 없다. 부산항의 항만 용량이 부족한 이상, 북내항(北內港)의 매립에 의한 도심의 재개발은 가덕도 개발단계에 맞춰 추진하되, 도심의 중추기능을 수용·발전시키고 시민의 친수공간으로 활용할 수 있을 것이다.

가덕도 신항만이 개발되면 부산의 강서지역은 서울의 강남지역처럼 새로운 중심지가 될 수 있고, 여기에는 항만 배후지역으로서 물류 부가가치산업을 수용하고 신산업의 입지공간으로 발전될 수 있을 것이다.

친수공간의 개발

부산은 우리나라의 대표적인 해양도시라 할 수 있는데도 내세울 만한 친수공간 하나 없다. 광안리해수욕장은 해변 모래사장이 전부다. 우리가 자랑하는 해운대도 빈약한 소나무 숲이 간신히 숨통을 트이게 할 뿐이다. 부산도 친수공간에 조금만 신경을 쓰면 개발할 곳들이 눈에 띤다. 광안리에서 해운대를 넘어가면, 오른편 바닷가에 제법 소나무 숲이 살아남아 있는데, 그곳은 시민을 외면하고 부산발전연구원 등 공공기관이 차지하고 앉았다.

북내항 개발은 가덕도의 개발에 맞춰서 추진되어야 하는 것이긴 해도 지금이라도 기본설계부터 차분히 준비할 필요가 있다. 해양수산부가 내놓은 1, 2부두뿐 아니라 길게는 경부고속전철이 개통될 때를 맞춰서 중앙부두도 부산역과 바로 연결되는 친수공간으로 개발하고 이를 연안여객선과도 연결시켜주는 대형 프로젝트의 구상이 필요하다.

부산시를 세계적인 자유항으로, 그리고 동북아시아의 거대 중심항만으로 가꿔가자. 그곳을 아기자기한 친수공간 속에 낭만이 있고 활기 넘치는 곳으로 키워가자.

서해안시대, 국토 공간구조의 재편

1980년대 후반에 본 서해안시대의 전개

2000년대의 국제 경제·사회 여건의 변화는 국내외 경제환경에도 여러 가지 변화를 초래할 것으로 보인다. 미국·유럽·일본의 이른바 삼두(三頭)체제가 이끌어온 국제경제질서는 한국과 '아세안'제국 등의 신흥공업국 그리고 중공을 포함한 동아시아권의 부상으로 새로운 국제협력체제의 구축을 요구하고 있다. 이는 선진국, 신흥공업국, 후발개도국간의 국제분업화를 더욱 촉진시키게 될 것으로 보인다. 이러한 국제분업화의 진행은 결과적으로 국제교역의 증대를 가져오게 되고 우리나라를 비롯한 대만·홍콩·필리핀·태국 등 서태평양 지역의 교역량도 계속 늘어날 것으로 보인다. 또한 이러한 세계경제의 다변화, 새로운 국제협력체제의 구축, 기업활동의 다국적화는 우리에게 경제적 개방 압력을 더욱 가중시킬 것으로 예상된다.

이러한 여건 변화에 능동적으로 대처하고 동시에 대륙경제권과 태평양경제권의 교량적 역할을 적절히 수행하기 위해서 국토의 개방적 이용이 적극적으로 추진되어야 할 것이다. 따라서 이를 위한 항만·공단·통신기지 그리고 이들을 지원할 수 있는 배후도시를 중심으로 한 서해안개발은 2000년대를 향한 시대적 요청이라 할 수 있다.

한편 1980년대 이후 적극적으로 추진되고 있는 중국의 대외개방정책은 제6차 5개년계획(1981~1985년)에서 정식으로 채택되어 국제경제의 활성화, 신기술의 도입, 그리고 외국인 투자유치 등에 목적을 두고 활발히 추진되고 있다. 대외개방정책의 가장 전형적인 시책 중 하나는 경제특구(經濟特區)의 지정이다. 현재 광동성의 심천(深圳)·주해(珠海)·선두(仙頭), 복건성의 하문(廈門) 등 4개 도시에 경제특구가 개발중이다. 우리에게 잘 알려져 있는 심천 경제특구는 인구가 47만 명, 공장 수가 372개에 달하며, 1979~1985년 사이에 공장 건설 계약건수가 4,478건, 계약총액이 36억 달러에 이르고 있다. 또한 '오픈 시티(Open City)'라고 불리는 개방성시는 현재 대련(大連)·청도(靑島)·복주(福州)·상해(上海)등 14개 도시에 지정되어 있는데, 이들 도시의 공업생산액은 중국 전체의 25%, 그리고 항만 하역능력은 무려 97%의 비중을 차지하고 있다. 이외도 대외개방구(Open Area)라고 불리는 공업진흥우선지역을 지정하여 외국의 자본과 기술을 유치할 계획을 수립하고 있다. 이 지역들은 주로 발해만, 장강(長江) 델타지역, 복건성의 남부 삼각주지역과 주강(珠江) 하류지역에 분포되어 있다. 이처럼 중국은 우리나라의 서해안과 마주보고 있는 동해안 지역을 따라 다양한 형태의 대외 개방정책을 추진하고 있다.

중국의 이러한 변화 속에서 우리나라와 중국 간에 황해를 마주보고 직접 교역이 실현될 경우, 두 나라간의 지리적 접근성 때문에 자연 서해안시대가 진전되지 않을 수 없다. 이러한 중국의 변화를 의식하든 안하든 간에 서해안시대의 개막은 피할 수 없는 우리나라 국토개발의 과제인 것 같다.

서해안이 안고 있는 개발의 잠재력은 다른 지역에 비해 상대적으로 훨씬 유리한 입장에 놓여 있다. 우선 이 지역 일대의 땅값이 다른 지역에 비해 저렴하여 공업용지를 싸게 조성할 수 있다는 이점 외에도 주변의 도시와 농어촌지역에서 유휴 노동력을 확보하기 용이하고 아산호·금강하구둑 등에서 공급받을 수 있는 상당한 공업용수의 확보, 기존 항만의 확장 가능성 등 제반여건이 성숙되어가고 있다는 점이 그렇다. 따라서 서해안개발의 기본방향은 공업기지의 구축, 해안과 대륙을 잇는 공업벨트의 조성, 항만건설, 고속도로 등 접근성의 개선, 배후 지원도시의 정비, 그리고 관광자원의 개발 등에 초점을 두어야 할 것이다. 이러한 기본방향하에서 현재 추진중이거나 계획중인 주요 개발사업을 살펴보면 우선 군산 – 장항광역산업기지 계획을 들 수 있다. 이 계획은 이미 지정된 군산산업기지 외에 신(新)외항 건설과 함께 약 3,900만 평의 매립지 위에 공업단지, 농경지, 주거단지, 관광단지 등을 적절히 배치하여 국내 최대의 임해공업단지로 개발할 계획이다. 이 군산 임해공단과 연계될 수 있도록 전주·이리의 내륙공업단지를 조성하여 이른바 T자형 공업벨트가 형성되면 이 지역의 경제기반이 크게 강화될 것으로 기대된다.

둘째, 목포의 대불공단 240만 평이 산업기지로 개발되고 기존의 목포항이 단계적으로 확장되면 그동안 낙후지역으로 남아 있던 이 지역도 상당한 활기를 띨 것으로 기대된다.

셋째, 아산산업기지와 공업항 건설이 단계적으로 추진될 계획이다. 아산의 산업기지는 그 규모가 약 500만 평에 이르며 공업항은 2011년까지 63선좌를 건설할 예정이다.

넷째, 시화지구의 간척사업을 들 수 있다. 이 지역은 680만 평의 공업용지와 1,500만 평의 농경지, 1,200만 평의 도시용지를 1997년까지 조성할 계획으로 이미 사업에 착수하였다.

다섯째, 서해안을 따라 분포되어 있는 각종 관광자원, 예를 들면 서해안국립공원, 대천 등 해수욕장, 다도해국립공원, 그리고 국립공원으로 지정될 것으로 보이는 흑산반도 등이 체계적으로 연결되어 개발될 경우 많은 관광객을 유치할 수 있을 것이다.

끝으로 서해안을 따라 인천 - 온양 - 군산 - 목포를 잇는 350km의 서해안고속도로가 계획대로 단계적으로 건설되면 서해안의 대동맥으로서의 중요한 기능을 담당할 수 있을 것이다.

이처럼 서해안을 따라 계획되고 있는 주요 개발사업들이 단계적으로 추진될 경우 서해안 일대의 공간구조는 지금과 다른 모습으로 다가올 것이며 장차 예상되는 국내외의 경제 여건 변화를 능동적으로 수용할 수 있는 기반이 다져질 것이다. 뿐만 아니라 지금까지 경인지역과 동남해안공업벨트 지역에 집중되어 있는 각종 생산설비에 대한 투자를 서해안지역에 분산·유도함으로서 전 국토가 고르게 발전할 수 있는 계기도 마련될 것이다.

서해안 개발정책의 재평가

중국은 15년 전에 예측한 것보다 더 빠른 속도로 성장하고 있다. 그 뒤 계속 10%대의 성장을 이어가고 있다. 이는 정치의 안정 속에 시장경제의 차분한 도입과 대담한 개방정책에 힘입은 바 크다. 그 개방정책의 대륙적 대담성은 우리 정책당국도 놀랄 정도다.

우리는 어떠한가? 우리는 중국에서 밀려오는 파고가 황해를 치고 와도 우리는 국내의 각종 규제에 얽매여 구경만 하고 있었던 게 아닐까?

나는 그 당시 한국개발연구원에 재직중 대한국토·도시계획학회 회장으로서 1992년께 한·중·일 3국의 도시계획 전문가 회의에 참석하기 위해서 대만을 방문한 적이 있었다. 놀라운 것은 대만에서는 대담한 투자자유지역 구상을 하고 있었다. 나는 뒤통수를 얻어맞은 기분이 들었다. 나는 귀국하는 대로 KDI 정보지에 이런 내용의 글을 싣고 그 당시 집권당에 이 정보를 알려서 대처하도록 촉구했다. 그러나 결국 입법화에 이르지 못했으니 얼마나 아쉬운 일인가? 이 투자자유화 구상은 거의 10년이 다 되어가는 시점에서 재정경제부 또는 산업자원부에서 각기 이름은 다르지만 '관세자유지역화'하는 내용의 구상을 입법화하기에 이르렀으니 얼마나 아쉬운가?

1993년께 나는 학회장으로서 '목포 개발구상'의 용역에 연구책임자로 참여한 적이 있었다. 우리 용역단은 대불공단이 분양되지 않고 있는 여건을 참작해서 목포시뿐 아니라 대불공단을 포함한 광역 구상을 하되, 이 일대 전부를 대담하게 투자자유지역화하도록 구상하였다. 그러나 이마저 빛을 보지 못했다.

최근 군산 일대를 일종의 관세자유지역화한다고 발표하였으나 여기에도 아쉬움이 있다. 대상 지역의 상당 부분이 간척을 해서 땅을 만들어야 한다는 것이다. 결국 이 구상은 당장 급한데 간척이 완료될 때까지는 자유화하지 않겠다는 것이 아닌가?

인천광역시에 있는 동아매립지 문제를 살펴보자. 1996년께 대한 국토·도시계획학회에서 주관한 '인천광역시의 개발구상'에 대한 세미나에서 나는 동아매립지가 농업용지로가 아닌 보다 효율적인 토지이용이 가능하도록 규제를 풀 것을 촉구한 바 있다. 인천시는 가용토지의 제약 때문에 그 당시 송도 앞바다를 메워 신도시를 만드는 구상을 하고 있었다. 이미 조성이 되어 있는 최상의 땅을 제쳐놓고 말이다. 인천시는 이 동아매립지를 뛰어넘어서 건너편 토지에 도시개발을 추진하고 있었다. 소위 저 유명한 '개구리 뜀식 개발(leap-frog development)'이 전개되었던 것이다.

나는 국민의 정부가 큰 업적으로 내세우는 규제개혁위원회의 분과위원장으로서도 이 동아매립지에 대한 규제를 풀기를 강력히 주장하였으나 거기서도 먹히지 않았다. IMF 환난 속에 국제경쟁력의 강화를 위해 강력한 규제 혁파를 주창하는 분위기 속에서도 동아매립지같이 서울과 인천 사이에 놓여 있는 이 알짜배기 황금 땅을 묶어두고 어찌 국제경쟁력이 생길 수 있단 말인가? 그리고 어딘가에 매립을 하고 있으니 한심한 작태가 아닌가? 정부는 그 뒤 우여곡절 끝에 결국 도시적 토지이용을 허용한다고 했지만, 그 사이 5, 6년이 후딱 지나갔으니 이 사회적 비용은 누가 책임진단 말인가?

우리는 중국의 '스케일' 큰 개방정책과 그 정책의 대담성을 이제라도 배워야 할 것이다.

* 이 글은 필자가 국토연구원 부원장 재직중 ≪산업경제신문≫(1988년 3월 28일자)에 특별기고한 글이다. 앞부분은 '1980년대 후반에 본 서해안시대의 전개'를 다뤘고, 뒷부분은 이 글을 쓴 뒤 15년째가 되는 시점에서 이를 다시 떠올리며 '서해안시대의 재평가'로 끝맺었다.

농촌에서도 이제 '시간거리'로 보자

　농촌에 사는 사람들의 최고 관심은 소득 향상이다. 도농(都農)간의 소득격차 때문에 더욱 그렇다. 많은 사람들이 소득 증가를 위해서 미련 없이 농촌을 떠나 도시로 향한다.

　농촌의 소득 증대 방법은 미국식과 대만·일본식으로 크게 나눠볼 수 있다. 미국은 땅이 넓기 때문에 기계영농과 영농혁신을 통해 농업의 생산성 향상으로 농가소득을 증가시키고 있는 데 반해 대만·일본은 농경지의 협소로 농업소득의 향상에 한계가 있기 때문에 소위 농외(農外)소득의 향상으로 농가소득을 높여왔다. 농외소득에는 제조업·서비스업 등 겸업소득과 노임소득으로 구성된다. 우리나라는 여건상 대만·일본형을 지향할 수밖에 없다. 일본은 농외소득이 농가소득의 80% 내외, 대만은 75% 가량을 차지하고 있으나 우리나라는 농외소득이 35% 수준에 머물러 있다.

　우리나라 농가소득의 향상은 농업소득의 증가를 위한 노력도 중요하지만, 이보다 더 여지가 많은 것은 농외소득임을 짐작할 수 있다. 그러나 농외소득원이 어디 있는가가 문제다. 농외소득원은 농촌에서 1시간 내외로 출퇴근할 수 있는 인근도시에서 찾을 수밖에 없다. 그러나 1시간 내외의 출퇴근은 서울 등의 대도시에서는 예사이지만 농촌사람들은 시간거리보다 옛날에 익숙한 실제거리로 느낀다. 이것이 문제다. 100리니 200리니 하는 지리적 거리는 의미가 없다. 보다 중요한 것은 버스나 승용차로 걸리는 통근시간이다. 서울에서는 출퇴근시 10리(4km)를 가는 데 1시간이 소요되는 경우도 있지 않은가? 농촌사람들은 심리적 거리감을 버리고 1시간 내외의 통근거리에 있는 도시의 취업 기회를 대담히 찾아보아야 한다. 그리하여 농촌을 떠나 도시로 가는 것보다 농촌에서 도시로 통근하는 길을 찾아보자. 대도시에서도 도시 교외의 한적한 시골에 살면서 도시로 출퇴근하려는 경향이 생기고 있지 않는가? 도시에서 주거공간을 구하는 것보다 차라리 승용차를 사는 편이 비용이 적게 들지도 모르겠다.

지방자치단체도 관내에 취업 기회를 확대한답시고 환경오염 공장 등을 무턱대고 유치하는 것보다 도로포장 등을 통한 접근도 향상에 신경을 좀더 쓰는 편이 낫다. 농촌은 농촌대로 환경을 보존하면서 농가소득을 향상시킬 수 있다면 그 길이 낫지 않겠는가?

* 이 글은 필자가 국토연구원 부원장 재직중 1984년 12월 8일자 ≪농민신문≫의 <청담(淸談)>에 기고한 글이다.

시각의 변화

　도시에 사는 사람들과 농촌에 사는 사람들이 시골을 보는 눈 사이에는 큰 차이가 있다. 도시인이 가끔 시골에 오면 농촌의 고요한 자연과 풍물에 찬사를 아끼지 않는다. 농촌에 살고 싶다고도 한다. 시골의 자연과 풍경을 있는 그대로 두고 가꾸기를 원한다. 그러나 농촌에 사는 사람들에게는 그 조용하고 변화 없는 자연이 무료하고 지겹기만 하다. 현란한 도시적 문화생활을 동경하게 된다. 시골사람들은 이 지겹기만 한 자연을 팔아 소득을 높이고 싶어한다. 그래서 인근에 공업단지가 들어오는 것을 바라고 더러는 공해공장이건 원자력발전소이건 자기 지역에 건설되는 것을 내심 원하기도 하는 것이다.

　나의 고향(경남 고성 용산)에 가보면, 그 옛날의 조용한 자연마을이 아니다. 비육우(肥肉牛) 단지로 지정되어 집중 육성한 이래 주민 소득은 제법 향상되었으나 집집마다 소를 키우는 바람에 마을이 온통 소 마을이 되어 쇠똥과 소 오줌이 길가에 흘러내리고 냄새가 온

마을에 가득하다. 고요하고 깨끗한 자연과 소득을 맞바꾼 것이다.

국민의 소득이 향상되면 이러한 시각에 변화가 생기게 마련이다. 흔히 미국 등 선진국에서 볼 수 있는 것처럼 공해공장이나 원자력발전소의 건설에 대한 주민의 강력한 반대에 부딪치게 되는 것이다.

지금 시골은 아기 우는 소리가 들리지 않는 노인사회가 되어버렸다. 젊은 일꾼이 눈에 잘 띄지 않는 것이다. 그러나, 앞으로 소득향상과 더불어 농사일도 점차 기계화되면 공장 일처럼 쉬워진다. 그렇게 되면 다시 젊은이가 돌아와 규모의 경제가 가능한 기계영농을 하고 IT산업과 접목된 첨단농업을 경영하게 될지도 모른다. 그러면 일본에서 가끔 볼 수 있듯이 도시의 아가씨가 시골에 시집가는 예도 늘어나게 되고 아기 우는 소리도 들리게 되리라.

그리고 도시민들이 가끔 여가를 즐기기 위해서 들르는 농촌이 아니라 도시의 삭막한 '콘크리트' 문화가 지겨워 삶의 터전을 시골로 옮겨가는 경향도 생길 것이다. 이를 농촌을 떠났다가 다시 돌아온다고 해서 '유턴'(U-turn)이라고 한다. 이러한 변화는 지금의 중학생이 3, 40대의 한창때가 되면 본격화되지 않을까? 열심히 일하면서 이러한 시각의 변화를 기다려보자.

* 이 글은 필자가 국토연구원 부원장으로 있을 때 ≪농민신문≫(1984년 11월 3일자)의 <청담(淸談)>에 기고한 글이다.

5 이제 세계 경쟁의 주역은 지방정부다

WTO체제와 지방의 세계화 : 세방화

세계화와 국제화

경제의 세계화(globalization) 현상은 지구상에 어느 국가도 거역하고는 생존할 수 없는 대세가 되었다. 오늘날 가속화하고 있는 세계화의 물결은 제한된 국가의 주도로 혹은 국가간의 협약으로 이루어졌던 국제화와는 달리 전세계적인 시장경제의 힘에 의해서 만들어지고 있는 지구적 스케일의 변화다. 우선 국제화와 세계화를 대비하여 세계화의 개념화와 국제화와의 관계를 정리해본다.

첫째로 국제화는 한 나라의 대외무역이 자유화되는 것을 주로 의미하는 반면, 세계화는 기업활동이 한 나라가 아니라 지구촌 곳곳에서 이루어지는 기업경영의 범세계화를 주로 의미한다.

둘째로 국제화는 한 나라가 다른 나라와 자유롭게 경제·문화교류를 하고 서로 협력함으로써 더불어 잘사는 국제사회를 만들기 위한 것인 반면, 세계화는 이에 더 나아가 세계를 국경 없는 하나의 지구촌으로 생각하고 결국에는 이러한 지구촌 사회에 완전히 통합되는 것을 주된 내용으로 한다.

셋째로 국제화는 동등한 국가들로 구성된 국제사회에서 공존공영의 정신을 바탕으로 국가간의 관계를 형성하는 반면, 세계화는 지구촌이라는 단일시장 사회에서 한 국가가 세계로 진출하고 세계와의 화합을 추구하는 것이다.

넷째로 국제화는 국경의 존재를 전제로 하고 국가의 내부적인 체제만을 국제적 규범에 부합되도록 정리하는 개념이나, 세계화는 국경 개념을 뛰어넘어 세계 속의 한국을 추구하는 보다 광역적인 개념이기 때문에 국제화보다 적극적이고 상위의 개념이라고 할 수 있다. 결과적으로 국제화는 세계화의 전 단계이자 필수적인 과정으로 볼 수 있으며 구체적으로 살펴보면 국제화와 세계화의 개념 구분은 어려운 점도 있으나 상호보완적 관계에 있어 국제화가 진전될수록 세계화는 그만큼 더 크고 자연스럽게 달성될 수 있다고 생각된다. 즉 세계화란 세계 일류국가, 세계 일류기업, 세계 일류상품, 세계 인류인간으로 가기 위한 전략이다.

세계화는 국제화시대와 달리 국가의 권한이 대폭 약화된다. 국제화시대에는 국경의 존재를 전제하기 때문에 경제에 대한 국가의 중재조절 기능의 실효성이 인정되었으나, 세계화의 진전과 더불어 세계적 기업의 기능이 강화되고 국가는 그 세계적 기업의 유치에 신경을 쓰게 되고 이를 위해서 각종 규제는 완화의 길을 걷게 된다.

지방의 세계화 : 세방화(世界化＋地方化)

많은 국가들이 세계화되고 있는 경제에 대해 스스로 그 영토주권을 이처럼 '탈(脫)규제'로 위축시키면서, 세계경제체제는 더욱 더 그 자체의 재편논리에 따라 개별 국가의 국경을 초월하여 형성된다. 개별 국가들의 국경이 이렇게 점점 무력한 것이 됨에 따라, 그 안의 부분 지역, 즉 지방공간이 세계경제체제와 맞대면하게 되는 수밖에 없다. 따라서 범지구적으로 진행되고 있는 경제의 세계화는 필연적으로 국가 영토의 부분 단위인 지방의 세계적 노출을 초래한다. 세계화의 '세(世)'자와 지방화의 '방(方)'자를 합성한 이른바 '세방화(世方化, glocalization)'라는 단어가 바로 이러한 현상을 말해준다. 즉 이제 세계경제와 우리들 일상적 생활세계 사이에 국가가 퇴조함으로써 생긴 공백에 그 부분 단위인 지방이 새삼 등장하지 않을 수 없는 시대가 된 것이다.

이런 맥락에서 한 나라 영토의 부분단위인 지방은 세계화의 진전과 더불어 더욱 새로운 주목을 받게 된다. 그 첫째는 세계적 기업들의 입지선별의 대상으로서 그 생산공간적 가치다. 각 지방은 이제 그 상급 정치·행정 체제인 국가의 중재 또는 간섭 없이 외국기업들의 선호 여하에 따라 '세계적 전초기지(global outpost)'도 될 수 있고, 아니면 적어도 세계적 기업들의 생산기지가 될 수 있다. 오늘날 많은 세계의 대도시들이 세계적 기업들의 경영관리 중추기능인 최첨단 연구 개발기능을 유인하기 위해 업무환경과 생활환경을 고급화하는 데 몰두하는 것도 이와 같은 세계적 전초기지로서 선택되려는 경쟁인 것이다. 다른 한편 그런 가능성도 없는 도시들은 값싼 땅과 노동시장을 내놓아 세계적 생산기지로서의 적지임을 과시하려 한다. 이는 어느 경우에서나 '장소 판촉' 경쟁에 다름 아니다. 국가의 부분공간인 지방이 이제 이런 세계적 장소 판촉에 직접 나서지 않을 수 없고, 그리고 나설 수 있는 그런 시대가 되는 것이다. 이같은 장소 판촉적인 지방화는 범지구적 경제체제화에 대응한 가장 수동적인 전략이라 할 수 있으며, 또 지극히 공간적인 지방화 전략이라 할 수 있다.

이에 비해 두번째 차원은 지방에 대한 좀더 적극적인 경제적 역할을 기대하는 입장과 관련되어 있다. 지금 전개되고 있는 새로운 기술 - 경제 '패러다임'은 생산과정과 마케팅전략이 매우 유연하고, 생산과 판매지역에 따라 차별화된 것이어서, 과거와 같은 국가의 중앙정부 차원의 거시적 조절체제보다는 기민하고 보다 미시적인 조절체제를 요구한다. 때문에 지역에 밀착되어 있으면서 비교적 소규모인 지방정치 행정체제가 유연한 산업 조절기능에 유리하게 된다. 중소기업들의 일상적 문제들을 신속하게 지원하고 조절하는 체제는 개별기업들의 사정에 민감하고 근접해 있어야 하는데, 비교적 소규모의 지방 정치·경제제도와 그리고 그 지역공동체적 공조조직이 이를 원활하게 수행할 수 있으리라는 기대다. 이렇게 볼 때 이는 정치·경제적 지방화 전략이라 할 수 있다. 또한 여러 차원의 기대를 한데 묶어 요약컨대, 국가 영토의 부분단위에 지나지 않던 지방이 이제는 국가를 상당 부분 대체할 만한 거의 독자적인 정치·경제·사회·문화적 공동체가 되기를 기대하는 것과 같다. 과거의 국가체제에 있어서는 지방의 자치·자율은 기본적으로 국가에 대한 소극적 혹은 '선별적 거부권'을 보유하는 정도에 지나지 않았다. 이에 견주어 최근 경제체제의 세계화에 대응한 위와 같은 지방화 기대는 지방자치체에 대한 그야말로 '코페르니쿠스'적 전환을 요청하는 것이다. 동시에 마치 기업이 국가를 초월하고 또 해야 하는 것처럼, 지방도 국가를

초월하여 세계와 맞대면하며, 동시에 그 지역공동체의 일체성과 정
치·경제적 자율성을 유지해야 하는 엄청난 이중적 도전에 직면해 있
는 것이다.

WTO체제의 지역균형개발 정책: 경제(효율)와 복지의 철저한 이원화

UR협상의 기본은 경제의 효율성과 복지적 배려를 철저히 구분하
고, 경제는 국가의 간섭과 지원 없는 시장경쟁체계를 지향하고 있다.
국가의 지원은 국경 없는 세계경제의 경쟁질서 속에 타 회원국에 직
접적인 영향을 별로 끼치지 않는 범위 내에서 사회적 배려를 허용하
고 있는 셈이다. 그래서 농업보조 역시 농업생산과 무관한 소득지원,
저소득층 및 자원이 빈약한 생산자에 대한 농업투입재(投入財) 보조,
재해구조, 영세민에 대한 식량원조 등에 한정하고 있고, 지역개발 지
원도 회원국 내의 낙후지역을 위한 지원으로서 해당 지역의 1인당
소득, 가구당 소득 또는 1인당 GDP가 전국 평균의 85% 이하이거나
실업률이 전국 평균의 110% 이상일 것을 전제로 한다. 따라서
WTO체제의 지역개발정책은 사회복지 차원의 지역지원정책에 한정
되어 있는 바, 이는 한정된 낙후지역 개발, 낙도 개발, 오지 개발 등
이 중심이라고 볼 수 있다.

WTO체제의 지역발전: 기존 집적지역의 집중화

WTO체제하에서는 세계가 국경 없는 무관세의 경쟁시대로 진입
하게 되는데, 이 경우 국가간의 교역·투자장벽이 완화되어 각국 기
업은 전세계를 상대로 자본·노동·기술·경영 여건이 유리한 지역을

선택하여 자유롭게 이동하게 된다. 이렇게 되면 그간의 국가간 경쟁체계에서 앞으로는 국가가 보호막이 걷힌, 지역과 지역 간(예: 우리의 수도권과 일본의 동경권)의 직접적인 무한경쟁으로 치닫게 된다. 따라서 국제경쟁력이 약한 지역의 집중 개발은 WTO체제 속에서 자멸을 선택하는 결과가 되고 만다. 외국인 투자를 포함한 자본의 자유화, 서비스 개방 등은 외국인 투자의 촉진을 유발하게 될 것이나 이들 역시 국내시장에서 생산성이 높고 경쟁력이 있는 지역에 투자를 하게 될 것은 명백하다.

따라서 WTO체제 속에서 세계 자유무역질서를 뿌리내릴수록 국내에서는 그간 집적이 이루어지고 생산성이 높고 경쟁력이 조성된 지역으로의 산업과 경제력의 재집중이 불가피하게 될 것이다. 그렇다면 기존의 국내 균형개발정책은 국경 없는 무한경쟁시대에 적합한 방향으로 재편이 이루어지고 이에 대한 적절한 대응이 요청된다.

WTO체제 속의 지역개발 대응정책

이제 국경이라는 보호막이 걷히고 나면 지역개발은 국제시장을 전제로 치열한 무한경쟁에서 승산이 없는 재화나 용역의 개발은 백전백패(百戰百敗)의 전략이다. 따라서 지역이 사회복지 차원의 국가보조에 만족하지 않고 국제경쟁에 나서려면, 장기적인 관점에서 세계 명품(名品)의 개발과 이의 특화에 범지역적인 노력의 경주 없이 불가능하다.

WTO체제 속에서 허용되는 것으로는 ① 정부에 의한 일반 사회간접자본의 조성, ② 농업의 하부구조 개선과 투자 지원을 통한 구조조정, ③ 연구개발 지원, ④ 환경보조 등 사회복지 차원의 지원을 벗어난 경쟁지원 수단으로서 활용이 가능하다.

사회간접자본(SOC: Social Overhead Capital)은 이제 지역개발 정책수단 중 가장 중요하고 실효성 있는 수단이 될 것이다. 우리나라는 작은 나라이기 때문에 상대적으로 SOC 조성비용과 물류비용이 적어 소위 "작은 것이 강하다(Small is powerful)"는 또 하나의 원칙이 적용될 만하다. 따라서 작은 국토에 SOC투자를 적절히 함으로써 시장경제의 바탕 위에 우리 국토의 대외경쟁력을 높이면서 적절한 지역 균형개발을 유도할 수 있을 것이다.

다음으로 중요한 수단은 연구개발에 대한 지원의 강화다. 이에 대해서는 WTO체제가 허용하는 지원으로 산업연구의 경우 소요비용의 75%, 기초개발활동의 경우 50%까지 지원을 최대한 보장하는 지원제도의 도입이 필요하다. 따라서 이 연구개발 지원과 SOC 투자가 지역개발의 핵심적인 정책수단으로 활용되어야 할 것이다.

WTO체제 속에서도 한정된 낙후지역의 사회복지 차원의 지원에는 인색하지 않다. 이때 낙후지역은 '경제적·행정적 특성을 지닌 지정학상의 특정 인접구역'으로 규정하여 상당히 한정적으로 보고 있다. 농업도 생산과 무관한 소득 지원, 소득보험 및 최저소득 보장, 재해 구호, 탈농(脫農) 보상, 휴경(休耕) 보상 등이 허용되고 있다.

* 이 글은 필자가 해운산업연구원장으로 재직중이던 1995년 7월에 쓴 글이다.

수도권 규제와 월드컵 교훈

이제 국가 1진을 내세워야 한다.

우리 경제는 16강을 노리는 월드컵과 매우 흡사하다. 국민이 애타게 16강 진입을 갈망하고 있다. 8강이면 더욱 좋다. 우승은 더더욱 좋다. 히딩크 감독은 최상의 멤버를 구성하기 위해 지금까지 가장 뛰어난 선수를 찾고 있다. 그런데 우리가 송종국, 황선홍 등 최장 멤버를 빼고 2진을 내보내서 16강 진입이 가능할까?

우리나라가 수도권을 시멘트 같은 규제로 묶어놓는 것은 월드컵 경기에 2진을 내보내는 것과 무엇이 다르랴. 수도권은 대체로 여타 지역에 비하여 그 생산성이 20~30% 높다. 이 20~30% 경쟁력이 높은 수도권을 월드컵 시장에 출전시키지 않고 32강 전에서 1승이라도 거둘 수 있을까?

세계는 WTO체제하에서 국경 없는 무한경쟁시대로 진입했다. 이제 세계경제시장은 월드컵과 같은 하나의 큰 경기장에서 경쟁을 벌이고 있다. 실력이 없고 경쟁력이 약한 국가는 탈락할 수밖에 없는 것이다. 수도권을 묶어놓고 지역균형개발을 한다지만 이러다가는 나라 전체가 하향 평준화된 2류 국가가 되고 마는데 그래도 균형개발이 좋단 말인가?

이제 WTO체제하에서 국가간의 교역, 투자장벽이 허물어지고 기업은 전세계를 상대로 자본, 노동, 기술, 경영 여건이 유리한 지역을 선택하여 자유롭게 이동하게 된다. 이렇게 되면 그간의 국가간 경쟁체계에서 앞으로는 국가의 보호막이 걷힌, 지역과 지역 간의 직접적인 무한경쟁으로 치닫게 된다. 이 경제월드컵 시장에서는 그 국가에서 가장 경쟁력이 뛰어난 지역이 국가를 대표해서 경쟁에 나서게 되는 것이다.

우리나라의 수도권 등 경쟁력이 있는 지역, 일본의 동경권, 미국 동·서부의 성장축 등 국가대표 1진간의 생존을 건 승부가 되는 것이다. 세계의 중심지로 부상하고 있는 동북아시아에서도 한·중·일 3국간의 경쟁이 생산성이 높은 지역간의 경쟁으로 결판나는데, 우리나라는 지나친 규제 위주의 국토개발정책을 계속 고수하고 생산성이 월등히 높은 수도권의 활용에 소극적이라면 이는 지기로 작정한 시대착오적 고집이라 하지 않을 수 없다.

WTO체제하에서 자본의 자유화와 서비스 개방이 이뤄지면 외국인 투자가 촉진될 것이나 이들 역시 국내시장에서 생산성이 높고 경쟁력이 있는 지역에 몰리게 된다. 이번에 월드컵 선수단 유치 경쟁에서도 우리는 일본에 밀리고 말았다. 국내에서 최상의 투자처를 찾지 못하면 국내 제2의 다른 지역을 물색하지 않고 그들은 국내의 제2후보 지역보다 나은 다른 나라의 더 좋은 곳으로 서슴없이 옮겨간다.

우리나라의 수도권 규제정책은 총량규제의 원칙 속에 공장의 신설과 증설을 일정 한도 내에서 허용하는 규제를 고수하고 있다. 세계시장에서는 규제와 제한이 풀리고 있는데, 국내에서는 수도권에 한정하여 기업 입주 자체를 직접 제한·금지하는 강력한 규제가 남아 있는 것이다. 또한 세계시장에서는 경쟁시장을 왜곡·교란시키는 산업보조 등 간접적인 간섭도 못하게 하는데, 국내에서는 산업입지 그 자체도 제한·금지하는 강성규제가 남아 있는 것이다.

우리나라의 지역개발정책은 이제 WTO체제에 맞도록 근본적인 재편이 필요하다. WTO체제의 국내 흡수, 곧 국내화가 필요한 것이다. WTO정책은 경제의 효율성과 사회·정책적 배려를 철저히 구분하고, 경제는 국가의 간섭과 지원이 없는 시장경쟁체제를 지향하고, 지역개발정책은 국제경쟁의 대상이 되지 않는 낙후지역의 개발 등 사회정책 차원의 지원에 한정하고 있다. 국제경쟁을 겨냥한 국토개발은 이제 경쟁력이 있는 수도권 등 성장지역의 제한, 금지에 의한 균형개발이 아니라 적극적으로 개발유도지역의 투자 여건을 개선해주는 시장경제 중심의 유도정책으로 일대 전환이 이뤄져야 한다. 그것도 WTO체제가 허용하는 사회간접자본의 선행투자나 기술개발(R&D) 지원 중심의 지역개발 정책수단을 동원해야 한다. 이와 같은 WTO체제의 국내화는 당장 다급한 국가경쟁력을 살리고 장기적으로 지방에도 파급되게 하는, 지역간에 더불어 잘사는 길이다.

수도권은 이제 산업입지의 강성규제보다 환경관리 차원의 배려와 규제가 채택되어야 한다. WTO체제에서도 앞으로 환경 중심의 '그린라운드(Green Round)'를 추진할 것이 확실하고 지역주민도 환경에 관심을 기울이고 있기 때문에 수도권도 이제 생활환경의 개선에 주

안을 둘 필요가 있다. 이런 의미에서 수도권의 입지규제와 총량규제
는 인위적인 토지이용의 과밀규제보다 객관적인 기준의 제시가 가능
한 환경오염 규제와 난개발을 방지하는 환경·계획 기준과 환경 총량
규제로 바꾸고 환경부담금을 부과하는 게 상책이다.

우리도 월드컵 시장에서의 우승을 목표로 이제 WTO체제에 맞게
시장기능을 살리면서 선진 경제 수준의 보다 효율적인 규제의 대안
을 찾아보자.

* 이 글은 2002년 3월, 경기개발연구원에서 국토개발에 관련된 시사성 있는 글을 골
라 *21C Leader's Report*로 발간, 배포한 글로서 국내 '오피니언 리더' 1,500명에게 보낸
것이다.

지방행정의 경영화 전략

경영화 전략의 기본요소

WTO체제 속에서 국경 없는 무한경쟁을 극복하기 위해서는 기업의 전통적인 제조업 위주의 성장전략으로 대처할 수 없다. 우리나라 개발연대에는 공단의 개발, 기본적인 사회간접자본(물리적 인프라), 그리고 값싼 인력 공급으로 충분하였다. 이제는 세계적 기업이 세계적인 자원을 활용, 세계 명품의 지속적인 개발 없이 살아남을 수 없다. 지방자치단체 경영을 위한 기본요소도 이에 상응, 크게 달라질 수밖에 없다.

지역사회의 하부구조에 대한 선행투자

WTO체제 속에서는 대외경쟁력에 영향을 미치는 산업보조는 이제 범지구적인 제재를 받게 된다. 따라서 정부는 직접 산업의 생산성에 영향을 주지 않는, 간접적인 방법을 모색해야 한다. 이 접근 중

대표적인 것이 사회간접자본 또는 하부구조(infrastructure)에 대한 선행투자라 할 수 있다. 여기서 '선행투자'는 간접적인 산업보조 내지 유도정책이 되는 것이다.

하부구조는 물리적인 인프라와 지적 인프라(intellectual infrastructure)로 구분된다. 전자의 경우 도로, 철도, 항만, 공항 등 교통시설과 상·하수도, 정보·통신시설 등이 이에 속하고 이들은 과거의 전통적인 제조업 위주의 성장에 기본요소가 되었다.

오늘날의 경제에 있어서, 급속한 성장은 질(質) 높은 대학, 일급의 연구실험실, 혁신적인 아이디어의 활용, 새롭고 개선된 제품과 서비스로 전환시켜주는 투자자와 기업가들의 세련된 연결망을 지닌 지역에 집중적으로 나타나고 있다. 예를 들면, 보스턴에서는 오랫동안 부적절한 물리적 하부구조(inadequate physical infrastructure)가 방치되어 왔다. 그곳의 고속도로는 항상 막혀 있었고 공항은 항상 넘쳤다. 그리고 항구는 미국 내에서 가장 오염되어 있었다. 그러나 보스턴은 미국 내에서 가장 집중적으로 투자된 지적(知的) 하부구조를 자랑하고 있기 때문에 오늘날 '메사추세츠의 기적'이라 부르는 것을 이룩하였다. 이러한 지적 하부구조를 개선하기 위해서 주 정부는 대학에 자금을 쏟아부어왔으며, 새로운 연구기관에 자금을 지원해왔고, 대학 공동연구단지(university research parks)를 건설하였고, 학계와 기업계의 연구자들을 한곳에 모으는 프로그램을 만들었다.

숙련된 고학력 근로집단의 형성

장기적으로 보아 노동력의 기술과 능력이 경제수준을 결정한다. 성장속도와 교육수준과의 관계는 통계에서 명확히 제시되고 있다.

미국의 주요 도시를 대상으로 한 최근의 한 연구에 의하면, 평균 노동자가 고등학교를 졸업하지 못한 산업체의 경우에는 일자리가 줄어드는 성향을 보여왔고, 반면에 평균 노동자가 고등학교를 졸업한 산업체의 경우에는 일자리가 늘어나는 성향을 보여왔다. 미국의 주 정부들은 1980년대에 그들의 교육체제를 개선하는 데 방대한 에너지와 자금을 투입하였다. 그들의 최종 목표는 경제의 경쟁력 획득에 있었기 때문에, 교육개혁에 대한 압력은 기업계의 전폭적인 지지 속에서, 그리고 정치지도자로부터 나왔다.

매력 있는 삶의 질 확보

지적 하부구조에 덧붙여서 보스턴 지역의 교육받은 노동자들은 '매력적인 삶의 질(attractive quality of life)'의 문제에 있어서 혜택을 받아왔다. 그 도시는 문화의 중심지다. 보스턴 지역은 그러한 매력과 역사의 감각을 유지하고 있다. 교육을 받기 위해 그곳에 모여든 사람들은 삶의 질 때문에 거기에 머무르게 된다. 많은 지역에 있어서 환경은 성장에 가장 중요한 요소이다. 이것은 1980년대에 빠른 속도로 성장한 주(메사추세츠, 뉴저지, 애리조나 등)의 주지사들이 엄격한 환경보호론자였다는 이유에 대한 설명도 된다.

기업가적 풍토 형성

주요 대학과 매력적인 삶의 질을 소유했으면서도 많은 지역들이 괄목할 만한 성장을 이룩하지 못했다. 왜냐하면 그 지역들은 기업가적인 풍토(entrepreneurial climate)를 가지고 있지 않기 때문이다. 그 지역에는 사람들로 하여금 새로운 기업을 시작하고 새로운 투자를 추구할 무언가가 부족했다. 즉 지원연결망(support networks), 역할모델(role models), 모험자본(risk capital), 기술적인 원조, 그리고 기업가를 탄생시켜주는 인큐베이터 기관이 부족했다. 가끔 그 지역의 경제는 기업가적 형태를 장려하는 데 실패한 대기업에 의해서 지배되어왔다. 이것은 지역경제의 성장에 기업가적 풍토가 얼마나 중요한지를 보여준다.

모험자본 조성

기업가적인 풍토의 가장 중요한 요소는 혁신적인 기업에 자금을 지원하기 위한 모험자본의 공급이다. 성장하는 경제는 일련의 투자를 수행할 수 있는 다양한 금융기관을 필요로 한다. 몇 개의 거대한 금융기관에 의하여 지배되는 자본시장은 이러한 투자를 행하는 데 실패할 수 있다. 왜냐하면 거대한 은행과 제도적인 투자자들은 관료화되는 성향을 지니고 있기 때문이다. 많은 주 정부들은 그들의 금융시장을 개선하기 위해서 공공 혹은 준(準)공공 모험자본과 융자기금을 설립해왔다. 그리고 가장 중요한 것으로 그들은 모험적인 투자행태를 장려하기 위해서 민간시장을 지배하는 규칙들을 바꿔왔다.

무한경쟁시대의 지역개발 모델

새로운 성장기업의 창출 모델

WTO체제 속에서 범지구적인 무한경쟁을 극복하기 위해서는 전통적인 제조업 위주의 성장전략으로 대처할 수 없다. 여기에는 기술혁신, 모험적인 새 아이디어의 창출, 그리고 장기적인 지원전략이 필요하다. 이 발전모델의 유인전략으로 연결보조금제도와 '인큐베이터' 개념의 도입을 들 수 있다.

미국의 펜실베니아가 가진 가장 큰 힘은 지적 하부구조의 집적에 있었다. 펜실베니아는 미국 전체에서 세번째로 많은 엔지니어들이 해마다 많이 배출되고 있다. 로봇공학, 컴퓨터 디자인, 전자공학, 컴퓨터과학, 선진자료와 같은 전문분야에서 전국의 50개 대학 연구기관 중에 이 주의 4개 대학이 포함되어 있다. 그러나 펜실베니아 주는 실리콘밸리와 같이 지적자원을 자본화하는 데 실패했다.

그래서 이를 극복하기 위해서 제기된 것이 '벤 프랭클린 연계(Ben Franklin Partnership)' 구상이다. 이 구상은 새로운 건물과 기관에 돈을 투자하는 기술 프로그램이 아니라, 기본적으로 연결보조금 프로그램(matching grant program)으로서 대학 주도의 연구 프로젝트, 특히 응용연구 프로젝트에 모험보조금(challenge program)을 제공하는 것이다. 이는 시장성이 있는 제품이나 과정을 만들기 위해 산업체와 학계가 양자의 공동작업에 관심을 갖도록 하는 유인책이다.

또 하나의 접근은 인큐베이터 설치 등을 통한 벤처 비즈니스(venture business)의 육성이다. 벤처 비즈니스의 성공에 영향을 미치는 주요 요소로는 자본금, 숙련기술자, 충분한 시장, 기술상의 지원이나 경영상의 자문에 응할 수 있는 고도의 전문교육기관 등 다양한 지역적 요인들을 들 수 있지만 벤처 비즈니스의 성공을 위한 가장 근본적으로 고려되어야 할 요소는 기업가의 자본 조달 능력과 경영 능력이다.

현재 미국의 지방자치단체들은 벤처 비즈니스를 활성화하기 위해 벤처기업에 대해 비즈니스 관련 정보의 지원이나 인큐베이터 설치 등의 활동을 하고 있다. 이를 수요와 공급 측면으로 나누어 살펴보면 수요 측면의 지원시책으로는 시장조사, 마케팅, 공공사업 입찰 등에 대한 지원이 있고, 또 공급 측면의 지원시책으로는 기업가와 투자가의 교류 알선, 사업가나 근로자에 대한 교육, 사무실이나 생산공간의 제공, 하이테크 제품·서비스를 상품화시키기 위한 지원 등이 있다.

지역산업의 하이테크·패션화 모델

일본도 이제 지방산업 육성의 길은 산업의 하이테크·패션화밖에 다른 길이 없다고 인식하고 있다. 하이테크·패션산업의 창조는 공해도 없고 고부가가치 산업으로 지역산업에 있어 매우 유리한 산업의 하나다. 그러나 이들 산업은 중화학·소재산업과 같이 용지·용수가 있다고 해서 반드시 성장하는 것이 아니다.

자치제는 금융·보호행정 중심의 경제행정을 탈피해서 세계의 명품 개발을 전제, 하이테크·패션화의 정보·자금·기술의 제공, 이 업종의 교류와 같은 시스템 만들기, 그 위에 기술전문학교와 대학의 창설과 같은 기업환경의 개선 등 종전과 다른 '코페르니쿠스'적 정책 전환이 요청된다.

서비스 '베이스' 모델

국민소득이 1만 달러 시대에 접어들고 환경에 대한 가치평가가 높아짐에 따라 우리나라에서도 선진국과 같이 비(非)공업부문에서 지역성장의 활로를 찾게 된다. 이에 따라, 문화, 관광·레저, 물류산업의 중요성이 커진다.

서비스산업은 기간산업·수출산업이 될 수 없는 것으로 흔히 이해되고 있으나, 서비스의 중요성이 인정됨에 따라 이제 서비스 이용자의 유치를 통한 기간산업의 역할을 담당하고 있다.

문화산업은 계량화가 쉽지 않은 여러 가지 경제효과를 그 지역에 가져다준다. 대표적인 문화산업으로 대학 등의 교육산업, 다도·꽃꽂이·종교 등의 각종 문화활동, 그리고 관광, 이벤트 산업 등이 열거될 수 있다. 문화산업은 고급 소비사회의 진전에 따라 그 성장잠재력이 높고 부가가치의 창출도 상당할 뿐 아니라, 문화산업은 지방입지성도 제법 높아서 지역유치의 좋은 대상이 된다. 컨벤션 산업으로 대표되는 문화산업은 흔히 "도시의 매력을 판다"고 말하고 있다. 이를 위해서는 환경이 존중되고 개성 있는 도시 이미지 형성, 그리고 독자적인 지역의 '아이덴티티'가 요구된다.

문화페스티벌 모델의 성공적인 사례는 미국 남부 캐롤라이나 주의 찰스턴 시를 들 수 있다. 찰스턴 시는 유명한 문화중심지가 되기 위하여 대규모 예술프로그램을 추진해왔다. 두 개의 대규모 예술제를 주최하고 페스티벌에도 자금을 원조해왔는데, 이들 사업은 미국 내에서뿐만 아니라 국제적 관심까지 불러일으켰다. 페스티벌의 경제적 영향을 살펴보면 스폴리토 USA 페스티벌과 피콜로·스폴리토 페스티벌의 입장객의 반 수 이상이 찰스턴 시외에서 오고 있어 소매업 진흥에도 도움이 되고 있다.

이제는 국민소득의 증가에 따라 새로 창출 또는 폭발적인 증가를 보이는 신규 서비스 수요의 충족에서 지역활성화를 유발할 수 있다. 그 대표적인 부문이 관광·레저·스포츠 부문이다. 일본에서는 경륜, 경정(競艇)으로도 수익을 올리고 있다.

네덜란드와 싱가포르 등은 물류를 통한 부가가치의 창출로 선진국 경제를 실현·지탱하고 있다. 네덜란드의 로테르담은 2,000여 개의 외국 무역업체 등 4만 5,000개 이상의 기업체를 유치, GNP의 15% 이상을 창출하고 있다. 주요 다국적기업의 유럽 물류센터 유치도 괄목할 만하다. 미국·유럽 주요기업들이 운영하는 380여 개의 유럽 물류센터 중 170개(45%)가 네덜란드에 소재하며, 단순한 보관 및 배송뿐만 아니라 제품의 재포장, 상표 및 라벨 부착, 조립, 품질관리 등 상품가치를 부가하는 활동을 수행한다.

도시경영 : 기업가적 정부의 지향

도시경영의 의의

도시경영이란 용어는 우리나라에는 아직 생소한 말이다. 일본 내에서는 지방자치체 내에서뿐 아니라 학계에서도 도시경영에 대한 이론적·실증적 연구가 상당한 진전을 보이고 있다. 그러나 도시경영이란 용어나 학문이 아직도 명확히 정립된 상태에까지 발전되지 않아서 학자나 실무자간에 도시경영의 개념·범위·접근방법 등에서 일치를 보지 못하고 있으며, 인접한 행정학이나 경영학 등과도 그 경계가 분명치 않다. 미국에서는 도시관리(urban management) 차원에서 이 문제를 다루고 있고 최근에는 특히 도시 공공서비스의 공급(service delivery) 효율화 문제에 초점을 두고 도시서비스의 민영화 또는 위탁경영(contract-out)에 많은 연구실적을 보이고 있다.

도시경영이란 도시자치체를 하나의 경영체(비즈니스)로 보고 시민과 지역주민에게 최소의 비용부담과 사업비용을 사용하여 최대의 도시지역 복지 효과를 달성하기 위한 목적을 갖고 있는 것이라고 규정할 수 있다. 따라서 도시경영은 종합과학이자 정책과학이라고 요약할 수 있을 것이다.

뉴욕 대학교(NYU)의 네처(Dick Netzer) 교수는 "지방정부가 아직도 50년 전의 방식으로 행정서비스를 공급하고 있다"고 비판하면서 만약 오늘날 민간기업이 그와 같이 50년 전의 방식으로 이윤을 추구한다면 하나도 경쟁에서 살아남을 기업이 없을 것이라고 지적했다. 지방공무원이 이와 같이 비생산적이고 비능률적인 주요한 요인은 바로 이들에게 인센티브가 없기 때문이다. 민간기업이 나무를 제거하는 작업을 할 때 어떻게 하면 여기에서 이윤을 낼 수 있을까를 생각한다. 그러나 반드시 이윤이 보장된 것이 아니지만 기업 경영자는 이 작업과정에서 될 수 있으면 이윤을 내려고 다방면으로 연구·분석을 시도한다.

서비스의 소비자 차원에서 볼 때, 지방행정에서 공급하는 경찰 보호나 쓰레기 수거 서비스는 지방정부가 독점하여 공급하기 때문에 소비자인 주민에게 선택권이 주어지지 않는다. 수년 만에 한 번씩 오는 지방의회와 시장 선거만으로는 주민들이 공공서비스의 종류와 질 등을 결정하는 데 큰 영향을 주지 못한다. 그렇지만 이들 시민이 '슈퍼마켓'에서 구입하는 하나의 상품 선택이 지방선거와는 달리 그들 제조회사의 장래 운명을 좌우하리만큼 중요한 영향을 미치고 있는 것이다.

지방정부의 기업화 전략

미국에서는 최근 연방정부 개혁에 대한 목소리가 높다. 데이비드

오스본(David Osborne)과 태드 게블러(Ted Gaebler)의 『정부개혁의 길: 기업가 정신이 정부를 변화시킨다(Reinventing Government: How the Entrepreneurial Spirit is Transforming the Public Sector)』가 그 대표적인 저술이다. 미국의 엘 고어 부통령이 주도한 『정부의 기업화(Enterprising Government)』도 같은 내용과 방향을 제시하고 있다. 이들의 방향 제시는 도시경영에도 그대로 적용될 수 있을 것으로 보인다. 이 가운데서 우리나라의 지방정부와 도시에 적합한 내용 중심으로 정리해서 발전시켜본다.

촉진적 정부: 노젓기보다 방향잡기

정부(government)라는 단어의 어원은 '방향을 잡는다'는 뜻의 그리스어다. 지방정부의 임무도 노를 직접 젓는 것이 아니라 방향을 잡아주는 것이다. 지방정부나 시 정부는 줄어드는 세수와 증가하는 요구의 틈새에서 민간이나 다른 기관이 시가 할 일을 할 수 있도록 촉매자 또는 촉진자로서의 역할을 강화하는 방향으로 근본적인 역할 재정립이 필요하다.

이제 기업가적인 정부는 정책 결정과 서비스 제공을 분리시키는 체제로의 전환을 요청한다. 서비스 공급으로부터 정책 운영을 분리시킬 때 종종 정부는 자신이 실질적인 정책 운영능력을 결여하고 있다는 사실을 깨닫게 된다. 이제 정부가 더욱 촉매자 역할을 수용함에 따라 이들은 방향 조정적 역할을 수행해나갈 새로운 조직을 만들지 않으면 안된다.

지역사회가 주도하는 분권적 정부: 서비스 제공보다는 권한 부여

미국에 있어서 '지역사회 지향적 정책'은 미국의 300개 이상의 도시에서 시행되고 있다. 지역사회 지향적 정책은 공공서비스에 대한 통제권이나 소유권을 관료나 전문가의 손에서 지역사회로의 이양을 촉진시킨다.

미국의 공공주택의 세입자들이 자신들의 환경을 스스로 통제할 수 있게 했을 때 일어났던 변화를 살펴보면 지역사회에 대한 주인의식이 얼마나 큰 영향을 미치고 있는가를 이해할 수 있다. 워싱턴 북서부에 위치한 케닐워스 개발이 그 전형적인 예다. 1980년까지만 해도 그곳의 중심가는 공개적인 마약시장이었고, 난무하는 폭력으로 인해 주택관리회사들은 사무실 주변에 방탄벽을 설치해야만 했다. 그러나 다음 10년 동안 케닐워스 주민들은 그들의 지역사회를 완전히 바꾸어놓았다. 1990년까지 이곳에 기생하던 마약거래자들은 추방되었고, 범죄는 용인되지 않았으며, 각 건물들은 수리에 들어갔다.

이처럼 지역사회에 권한을 부여해주는 것은 지역사회가 스스로의 문제에 대해서 일반적인 공무원보다 더 나은 해결책을 제공한다는 데 그 의미가 있다. 지역사회단체는 전문가 조직보다 고객 자신의 문제를 더 잘 이해한다. 지역사회단체는 대규모 관료조직보다 더 유연하고 창조적이며, 관료나 전문가보다 빈곤계층에 대해 효과적인 행동기준을 강요할 수 있다.

경쟁적 정부: 서비스 제공에 경쟁 도입

흔히 공기업보다 민간기업이 더 효율적이라고 한다. 그러나 그렇지 않은 사례도 없지 않다. 중요한 차이는 공기업 대 민간기업의 대

비가 아니라 독점 대 경쟁의 우위성 비교에 있다. 현실적인 검증결과는 경쟁이 있는 곳에 더 좋은 결과, 더 높은 비용절감 의식, 그리고 양질(良質)의 서비스를 얻는다는 것이다. 경쟁은 또한 혁신을 장려하고, 공무원들의 긍지와 사기를 높인다. 공무원들도 직업 안정성만 보장된다면 그 향상된 생산성과 그에 따른 보상의 증가 때문에 경쟁을 꺼려할 이유가 없는 것이다.

경쟁이라고 하면 흔히 민영화를 우선적으로 상정하게 되지만, 공공기관간의 경쟁과 정부 내 서비스에 대한 경쟁의 유발도 역시 중요하다. 영국 런던의 윈즈워스 지역(Wandsworth Borough Council)에서는 공무원 노조로 하여금 공개입찰에 응하게 하였고, 이에 따라 기계 공작 운영, 공영주택 관리, 레저센터, 인쇄, 배수구 청소, 가로등 운영 등에 상당한 경비절감을 실현하였다.

사명 지향적 정부: 규칙 중심 조직의 개혁

각종 규칙은 밧줄에 묶인 걸리버처럼 규제가 공무원들의 목을 죄고 그들의 활동을 얽어매고 있다. 그들은 자기 부서의 잘못을 잊어버리고 규칙에 따라 일을 처리한다. 그들은 책임 회피를 위해 끊임없이 서류를 만들어낸다. 한쪽은 규칙을, 다른 한쪽은 예산항목을 붙잡고 있는 것으로 이들을 혼합하면 시멘트가 되고 만다.

사명 지향적인 조직은 규칙 지향적인 조직보다 더 효율적이다. 사명 지향적인 정부는 직원들이 가장 효과적인 방법을 통해 조직의 업무를 자유롭게 추구하도록 해준다. 또한 사명 지향적인 조직은 규칙 지향적인 조직보다 더 혁신적이고 더 융통성이 있으며 사기가 더 높다.

그러면 어떻게 하면 사명 지향적인 정부를 만들 수 있을까? 가장 우선적인 작업은 그동안 누적되어온 엄청난 양의 규칙들, 규정들, 쓸모 없는 관행을 제거하는 것이다. 미국의 비세일리어 시는 새 규제가 도입되면 반드시 두 개 이상의 기존 규제를 폐지하도록 했다.

예산 시스템도 사명 지향적인 체계로 개편되어야 한다. 캘리포니아 북부의 페어필드 시는 사명 지향 예산제도의 하나로 지출통제예산제도를 도입하였다. 그 주된 내용은 예산의 세부항목을 삭제하고 부서로 하여금 지출하지 않은 돈을 보유할 수 있게 하는 일반기금예산제도를 중심으로 한다. 이 제도의 도입은 종전의 '지출 아니면 삭감'이 아니라 '절감하면 투자할 수 있다'로 변하게 했다.

사명 지향적인 예산은 직원들에게 예산을 절감할 수 있는 유인을 마련해준다. 또한 이 제도는 새로운 아이디어를 시험하기 위해 자원들을 자유롭게 활용할 수 있게 하고 경영자들에게 새로운 환경에 대처하여 요구되는 자율성을 향유한다.

성과 지향적인 정부: 투입 아닌 성과와 연계된 예산 배분

관료제정부는 업무의 성과를 측정하지 않기 때문에 바라는 목표를 좀처럼 달성하지 못한다. 성과에 대한 정보가 거의 없는 상태에서 관료정부는 연공서열, 관리예산과 직원의 규모, 권한의 수준에 기초하여 공무원에게 보상해준다. 이 때문에 공무원들은 보다 많은 예산, 직원, 권한을 추구하며 자신들의 업무를 보호하고, 자신들의 제국을 건설하려고 노력하게 된다.

미국 일리노이 주의 '공공원조부'는 수년 전에 의료지원 환자들에게 요양소 이용 비용을 보조해주는 방법을 재검토하였다. 이제까지

는 자금이 간호 수준에 따라 지원되었다. 즉 더 많은 치료를 받아야 하는 중환자들에게는 보다 많은 자금을 지원했으며, 가벼운 치료를 받아도 되는 환자들에게는 적은 금액을 지출하였다.

누워만 있는 환자들에게 더 많은 액수를 지출하는 방식은 양로원들이 환자들을 계속 누워 있도록 만드는 금전적 유인을 제공하였다. 노인들의 건강을 회복시켜 생산적 활동에 참가시키고 독립적으로 활동하도록 도와주는 유인 기회를 박탈한 것이다. 성과는 무시하고 투입만 중시하는 이같은 정책 때문에 원래 주 당국이 의도했던 목표와는 정반대의 상황이 초래되었다.

'공공원조부'는 이러한 시스템을 변화시켰다. 환자들의 만족도, 지역사회 및 가족의 참여도, 양로원 환경의 질 등을 측정하는 '성과지표'를 개발하여 적용하였다. 평가가 높게 나올수록 지원액의 규모가 커진다. 일리노이 주의 양로원들은 이제 그 업무 성과를 놓고서 경쟁하고 있는 것이다.

미국의 캘리포니아 주 실리콘밸리 심장부에 위치한 인구 12만의 서니베일 시는 성과 평가의 선구자다. 서니베일 시는 각 부서가 행한 업무의 성과를 측정할 수 있기 때문에 업무 목표의 달성 여부에 따라 관리자들에게 보상해줄 수 있다. 어느 부서가 품질과 생산성 면에서 목표를 초과하면 책임자는 급료의 10% 한도 내에서 보너스를 얻을 자격을 얻는다. 이 때문에 부서는 그들이 생산성 향상을 추구하는 것이 이익이 되는 환경에서 일하고 있는 것이다. 이 제도는 결과적으로 시의 생산성 향상에 큰 기여를 하고 있다.

고객 지향적인 정부: 관료제가 아닌 고객 요구의 충족

정부에서 일하는 사람들이 '고객'이라는 용어를 사용하는 경우가 드물다. 그들은 대부분 누가 고객인지조차 알지 못한다. 교통부의 고객은 운전자와 대중교통 승객이 아니라 고속도로 건설업자와 휴게소 업자였다. 최근 정부는 백화점에서 운행하고 있던 셔틀버스 제도를 폐지한 바 있다. 셔틀버스의 고객이 누구인가? 일반 버스회사 사장인가, 아니면 백화점 고객인가?

이제 정부는 공급자 위주의 사고와 관행(supplier's market)에서 소비자 중심 시장구조(consumer's market)로 전환되어야 한다. 본래의 고객을 다시 찾고 고객 가까이 다가가야 한다.

이러한 고객 지향적인 정부는 여러 가지 이점이 있다. 첫째로 고객 지향 제도는 고객에게 서비스의 선택 권한을 주고 서비스 제공자들이 고객들에게 책임을 지도록 할 뿐 아니라 혁신을 자극하고 경쟁을 통한 능률을 추구할 수 있게 한다. 고객 지향적인 제도는 또한 수급을 조화시켜 낭비를 줄인다.

셋째로 고객 지향적 제도는 고객이 선택할 수 있는 힘을 가지도록 만들고, 힘을 얻은 고객은 참여하는 고객이 된다. 교육에 관한 연구에 따르면, 학생들은 스스로 선택한 학교에서 보다 참여적이었다. 같은 방법이 주택, 훈련, 의료보호, 레크리에이션과 같은 다른 서비스에도 실질적으로 적용될 수 있다.

기업가적 정부: 지출보다는 수익 창출

이제 공무원은 단순히 행정관리자에서 기업가로의 전환이 필요하다. 보통의 정부 예산체계는 돈을 벌게 하는 것이 아니라 쓰도록 장려한다. 기업가들은 성과를 극대화시키는 데 필요한 경비는 충분히 지원한다. 그러나 정부는 회계장부의 지출 면을 중시하고 단기비용의 최소화에 치중한다. 정부는 도로 보수를 방치하여 단순히 재포장하기보다 세 배의 비용을 들여 도로를 재건한다.

지역정부 차원에서 수익 창출 노력으로 여러 가지 접근을 시도하고 있다. 그 대표적인 것으로 정부에 의한 직접적인 공영 개발, 지방 공기업 또는 제3섹터의 운용, 민간 위탁 등이 열거될 수 있다.

* 이 글은 1996년 4월 16일 경기개발연구원 주최의 개원 1주년 기념 세미나에서 발표한 내용을 다시 정리한 것이다. 이 내용은 같은 해 7월 27일 국회 '지역경제연구모임'에서도 발표했다.

한 권의 책과 나: 로버트 풀의 『시청감축론』

1980년대 중반 필자가 국토개발연구원의 부원장으로 있을 때 내무부의 지방행정연수원에서 '도시경영'에 관한 강의 요청을 받고 처음에는 적임자가 아니라고 사양했었다. 그러나 연수원 측에서 다른 교수들을 접촉해봤더니 그래도 내가 나은 편이라고 한다기에 나는 떠밀리듯 연수원에 출강하기에 이르렀다. 몇 번 강의하면서 앞으로 예상되는 본격적인 지방자치시대에 도시경영의 중요성이 부각될 것이라는 생각이 들었고, 그 당시만 해도 이 분야의 연구나 저서가 변변치 못하고 전문가도 드물다고 판단되어, '도시경영' 책을 써보겠다고 용기를 내게 되었다.

이 책을 쓰기 위하여 이 분야에 관한 미국·일본 등 선진국의 전문서적과 자료를 모으는 과정에서 나의 관심을 많이 끈 책은 사바스(E. S. Savas)의 『공공부문의 민영화(Privatizing the Public Sector)』와 로버트 풀(Rober W. Poole, Jr.)의 『시청감축론(Cutting Back City Hall)』이었다.

사바스가 이 가운데서 도시공공서비스의 이론적인 분류와 민영화 방향에 대한 총론적인 연구에 치중했다면, 로버트 풀은 도시서비스의 분야별로 경영전략과 예산 절약 방안을 구체적으로 제시하고 있다. 이는 우리 현실에 시사하는 바가 커서 후자에 대해 말해보고자 한다.

지방자치가 본격화되면 주민의 욕구가 분출하게 마련이고 이에 따라 공공서비스의 확대가 불가피하나 주민은 그 사업비 마련을 위한 조세부담을 싫어하는 것이 일반적인 경향이다. 이 상황 속에서 주민에게 부담을 덜 주면서 서비스를 확대하는 도시경영 전략이 요청된다.

로버트 풀은 이런 시대적 수요에 부응하는 예산 절약 방법으로 민영화(privatization), 사용자 부담(user charges), 그리고 분석적 기법을 동원한 현명한 판단(thinking smarter)의 세 가지 기본 틀을 정립했다. 이를 바탕으로 하여 경찰 서비스, 범죄 예방과 치유, 소방 업무, 응급 서비스, 폐기물 처리, 위락시설, 대중교통, 사회복지, 도시계획, 공공 토목사업, 일반 업무관리, 학교 등 12개 분야로 나누어 현황과 문제를 분석하고 그 개선방향을 구체적으로 제시하고 있다.

그는 분야별로 개선대안을 구체화하면서 미국의 도시 단위에서 실험적으로 시도했거나 또는 성공한 사례를 광범위하게 수집하고 이를 분석했다. 이는 단순한 이론체계화 수준이 아니라 실증적인 분석 기초 위에 제시된 대안이기 때문에 이 책은 지방자치제가 건전하게 뿌리내려야 하는 우리나라 현실에게 좋은 정책자료가 될 것으로 보인다. 여기서 제시된 대안들 중에는 우리 현실과 동떨어진 것도 없지 않으나 고착되어 있는 우리 도시행정가의 사고를 바꿔놓는 데 큰 도움이 되리라고 본다.

재미있는 예를 한 가지 들어본다. 소방업무를 맡은 '루럴/메트로(R/M)' 민간회사는 현명한 기업운영으로 비용을 절약하고 있다. 소방서 예산의 90%가 인건비와 기타 수당으로 지출되고 있기 때문에 이 회사에서는 인건비를 줄이는 것만이 기업 운영을 합리화할 수 있다고 판단했다. R/M의 기업 운영철학에서 보면, 유급 상근 소방요원을 채용하여 놓고 모두들 할 일 없이 앉아서 화재 발생만 기다리고 있으니 이것이야말로 확실히 예산 낭비임이 틀림없다. 그래서 소수의 유급 상근요원 몇 명만 고용하고 나머지는 훈련받는 예비대원들로 필요시만 동원하여 소방에 임하도록 하였다. 이 경우 동원된 예비대원은 소방업무에 참가한 시간에만 이에 상응하는 일정 급료를 지급받게 된다.

R/M회사의 본사가 위치한 애리조나주 스카츠데일 시에는 25명의 예비봉사요원(auxiliaries)을 시청 여러 과(課)에 확보하고 있는데, 주로 공원 및 공공사업과에 배치되어 있으면서 필요한 소방교육을 필히 받은 후 유사시 소방요원으로 동원할 수 있게 한다. 이들 예비요원들은 정식 소방요원과 마찬가지로 각종 시험을 치르고 20시간의 소방훈련을 받는다. 일단 이 과정을 거치고 난 다음에 예비요원으로 임명되어 정기적으로 매월 기본수당 35~70달러를 받고 동원시에는 소방작업 시간당 6.34달러씩 지급받는다. 또 4교대 가운데 월 1주일씩 각자 대기반에 편성된다. 일단 대기조에 편성되고 난 후 화재경보가 있으면 반드시 출동하여 주어진 소방작업에 임한다. 근무중이라도 화재현장에 나와서 일해야 할 뿐 아니라 근무 후 시간에도 마

찬가지로 소집당한다.

예비봉사대의 사업은 그동안 퍽 성공적이었다. 이들 요원은 모든 소방업무에 적응할 수 있도록 포괄적인 훈련을 받아서 물 호스 나르기, 물 꼭지 막기, 인명구제작업 및 사닥다리 놓기 등 진화작업의 3분의 2 이상의 일을 수행한다. 이들은 유급대원과 마찬가지로 작업에 응하도록 계약에 명기되어 있으며 실제로 각종 통계에 의하면 그렇게 임하고 있다. 최근의 한 연구에 따르면 예비요원이 전체 진화작업에 응한 인원 가운데 44%에 해당되고 있다. 이 연구보고서는 또한 6개월 동안 예비요원이 진화 작업으로 인해 근무지를 떠난 시간이 모두 6시간 28분으로 나타나 1인당 매월 근무시간을 비운 것이 평균 1시간 정도 된다. 시 당국의 입장으로 보면 이 정도의 보잘것 없는 시간으로서 엄청난 소방 서비스에 소요되는 예산을 절약할 수 있다는 것은 다행한 일이다.

다행이 이 책은 서울시립대학교의 김원(金源) 교수가 번역해 『지방정부경영론』이라는 이름으로 출간해서 국내에서도 쉽게 구할 수 있다. 나는 이 번역서를 대학이나 대학원에서 도시경영론을 강의할 때 부교재로도 쓰고 있는데 상당한 호평을 받고 있다.

* 이 글은 필자가 해운산업연구원 원장 재직중에 국토연구원에서 발간하는 ≪국토정보≫(1995년 10월호)의 <한 권의 책과 나> 칼럼에 실은 글이다.

6 토지이용 규제와 시장경제

토지의 공개념과 효율적 이용

얼마 전 서울의 몇몇 곳에 토지와 주택에 대한 투기바람이 회오리처럼 한 차례 스쳐가는가 했더니 재벌기업의 비업무용 토지의 재(再)매입 사건이 터져, 토지정책의 근본적인 재검토가 필요해졌다. 이러한 필요성에 따라 정부는 특정 지역을 고시하여 중과세했고, 지상(紙上)에는 토지거래의 신고제니 허가제니 하는 용어들이 자주 거론되고 있다. 이에 발맞추어 서울에서는 신정·목동 등에 대단위의 주택단지를 개발하되, 이에 필요한 토지를 전면 매수한 후 이를 국가가 소유하고, 주택 등 건축물만을 임대 또는 분양하는 소위 토지공개념의 도입을 시도하고 있다.

이러한 일련의 과정에서 토지투기의 문제를 어떻게 보아야 할까? 돈벌이가 되고 더욱이 폭리가 예상되는 곳에 돈이 몰리는 것은 매우 당연한 일 아닌가? 복부인들이 돈벌이가 예상되는 곳에 몰리는 그 판단력과 기민성을 나는 이 사회 성장의 잠재요인으로 보고 싶다.

문제는 그 토지투기의 기회를 열어놓은 책임이 정부와 사회에 있고, 원인은 토지투자의 그 높은 돈벌이에 있다.

신정·목동 등의 단지개발에 있어서 서울시가 보여준 토지의 전면매수와 국가소유에 대하여 토지의 공개념이 도입되었다고 지상에서 크게 보도하고 있다. 길게 볼 때 이 제도는 바람직하다. 토지의 공공소유가 많은 나라는 상대적으로 토지가격이 안정된 것을 보아서도 그렇다. 그러나 이 방법은 국가재원을 감안할 때 확대에 한계가 있다. 따라서 공적 관리가 불가피하고 민간이 토지를 소유하고 있는 상태에서 공적 규제가 어려운 경우, 예컨대 고궁이나 도심공원 등 공익성이 매우 강한 것에 한정해서 국가가 소유하는 데 그칠 수밖에 없게 될 것이다.

따라서 토지공개념은 토지의 국가소유보다 토지의 개발·이용에 대한 공적 규제 형태로 나타나게 되는 것이다. 근래에 와서는 자본주의 경제체제하에서도 토지가 개인의 소유라 하더라도 그 토지의 개발·이용이 이웃 또는 사회 전체에 미치는 영향 때문에 사유권 행사에 제한을 가하는 경향이 있다. 우리나라에서도 국토이용관리법, 도시계획법 등에서 공공 이익을 위하여 개인의 토지이용에 일정한 규제를 실시하고 있다. 그러나 이러한 규제가 시장조절 기능과 조화되지 않을 때 흔히 프리미엄 거래 내지는 암거래가 형성된다. 예를 들면 도로·산업기지·신도시개발 등 공공사업과 토지구획정리·토지형질변경 등의 조치가 취해질 때, 인접한 지역의 토지 소유자가 아무런 노력의 투입 없이 큰 이익을 볼 수 있는, 토지투기의 구멍이 뚫려 있는 것이다. 따라서 이러한 불로소득과 프리미엄 발생을 없애기 위해서는 토지이용에 대한 직접규제와 병행하여 조세 등 간접적인 유도정책이 이를 적절히 뒷받침해주어야 한다.

현재 활용되고 있는 토지의 개발, 이용, 거래에 관련된 직접·간접의 과세적(課稅的) 수단으로 양도소득세(법인의 토지 등 양도에 대한 특별부가세 포함), 재산세, 취득세, 도시계획세, 사업소세 등을 들 수 있고 비과세(非課稅)적 방법으로 개발부담금제도, 수익자부담급제, 토지구획정리사업의 감보(減步)제 등이 있으나, 이러한 제도적인 장치가 불로소득과 프리미엄의 발생을 억제하면서 토지의 효율적인 이용을 확보하기에는 미흡하다. 이 가운데 재산세, 양도소득세 등 주요수단의 문제점을 살펴보고자 한다.

첫째로 토지 소유에 대한 재산세의 부담이 너무 낮다는 점이 문제다. 토지에 대한 재산세의 경과(輕課)는 기업의 비업무용 토지 보유와 개인의 토지 소유 성향을 촉진하기 때문에 결과적으로 토지 보유는 증가하고 공급이 제한되어 오히려 토지가격이 상승하게 된다. 반대로 재산세 중과(重課)는 토지수익을 감소시켜줌으로써 토지 보유 유인을 감퇴시킨다. 이에 따라 토지 공급이 늘고 가수요가 줄어 결국 토지가격의 안정화를 도모할 수 있고 토지 실수요자의 토지 절약적인 이용을 촉진하게 된다.

개별 기업의 경우에도 그 보유 토지가 비업무용이냐의 여부를 정부에서 일일이 체크하고 간섭할 것이 아니라, 재산세를 중과하게 되면 기업 스스로가 판단해 덜 중요한 토지를 매각하여 기업 자율성과 사회능률의 향상에 도움이 될 것이다.

재산세의 중과는 입법 사항인 세율의 인상에 앞서 재산세의 과표(課標)인 토지가액(價額)의 현실화로 가능하다. 재산세 과표를 현실화하면, 재산세는 물론 도시계획세(표준세율 0.2%)의 부담이 그만큼 높아진다. 과표의 현실화로도 기대만큼의 효과가 없을 때에는 세율 인상이 뒤따라야 할 것이다. 재산세 중과는 지방자치단체의 세수 확보에도 도움이 되어 다시 지방 공공사업의 확대라는 과정을 거쳐 사회에 환원된다.

둘째, 재산세는 토지와 건물에 대한 과세로 크게 나눌 수 있는데, 건물분 재산세의 중과는 토지의 효율적인 이용을 해치게 된다는 점을 유의해야 한다. 토지 소유에 중과하면서 토지 위에 설치되는 건물에 대한 재산세 부담을 낮추면 그만큼 건물의 공급이 늘고 도시재개발이 촉진되어 토지의 효율적인 이용에 보탬이 될 수 있다. 극단적으로 건물에 대한 재산세를 폐지하고 토지분 재산세를 중과한다고 가정하면, 그 효과는 더욱 분명해질 것이다.

셋째, 양도소득세(법인의 양도특별부가세 포함)는 거래과정의 양도 차익에 부과하는 이상 거래를 억제하는 효과가 있다. 양도차익을 100% 걷어가버리면 누가 그런 거래를 하려 하겠는가? 여기에서 부동산 투기를 억제하면서 부동산 경기를 일정 수준으로 유지하는 묘책이 현실적으로 필요한 것이다.

그러나 정부는 부동산 투기가 서울의 강남에서 먼저 불붙으면 그때서야 갑자기 느슨하던 양도소득세의 칼을 들이대고 야단을 치다가, 급한 불이 꺼지면 슬며시 그 무서운 칼을 거두고 칼집에 넣어버리는 정책을 반복해왔다. 그러니 이때 잡히는 자는 운이 없었다고 자탄하게 되는 것이다. 이래서야 어찌 정부의 공신력을 세울 수 있겠는가?

양도소득세는 엄격히 과표(課標)를 현실화해서 항상 양도차익의 일정 수준을 징수해야 한다. 그 대신 주거용 건물에 대한 양도소득세는 주택 수요와 공급을 일정 수준으로 유지하는 방향으로 다소 완화해야 하지 않을까? 그 하나의 대안으로 일단 주거용 건물을 매각하고 일정 기간 내에 집을 다시 사게 되면, 그 판매 대금에서 매입 대금을 차감한 금액에 대해서만 세금을 부과하는 것이다. 이 과정에서 '리모델링' 등 개량(改良) 투자를 하게 되면 그것도 공제해주어야 한다. 이 제도는 기존의 주택 소유자로 하여금 점차 좋은 집으로 옮겨가게 하고 전에 살던 집은 소득이 낮은 계층에 넘겨주게 함(filtering-down)으로써 사회 전체의 주거수준을 향상시켜준다. 이 제도는 1세대 1주택 세금감면제도를 일반화하면서 주택경기를 계속 살리는 타협이 되지 않을까?

자본주의사회에서의 토지공개념은 원칙적으로 시장의 가격기능과 조화를 이루어야 하고, 토지정책은 토지가격의 안정화와 토지의 효율적인 이용을 추구해야 한다. 개인이나 기업이 이러한 토지정책의 테두리 안에서 이익을 추구하는 것을 복부인이니 비업무용 토지니 하여 범죄로 취급하는 풍토가 하루 빨리 이 사회에서 자취를 감추었으면 한다.

* 이 글은 필자가 해운산업연구원 원장 재직중에 국토연구원 연구위원으로 재직중 ≪서울신문≫(1983년 4월 16일자)의 <서울광장>에 기고한 글이다.

용도지역제도 : 용도 제한과 융통성

용도지역제도(zoning)는 인접한 토지간의 외부에 끼치는 악영향을 최소화하면서 토지 전반의 이용도를 높이기 위해 채택된 것이다. 이 제도는 1916년에 미국 뉴욕 시에서 처음 채택된 이래 90년이 되어간다. 이 기간 중에 이 제도는 '전통적(Conventional Zoning)'이라는 통칭(通稱)이 붙을 정도로 보편화되었다. 그러나 근년에 와서는 이 전통적 용도지역제가 그 운영이 너무 경직되고 민간의 상향식(上向式) 창의가 잘 반영되지 못한다는 비판이 높아 경직성을 완화하는 방향으로 발전해가고 있다.

소위 전통적인 용도지역제는 정부의 토지이용의 사전 지정·고시, 토지용도간의 분리수용, 용도별 토지이용의 밀도 제한 등으로 특징지어진다. 이의 대표적인 정형(定型)으로 유크리디언 용도지역제(euclidean zoning)를 들 수 있는데 우리나라의 용도지역제 역시 이 범주에 든다. 인류가 80여 년간 애용해온 이 제도는 토지의 질서 있는 개발을 가능하게 하고 또 토지이용의 공익성을 높이는 데 기여한 바가 매우 크다. 그러나 이 전통적인 용도지역제는 그간의 경험을 통하여 실증적으로 다음과 같은 문제가 부수적으로 제기되고 있다.

첫째, 인간사는 본래 천태만상이라서 토지이용도 이를 반영하여 각양각색이기 마련인데 토지이용을 몇 가지 유형의 용도로 나누어 지정함에 따라, 토지이용 형태는 본래의 다양성이 손상되고 기계적이면서 일률적인 모습을 띠게 되는 부작용을 드러내었고, 그 가운데 인간 소외 현상을 경험하게 되었다.

둘째, 기획가가 장래의 토지이용을 사전에 결정하여 고시하기란 지난한 일이다. 일견 토지는 같아 보이지만, 토지의 위치, 속성, 이용가치 등으로 보아 동일한 것은 하나도 없다. 인간의 일상 또는 경제 활동을 유형화하기도 쉬운 일이 아니다. 흔히 도시에 입지 가능한 산업으로 도시형 공업 또는 무공해산업이란 용어가 사용되고 있으나, 한국표준산업분류에 의하면 세세하게 분류할 때 산업의 종류는 1500종이 넘는데, 이를 도시형 공업 또는 무공해산업으로 유형화하기란 참으로 어려운 일이다. 가령 세세 분류에 의하여 어떤 산업 A가 공해산업으로 분류된 경우 기술 진보에 의하여 이 A산업은 다시 더 세분될 수도 있고 이 세분된 업종 가운데는 기술 진보의 결과로 전혀 공해를 발생하지 않는 공업이 있을 수 있다. 이 경우 모두 같은 산업으로 구분되어 동일한 용도로 취급되는 불합리한 상황이 발생하게 되고 이로 말미암아 환경오염 저감(低減) 노력에 대한 유인이 없어지게 된다.

셋째, 본래 용도지역제는 인접한 토지에 대한 악영향을 최소화하기 위해서 비롯된 것인데 이로 인해서 토지의 효율적 이용이라는 목적 그 자체를 훼손시키는 결과를 낳게 되었다. 게다가, 용도 한정, 밀도 규제, 복합이용 규제 등의 통제 속에서 민간의 창의와 혁신이 발휘되지 못하게 된다.

넷째, 공평성의 문제가 제기된다. 용도지역제의 적용상 흔히 용도지역이 바뀌게 됨에 따라 허용되는 용도가 확연히 그리고 엄격히 달라지고, 같은 용도 지역 내에서도 요건충족 여부에 따라 확실히 다른 경우가 많다. 이는 전부나 전무의 접근방법(all or nothing approach)으로서 전부와 전무 사이에 중간 형태가 없어 공평성에 의문이 제기되는 사례가 많다. 용도지역간의 경계선을 획정하는 데 만인이 납득하는 방법은 없다. 요건을 전부와 전무의 기준으로 제시하기보다 요건의 충족도에 따라 이용도를 점진적으로 차등화하는 대안을 검토할 만하다.

소위 전통적인 용도지역제는 이러한 문제들을 수용하여 규제의 큰 틀은 살리면서 신축적으로 운영하는 방향으로 서서히 변모해가고 있다. 우리나라의 현실에서 생각할 수 있는 방법은 계획단위종합개발(PUD: Planned Unit Development), 특별허가제도(special permits), 상여용도지역제(incentive zoning), 유동용도지역제(floating zoning), 성과용도지역제(performance zoning) 등이다.

PUD는 일단의 단지를 지정하면 단지 내의 개발에 융통성을 부여하게 되고, 특별허가제는 일정 조건을 갖추게 되면 토지이용을 허가해 줌으로써 융통성을 발휘한다. 유동용도지역제는 지도상에 입지를 미리 지정하지 않고 특정용도(예: 물류단지)를 전제로 공모하여 가장 적합한 조건의 토지를 고르는 접근방법이다. 이들 기법은 제도상의 추가반영이 필요하다.

상여용도지역제는 건축주가 공공재를 공급해주면 용적률 등 용도 제한을 완화해주는 제도인데 현행 건축법 40조 3항에 반영되어 있어 정책적인 활용이 필요하다. 성과용도지역제는 일정한 성과기준 (performance standards)을 충족하면 토지이용을 허용하는 제도로서 신축성이 가미된 용도지역제로서는 가장 합리적인 방법으로 평가되고 있다. 우리나라에 적합한 성과의 평가기준을 마련하는 데도 최소한 2년 가량의 연구기간이 필요하기 때문에, 우리의 현실에서는 이의 채택을 전제하되 우선은 현행제도에 계획단위종합개발, 특별허가제, 상여용도지역제 등의 기법을 잠정적으로 접목시켜 활용하고, 장차는 성과용도지역제를 지향하여 지금부터 차분히 이에 대비하여 준비할 필요가 있다.

* 이 글은 필자가 국토연구원에 부원장으로 재직하고 있을 때 연구원에서 발행하는 《국토정보다이제스트》(1987년 2월호)에 실은 글이다.

'상여용도지역제'의 적극적인 활용이 필요하다

　'인센티브 조닝(incentive zoning)'은 우리말로 상여(賞與, bonus)용도지역제로 번역할 수도 있고 혹은 유도 또는 유인용도지역제로 번역할 수도 있겠으나, 내 생각에는 상여용도지역제가 나을 듯싶다. 이 제도는 개발자에게 허용된 개발한도 이상의 개발권을 보너스로 부여하고 그 대신에 공공재의 공급을 유도하는 제도다.

　미국에서는 최근 개발자가 인접지역에 광장, 공원, 아케이드 등 공공재(公共財)를 직접 개발·공급하는 경우로 한정하지 않고 대중교통수단, 공원, 오픈 스페이스 및 기타 사회공공사업의 개발비용을 일부 부담하는 경우에도 허용하는 방향으로 발전하고 있다. 시애틀에서는 지난해 6월에 용도지역제의 규정을 개정하여 저소득층을 위한 주택공급의 경우에도 보너스로 용적률의 인상을 허용하고 있다. 시카고에서는 건축물 자체에 예술적 장식과 미화시설을 하는 경우에도 용적률 인상의 보너스를 준다.

우리나라에서는 건축법 제40조 3항에 "시장 또는 군수는 건축주가 건축물을 건축하는 경우에 대통령이 정하는 기준에 따라 당해 건축물에 인접하여 도로, 공원, 광장, 공공 공지(公共空地) 등 공공시설을 설치할 때에는 당해 건축물에 대하여 대통령이 정하는 기준에 따라 지방자치단체의 조례로 정하는 범위 내에서 용적률에 관한 규정을 완화하여 허가할 수 있다"고 상여용도지역제의 근거를 명시하고 있다. 그러나 우리나라의 대도시에서는 아직도 이 제도의 본격적인 활용이 시도되고 있지 않다.

원래 용도지역제도를 근간으로 하는 토지이용계획은 규제 일변도이고 융통성이 없어 개인과 기업의 의사가 반영될 수 있는 통로가 마련되어 있지 않다. 개인이 소유하고 있는 토지의 용도가 개인의 의사와 전혀 관계없이 결정되고 그 지정된 용도로 이용하는 경우에도 건물의 높이와 용적 등에 제한이 가해진다. 이러한 융통성 없는 제도에 개인의 의사와 시장기능을 접목시켜서 사적인 이익과 공익의 조화를 시도하려는 것이 이 상여제도의 취지다.

우리나라의 서울 등 대도시의 경우 시 재정의 궁핍으로 공공재의 공급에 큰 어려움을 당하고 있는 바, 이러한 여건 속에서 상여용도지역제를 도입하게 되면 공공재의 공급에 상당한 보탬이 될 수 있고 개인이나 기업의 창의를 다소나마 반영하면서 그 이익을 사회와 균점하는 계기가 될 수 있을 것이다.

이 제도의 본격적인 도입을 위해서는 계획단위개발·특별용도지구제(special zoning district) 또는 특별허가제 등의 활용 폭을 넓히고 현행 건축법 제40조 3항의 규정에서 해당 건축물이 '인접'한 곳에 공공재를 공급하는 경우에 한정하고 있는 규정을 완화하여, 최근 미국의 경향을 좇아 인접하지 않는 공공재의 개발비용도 부담하게 하는 일반화가 필요하다. 더 나아가서 미국의 시카고에서 채택하고 있는 건축물의 예술적 장식·미화에도 보너스를 주는 제도도 검토할 만하다. 이 제도의 이용이 활성화되려면 토지의 용도지역상 구체적인 실시 계획의 책임이 실질적으로 지방정부에 대폭 이양되고, 이에 상응하여 지방정부는 소신 있는 추진과 책임을 감당할 수 있어야 할 것이다.

* 이 글은 필자가 국토연구원 부원장으로 재직하고 있을 때 연구원에서 발행하는 ≪국토정보다이제스트≫(1986년 6월호)의 <시나브로>에 실은 글이고, 이 글의 내용은 월간 ≪국토≫와 ≪건설≫(1986년 8월호)에 인용, 게재되었었는데, 이번에 시카고의 예를 추가했다.

팔당 등 상수원 수질보전지역의 '선거주조건 토지거래' 규정은 위헌이 아닌가?

정부는 상수원의 수질보전을 위해서 팔당호·대청호 주변에 광범한 특별대책지역을 지정하고 여러 형태의 입지를 규제하고 있다. 경기도에는 특별대책지역이 남양주시 여주군 광주시 용인시 등 7개 시·군, 43개 읍·면에 걸쳐 넓게 지정되어 있다.

입지규제는 크게 나누어 오염원별 입지규제와 '선(先)거주 조건 토지거래' 규제로 구분된다. 오염원별 규제는 일정 규모 이상의 오·폐수시설 및 축산폐수 배출시설, 기타 골프장·폐기물 재생 및 매립시설·집단묘지 등의 신규입지를 원칙적으로 허용하지 않고 있다. 다만 오·폐수시설의 경우 BOD 등 환경기준을 철저하게 충족하는 경우 선별적으로 허용해주고 있다.

'선(先)거주 조건 토지거래' 규제는 소규모 필지를 매입하여 집을 짓고자 할 때 그 지역에 온 가족이 미리 주민등록을 하고 함께 6개월 이상 거주해야만 가능하도록 제한하고 있다. 이러한 조건을 구비

하고 집을 짓는다고 해도 반드시 건폐율·용적률 등의 제한과 오수
배출시설·식수원 확보 등의 기준을 충족해야 한다.

상수원의 수질보전은 중요한 공공의 정책목표로서 일정한 토지이
용을 제한하는 것은 당연하다. 미국, 프랑스, 독일 등 선진국의 경우
에도 상수원 취수지역을 중심으로 반경 수백 킬로미터까지의 지역을
보호구역으로 지정하고 건축물의 신규입지를 엄격하게 제한하고 있
다. 그러나 일정 기간 이상 당해 지역에서 거주해야 그 지역의 토지
를 매입을 할 수 있게 하는 '선(先)거주조건 토지거래' 규제는 찾아
보기 어렵다.

우리나라의 환경정책기본법(제22조 2항)은 "특별대책지역 내의 환
경개선을 위하여 필요한 경우에 한하여 대통령령이 정하는 바에 의
하여 그 지역 내의 토지이용과 시설 설치를 제한할 수 있다"고 규정
하고 있다. 이에 근거한 이 법 시행령(제5조 2항)은 상위법의 제한
내용을 별로 더 구체화하지도 않고, "특별대책지역 내의 토지이용과
시설 설치를 제한하고자 할 때에는 그 제한의 대상·내용·기간·방법
등을 정하여 고시하여야 한다"고 부령에 포괄 위임하고 있다.

이러한 법 체계 속에서 고시(告示) 중 「별표」에 상위법 체계 속 어
디에도 없는 '선(先)거주조건 토지거래 규정'이 불쑥 삽입되어 있다.
이는 위헌적 소지가 매우 크다. 이를 의식해서인지 이 별표 '나-1'
에서 "건축 허가 또는 건축 허가를 위한 농지전용 허가 등의 사전
인·허가를 신청하는 경우에는 당해 신청일 현재 당해 지역에 온 가
족이 주민등록이 되어 있고 모두 실제로 거주하고 있는 자에 한하여
각 필지별로 규제규모 이하의 오수 배출시설을 허용할 수 있다"고
규정하여 선거주조건 토지거래와 사전 인·허가제를 교묘히 섞어놓

았다. 여기서 사전 인·허가를 받게 할 것이 아니라 인·허가 기준을 객관화해서 선거주조건 없이 토지를 구입한 자가 인·허가를 신청하면 이 기준에 따라 사후에 엄격히 검토하면 되는 것이다.

이 규제는 고시의 별표로서 상위법체계에 구체화된 규정 없이 선거주조건부 토지거래를 규정한 것은 헌법에 보장된 거주·이전의 자유 등 기본권과 재산권에 위배되고, 이는 또한 포괄규정에 의한 과도한 규제이며 합목적성을 뛰어넘은 것임이 틀림없다.

상수원의 수질은 '주변의 토지가 어떻게 이용되는가'에 따라 좌우되는 것이지, '주변의 토지를 누가 소유하고 이용하는가'에 의해서 영향을 받는 것이 아니다. 또한 수요의 강약에 관계없이 거주지를 기준으로 하여 건축허가나 농지전용을 제한함으로서 토지의 효율적인 이용을 제도적으로 막고 있다.

이 제도는 자연 속에 수질오염 없이 작은 농가를 짓고 또는 극단적으로 이동주택(mobile house) 형태의 '컨테이너'를 갖다놓고 살고 싶어하는 자연인도 '위장전입'이라는 누명을 쓰게 하고 당사자의 생활을 불편하게 할 뿐 아니라 인구통계의 오류에 따른 행정낭비 등 부작용을 초래한다. 선거주조건부 토지거래규정은 폐지되어야 마땅하다.

그러면 상수원의 수질보전을 위한 선진국형의 합목적인 정책수단은 없는 것일까? 실제로 이토록 엄격해 보이는 선거주조건의 규제까지 동원해서 토지이용을 규제한 결과는 어떠한가? 전문가는 수도권의 서울 인근에 있는 특별대책지역 내에도 난개발이 이루어지는 곳이 있다고 보고 있다. 왜 이럴까? 이는 선거주조건 규제보다 이미 도입된 환경기준과 토지이용 규제가 느슨해서 그런 것이 아닐까. 오

·폐수 배출시설의 환경 기준은 설치와 운영상 철저히 지켜지고 있는가? 이 기준에 맞지 않는 시설을 얼마나 폐쇄 또는 이전시키고 있는가? 느슨하다면 더 강화해야 마땅하다. 난개발도 준(準)농림지 내에 주택을 짓고자 할 때 허용되는 필지의 규모가 너무 작아서 조장되는지 모른다. 과밀이용을 규제하려면 필지규모(130평 이상)를 키우고 건폐율과 용적률을 더 낮추어야 한다. 이에 더하여 새로이 공폐율(工蔽率, ISR: Impervious Surface Ratio; 비를 흡수하지 않는 지표의 비율)과 '셋백(setback)' 기준을 도입해야 할 것이다. 비가 스며들지 않는 지표(ISR)는 자연환경을 결정적으로 변경시킨다. 이는 홍수량을 늘리고 한발기에 수량을 감소시키며 수질오염을 증가시킨다. '셋백'은 도로나 토지경계에서 건축물을 일정 면적 물려서 짓게 하는 제도다. 이 역시 토지의 난개발을 제어하는 하나의 작은 방책이기도 하다.

상수원의 수질보전은 매우 중요한 정책목표다. 이 목표는 위헌 소지가 큰 거주조건, 토지거래 규제 같은 과도한 규제는 철폐하고, 엄격한 환경기준과 토지이용 규제와 같은 선진국형의 합목적적인 정책수단으로 효율화해야 할 것이다.

* 이 글은 2002년 2월 8일자 ≪중앙일보≫ <발언대>에 기고한 글이다.

장묘제도와 토지이용

우리나라 장묘제도가 문제라는 것은 널리 알려진 사실이다. 그러나 정부도 사회도 그리고 종교단체도 이를 심각하게 생각하지 않는다. 그래서 더 문제다.

전국에는 1990년대 초에 현재 200만 기의 묘지가 널려 있고, 묘지가 점유하고 있는 총면적은 서울 면적의 1.6배가 넘고 전국에 있는 공업 면적의 약 3배에 해당된다. 죽은 자가 살아 있는 사람보다 두 배 이상 더 넓은 토지를 차지하고 있다. 죽은 자는 단독 주택에서 넉넉히 살고 있고, 산 사람은 고층 아파트에서 비좁게 살고 있는 것이다.

그러나 아직 개선의 징조가 뚜렷하지는 않다. 화장률은 1971년에 7%에 불과하였으나, 1986년에는 15.8%로 증가함으로써 매년 5% 이상의 신장률을 보였다. 지역별로는 서울·부산·대구·인천·광주 등 5대 도시의 경우 37%로 상당히 높은데, 나머지 지역은 아직도 8%

수준에 불과하다.

문제의 심각성은 화장을 하더라도 다시 묘지를 쓰는 데 있다. 다소 낡은 자료이긴 하지만 1986년의 통계에 의하면, 화장 후 7% 정도가 납골당에 안치되고 있다 한다. 납골당이 화장장과 함께 있는 곳은 30%이다. 그러니 화장 뒤에 바로 납골당에 봉안할 수 있겠는가? 납골당의 시설도 불량하다. 종교적 경건함, 깨끗함, 신뢰감 등이 결여되어 있다. 납골당에 대한 인식도 낮다.

종교단체에서는 이 사회적인 관습으로 뿌리내린 문제의 심각성을 충분히 인식하지 못하고 있다. 고작해야 공원묘지를 조성하는 정도에 그치고 있다. 이는 종교단체가 사회적 폐습과 타협하는 것이 아닌가?

장묘제도의 기본 방향은 화장의 보급과 묘지의 아파트화라 할 수 있다. 살아 있는 사람도 땅값이 비싸서 아파트에 살듯이, 죽은 자도 잘 건축된 아파트 묘지에 모실 수밖에 없다. 묘지 아파트화의 한 방법이 가족납골묘지제도다. 이는 성묘와 관리가 쉽고 비용도 절감되고, 묘지의 면적을 줄이는 데 도움이 된다. 더 나아가서 시한부 묘지제도도 검토하고, 궁극적으로는 화장의 재를 산이나 바다에 뿌리는 데까지 진전되어야 완전히 해결될 것으로 보인다.

우리나라에서 그 옛날 불교가 성했던 때에는 화장뿐 아니라 일분다장(一墳多葬)과 납골이 성행했다. 그 옛날 백제의 경우 일분다장의 가족묘지제도가 있었고 고려시대에도 화장 후 절에 안치하였다고 한다.

현재 서울시의 장묘사업은 시설관리공단에 위탁·관리되고 있다. 이 장묘사업의 비용은 서울시가 대부분 부담하고, 일부는 장재장(葬齋場) 사용료 수입으로 충당하고 있다.

　그러나 문제는 운영이다. 시설관리공단 직원 중에 누가 거기 가서 근무하기를 좋아할까? 이 장재사업은 화장을 장려하는 종단(宗團)에 위탁경영하게 한다면, 경건한 분위기에서 종교적인 의식으로 진행할 수 있게 되고, 그러면 이용률도 높아지고 따라서 경영수익도 좋아질 것으로 보인다.

* 이 내용의 글은 1992년(원기 77년) 3월 13일자 《원불교신문》에 실린 바 있고, 1995년(원기 80년) 10월 27일자 《한울안신문》에는 "원불교형 장제(葬祭) 만들자"는 제목으로 기고한 바 있다.

주택가격, 자율화되어야 한다

우리나라 주택시장은 아직도 만성적인 주택의 초과수요와 높은 주택가격이 근본적인 문제가 되고 있다. 연간소득과 주택가격을 비교해볼 때, 우리나라의 주택가격이 연간소득의 9, 10배인 데 비해, 일본은 7, 8배, 영국은 4, 5배에 지나지 않는다. 주택가격의 초과수요는 주택공급이 딸리는 데다가 투기수요가 만연해 발생하는 것이다. 이 투기수요는 정부의 주택가격 통제로 인한 가격 차 때문에 당첨과 동시에 앉은자리에서 엄청난 불로소득을 챙길 수 있어 더욱 촉발되고 있다.

정부에 의한 주택가격의 통제는 이처럼 투기수요를 부추길 뿐 아니라 주택의 질을 떨어뜨린다. 가격통제 속의 채권입찰제는 1물1가(一物一價)의 시장원칙에도 부합되지 않는다. 이 때문에 아파트 당첨자 중에는 같은 조건임에도 채권 입찰금액이 서로 다르기 때문에 불로소득을 향유하고도 불만을 갖는 이가 적지 않다(내 주장이 받아

들여져 이 채권입찰제도는 그 뒤 곧 폐지되었음을 부언해둔다).

이들 문제를 근본적으로 치유하기 위해서는 주택가격의 자율화가 불가피하다. 가격자율화는 기존 재고주택의 가격을 상승시키는 공표(公表) 효과 때문에 감행하지 못하고 있는 듯하다. 내가 한국개발연구원에서 연구하였고 또 대한국토·도시학회의 학회지인 ≪국토계획≫에 발표한 바에 의하면, 주택가격이 자율화가 되면 단기적으로는 주택가격이 상승하나 2년 가까이 지나면 주택의 공급이 촉진되어 장기적으로는 오히려 주택가격이 다시 하락하는 것으로 나타났다.

현재 건설부는 정부고시가격과 시장가격 사이에 별로 차이가 없는 지방에서부터 가격자율화를 시도하려는 조심스런 움직임을 보이고 있으나, 정부가 전면적인 가격자율화에 자신이 없다면 차라리 18평 이상의 주택가격부터 자율화하는 편이 나은 것 같다. 이 경우 18평 이상 규모의 큰 주택은 일단 시장기능에 맡기고 정부는 이제 사회주택이라 할 수 있는 국민주택의 공급 확대와 가격 안정만 책임지는 작은 정부가 되는 것이다.

이 18평 이상의 모든 주택가격을 전면 자율화하는 것에 자신이 없다면 과도기적으로 내부적이고 잠정적인 안정장치를 마련할 수도 있다. 그동안 정부가 실시해온 정부고시가격은 미흡하나마 원가 개념에 가까운 것이니, 이 정부고시가격을 분양 내정가로 계속 살리고 이 분양 내정가와 실제 분양가 사이의 차액의 일정 비율을 주택 건축업자로 하여금 주택채권을 일괄 구입하는 데 사용하게 함으로써 이를 18평 이하의 국민주택기금으로 활용할 수 있을 것이다. 이 구상에 의하면 정부의 분양 내정가와 시장가격의 차이가 크지 않은 지방에서는 정부가 의도하는 대로 사실상 분양자율화가 이루어지게 된다. 대도시의 경우에도 주택의 시장가격이 안정되거나 혹은 정부가 의도적으로 분양 내정가를 현실화해 채권매입 없는 가격자율화를 점차 지향할 수 있다.

주택가격의 자율화는 택지의 확대 공급이 수반되면 보다 빠른 가격 안정 효과를 보이게 될 것이다. 이를 위해서는 토지이용규제를 완화하고 민간 주택업자에게 택지의 공급권을 주어야 할 것이다. 민간기업이 일정 규모 이상의 택지를 개발하고자 할 때 계획단위개발 기법을 활용해 정부와 협의를 거치게 함으로서 공공성의 확보에 유의하도록 하면 되는 것이다.

주택가격이 자율화되면 주택의 투기수요는 상당히 사그라지고 미분양사태가 생길지도 모른다. 주택분양대금의 80% 가까이 미리 내는 제도하에서는 주택 실수요자가 자기 집을 구입하기란 매우 어렵다. 따라서 주택가격이 자율화되고 나면, 실수요자 위주의 주택금융의 대담한 확충 없이는 주택의 유효수요 확보가 쉽지 않을 것이다. 그러니 주택가격 자율화는 주택금융 확대 대책의 강구와 동시에 추진되어야 할 것이다.

* 이 글은 필자가 한국개발연구원에 초빙 연구위원으로 근무하면서 대한국토·도시계획학회회장을 맡고 있을 때 ≪중앙경제신문≫(1993년 3월 11일자)의 중앙경제 1993년 주제 <안정 속의 개혁> 난에 특별 기고한 글이다. 1989년에 국토연구원 부원장 재직중 ≪주간매경≫(1989년 5월 25일자)에 "아파트분양제도의 재검토"란 제목으로 기고한 글을 좀 손질해 발표했었다.

2부 바다경영 세계경영

7 우리는 해양강국의 기를 받고 태어났다

거꾸로 돌려보면 살 길이 보인다

물·바다·대양

해양과 문화

친수공간에 눈을 뜨자

중미 해양관광지 견문기

거꾸로 돌려보면 살 길이 보인다

"거꾸로 돌려보면 새로운 비전이 보인다."

21세기는 새로운 변혁의 시기이다. 우리나라는 20세기의 개발연대와 너무나 다른 세상을 맞고 있는 것이다. 과거에는 제조업을 중심으로 초고속의 압축성장을 해왔고 모두들 '빨리' 해치우는 조급병에 걸려 있었다. 이제는 제조업만으로 어렵고, 초고속 성장은 꿈도 꾸지 말고, 만사 찬찬히 해야 한다. '헤겔'의 변증법이 통할 정도로 반대로 돌려봐야 하는 것이다. 과거가 '정(正)'이라면 21세기는 '반(反)'의 시대이고 언젠가 '합(合)'의 시기가 오리라. 이 반전과 변화의 속도는 광속에 비유될 수 있을 정도로 급히 진전되고 있다.

내가 어릴 적만 해도 갈치는 천민이 먹는 값싼 생선이었으나 요사이는 비싼 생선으로 호강을 하고 있고, 옛날 풍물패는 천민 대우를 받았으나 요사이 '탤런트'는 최고의 인기 직업이다. 시간이 가면 모든 게 이처럼 변하는 것이다. 조선시대부터 굳어져온 사·농·공·상

(士農工商) 제도는 개발연대를 맞아 제조업의 '공(工)' 시대를 구가
하였으나, 이제 서비스 중심의 상(商)의 시대로 변하고 있다. 우리
역사상 가장 대접받지 못한 천민이었던 상인이 이제 대접받는 시대
가 온 것이다. 이제 사농공상이 아니라 상·공·농·사(商工農士)로 거
꾸로 돌려봐야 하는 시대가 된 것이다.

한반도의 지도도 거꾸로 돌려보면 세계가 보인다. 내가 해양수산
개발원의 전신인 해운산업연구원 원장으로 있을 때 우리나라의 해운
산업 장기비전의 일환으로 우리나라에서 처음으로 우리 한반도의 지
도를 거꾸로 그려서 발표하였다. 그 당시 이 장기 비전을 설명들은
기자들은 조선일보를 빼고는 전부 거꾸로 된 지도를 다시 거꾸로 해
서, 그러니까 통상 보는 지도로 기사화하고 말았다. 조선일보는 독자
들의 항의 전화를 수없이 받았다고 한다. 어떤 독자는 일부러 거꾸
로 한 것이라고 하고, 어떤 독자는 오보라고 해서 내기를 걸고 신문
사에 확인 전화까지 했었다고 한다. 조선일보는 뒤에 해명기사를 싣
지 않을 수 없었다.

이 큰 '해프닝' 뒤에 알고 보니 거꾸로 된 지도는 우리나라가, 그
것도 해운산업연구원이 처음이 아니었다. 호주와 러시아에도 있었다.
호주에서는 '지옥'이란 뜻이 있는 'Down Under'란 제목으로 발행되
고 있었다. 그 한 부를 해양수산부 장관실에 걸어두고 퇴임했는데,
그 뒤 어느 날 해양수산부 장관실에 가보니 그 지도는 보이지 않았
다. 해양수산부장관이 당시 김영삼 대통령 시절에 청와대에 가서 이
거꾸로 된 지도에 대해 설명했더니, 김 대통령은 "이 거꾸로 된 것
이 바로 된 지도야"라고 하셨다. 우리 한반도의 지도를 거꾸로 본다
는 것은 육지 중심에서 해양 중심으로, 내수 중심에서 세계시장

(global market) 중심으로 전환한다는 것을 뜻하는 것이다.

동아시아나 동북아시아에서 우리나라 제조업은 중국과 일본 사이에서 새우 등 터지는 처지에 놓여 있다. 그러나 적어도 국제물류만은 우리가 중국과 일본보다 우위에 있다. 우리나라가 동북아시아의 국제물류중심지가 되기 위해서는 대형 중심항만(mega hub seaport)과 대형 국제공항(super hub airport) 등 '하드웨어'의 조성이 급하다는 주장을 많이 해왔으나, 이것은 중요한 필요조건의 하나이다. 그러나 이것으로 충분하지는 않다. 네덜란드를 '벤치마크'해서 비교해보면, 우리는 '하드웨어'보다 '소프트웨어'에 미흡한 점이 더 많은 것을 알 수 있고, 이것을 극복하는 데 더 많은 시간이 걸린다는 것이 문제다.

우리나라가 조선시대 사농공상의 선비 중심으로 갈 지〔之〕 자 걸음을 걷고 있을 때 네덜란드 사람들은 16세기부터 이름난 국제 장사꾼이 되었다. 그네들은 2개 국어를 쓰는 사람이 70% 이상, 3개 국어 이상을 쓰는 사람은 국민의 50%를 넘는다고 한다. 또한 네덜란드에서는 승객보다 화물수송을 우선하는 교통정책을 시행하고 있어도 국민들은 이해하고 있는데 우리는 화물수송을 경시하고 있다. 부산에서는 컨테이너 수송이 시내교통에 지장과 혼잡을 준다고 해서 컨테이너 세(稅)를 부과하고 있는 실정이다.

바다는 아직도 국민의 관심을 끌지 못하고 있다. 여름 한철 피서의 대상이요, 적조가 생기고 꽁치 문제가 터지면 그때만 반짝 관심을 끄는 신세에 지나지 않는다. 연인이 거닐 수 있는 호젓한 친수공간 하나 없고 자랑할 만한 해양박물관이나 범선 하나 없다. 해양문화도 어민의 생활 속에서 풍어제 등으로 간신히 명맥을 유지하고 있고 해양문학은 아직도 서정시 위주에 그치고 있다. 갯벌은 여전히

버려진 땅으로 인식되고 있고, 실속이 보장되는 해양개발이 명분에
치우친 우주개발에 밀리고 있다.

　이제 우리 거꾸로 돌려보자. 그러면 세상이 보이고 바다 너머 살
길이 트일 것이다.

* 이 글은 2001년 11월 서울대학교 '해양정책최고과정' 수료식에서 해양문화재단 이
사장 자격으로 한 축사의 내용을 보완한 것이다.

물·바다·대양

"물가에 가지 마라." 어릴 때 자주 듣던 얘기다. 3, 40년 전까지도 갯가 사람과 혼인하기를 무척 꺼렸다. 집도 바닷가에서 멀리 떨어져 지었다. 근래 지은 서울 강남 압구정동의 현대아파트도 한강과 등지고 서 있어서 한강 유람선에서 보면 꼴불견이다.

해양문학 작품도 빈약하다. 어촌의 삶에 얽힌 감상적 줄거리가 주된 것이고 뭍에 앉아 바다를 한가로이 바라다보는 서정시가 중심이다. 한강이나 남해안의 유람선을 타보아도 그저 의자에 앉은 채 조용히 관망할 뿐이다. 유럽인의 해양관(海洋觀)은 우리와 사뭇 다르다. 바다는 그들에게 생활의 터전이고 정복의 대상이었다.

바다의 잠재력은 무진장하다. 지구 표면의 71%가 바다다. 수평선 위의 모든 육지를 깎아 바다에 넣어도 3,000m 평균 수심의 바다로 남는다. 1958년 미국이 띄운 유인우주선(Explorer)에서 내려다 본 지구는 놀랍게도 수구(水球)였다고 한다.

바다는 생물의 생활공간으로는 육지의 300배에 달하고 무한한 해저광물자원도 미개척 상태로 남아 있다. 우리나라도 반도국가로 국토보다 넓은 대륙붕을 갖고 있고 우리나라의 관할 가능 해역은 국토 면적의 4.5배나 된다.

해양은 이처럼 각종 자원의 보고로서 21세기 해양산업시대의 각축장으로 떠오르고 있다. 특히 미국 등 선진국은 21세기에 해양대국의 실현을 꿈꾸고 있다. 우리나라는 최근 뒤늦게 우주개발에 뛰어들고 있으나 이보다도 자원·기술의 제약과 수익성으로 보아 해양개발에 주력하는 것이 상책으로 보인다.

우리나라도 영국처럼 그 옛날 장보고 시대를 전후하여 동아시아 해역을 제해(制海)한 적이 있다. 우리 무역선이 황해를 주름잡았고 조선기술도 빼어났었다. 오늘에 와서 이들 옛 조상의 기를 이어받았음인지 조선은 세계 1, 2위를 다투고 선복량은 세계 8위로 올라섰다. 행정 차원에서도 해양행정을 종합 관장하는 해양수산부가 탄생됨으로써 우리도 해양 중시 정책을 천명한 바 있다.

이제 옛 조상의 기상을 오늘에 되살려 바다를 가까이하고 대양을 지향하면서 슬기와 기개와 용기를 일깨워 해양을 적극 개발하고 이용하여 보란 듯이 해양대국의 반열에 떳떳이 오르도록 함께 힘을 모아보자.

* 이 글은 필자가 해운산업연구원장 재직중에 ≪서울경제신문≫의 <로터리>(1997년 5월 3일자)에 기고한 글이다.

해양과 문화

지구 표면의 70% 남짓이 바다다. 인공위성에서 지구를 보면 수구(水球)로 보인다고 한다. 그러니 바다를 지배하는 나라는 지구, 아니 수구의 70%를 지배하는 셈이다. 지구의 역사를 볼 때 바다를 지배하는 국가가 세계를 지배해왔다.

바다 지배의 역사는 이집트, 그리스, 로마·베네치아, 스페인·포르투갈, 영국, 미국 등으로 이어져왔다. 이 중에서 대표적인 해양국가로 국토가 좁으면서도 해양강국으로 부상했던 그리스, 베네치아, 영국 등을 들 수 있다. 그리스는 산악이 많고 토지가 비옥하지 못해 역외(域外)무역으로 생존하고 번영했다. 무역은 선박과 조선을 필요로 했고 해상무역의 안전을 위해 해군력의 강화는 필수적이었다.

해양력의 구성요소와 해양문화

해양력의 구성요소는 가장 좁은 의미로는 해군력을 지칭하나, 현

대에는 이를 넓은 의미로 보아 무역량, 해운력, 조선능력을 추가하여
4대 요소로 구성된다고 볼 수 있다. 그리스, 베네치아, 영국 등은 이
4대 요소를 잘 갖추고 있었다.

해양력에서 '하드웨어' 유의 구성요소에 못지않게 중요한 것이 간
과하기 쉬운 '소프트웨어' 유의 해양문화다. 해양력의 4대 요소를 갖
춘 나라는 해양문화도 고루 발전해왔다. 양자의 상관도가 높은 것이
다. 해양력의 4대 요소를 갖춘 나라는 자연히 바다와 연관된 경제·
사회활동이 많아서 해양문화가 뒤따라 융성할 수도 있었겠고 또한
반대로 해양문화의 소프트웨어 여건이 조성되면서 그 하드웨어의 성
숙을 선도하고 양자가 서로 상승작용을 했을 수도 있다.

해양문화는 해양력을 따라 그리스, 영국, 미국으로 이동된다. 해양
문학을 보면 그리스의 저 유명한 『일리아드』와 『오디세이』, 영국 토
머스 모어의 『유토피아』, 다니엘 디포의 『로빈슨 크루소』, 조나선
스위프트의 『걸리버 여행기』, 미국의 허먼 멜빌의 『모비딕』, 헤밍웨
이의 『노인과 바다』 등이 해양력을 따라 이동하고 있다.

그러니 해양문화의 성숙 없이는 반짝 해양강국이 될 수는 있어도
500년~1000년에 걸쳐 장기간 번영할 수 없는 것이다. 해양강국은
지도자 한 사람의 결정에 의해 무역과 해군력을 강화하면 일시에 이
룩될 수 있는 것이지만 단기에 포말처럼 사라지기 쉽다. 해상왕 장
보고가 반짝 솟구쳤다가 30여 년 만에 역사의 뒤안길로 사라지고 만
것은, 해양문화의 동반 성숙을 통하여 그 시대에 진취성 있는 해양
개척의 국민 기질을 북돋우고, 특정인에 한정되지 않는 범국민적인
시대사조와 생활양식으로 보편화되지 못했기 때문이다.

해양문화와 친수공간

해양문화는 비단 해양문학뿐 아니라 친수공간과 해양레포츠의 발전으로 이어져서 바다와 생활을 친숙하게 하고 인간생활의 일부로 보편화되게 한다. 그 유명한 지중해 연안의 친수공간과 해변도시들은 지중해 시대에 그리스인들이 드나들면서 역외(域外) 식민지로 개발되기 시작한 지역이 많다. 지금은 현대화된 도시지만 그 역사적인 족적이 잘 보전되어 있어서 지금도 그대로 느낄 수 있고 거기에 수백 척의 요트를 정박할 수 있는 관광 스포츠의 휴양지로 명성을 떨치고 있다.

그리스인의 족적이 많이 남아 있는 항구도시 가운데, 마르세유의 비유(Vieux) 항과 생트로페(St. Tropez)를 예로 들어보자. 비유 항은 레지돈(Rasidon)이 이곳에 처음 도착한 기원전 약 600년대 고대 그리스로 거슬러 올라간다. 현재 비유 항은 요트항구로 변화되었고 지중해 항해의 좋은 거점이 되고 있다. 이 항은 아침이면 새벽에 어획한 생선을 가장 신선하게 팔고 살 수 있는 장소로서 "사람들의 주방"으로 불리고 있다. 비유 항 주변은 상가와 아파트, 그리고 넓은 가로와 호텔로 조화롭게 둘러싸여 있고, 1층에 위치한 카페와 수산 식당들은 마르세유 주민뿐 아니라 많은 관광객에게 멋진 이미지를 제공하고 있다. 또한 도심지와 가까운 지역은 오페라하우스와 쇼핑센터가 입지하여 생활의 활력이 넘친다.

생트로페는 그리스와 카르타고의 식민지 지배를 받았고, 8세기에는 사라센의 지배를 받았던 불운의 역사를 가지고 있으나 이 지배의 역사를 다양하고 독특한 매력으로 연출한다. 그래서 세계 각국의 저명한 예술가, 지식인 등 다양한 이방인들을 이곳에 모이게 하고 다

양한 문화의 도시로 발전해왔다. 미로처럼 꾸며진 마리나 요트 계류
장에는 수백 척의 요트가 정박하고, 활기 있는 쇼핑가와 노점상의
'파사드', 화려한 네온사인이 관광객을 유혹한다.

우리나라 해양역사

우리나라는 선사시대, 통일신라의 장보고 시대는 물론이고 고려
중반까지만 해도 해양민족의 속성을 다분히 지니고 있었으나, 그 이
후 점차 중국 중심의 대륙문화에 흡입되고 말았다. 선사시대 우리
민족의 족적으로 남아 있는 울주군 바닷가의 반구대 암각화에는 지
금부터 약 6,000년 전에 우리 선사(先史)인들이 새겨놓은 191종의
그림 형태가 고스란히 남아 있다. 이 반구대 암각화에는 사람을 빼
곡하게 실은 배, 작살과 그물망, 작살 맞은 고래, 어미고래가 새끼고
래를 등에 태우고 다른 바다동물들과 무리 지어 이동하는 광경 등,
바다와 친숙한 생활상의 일면을 보여주고 있다.

가야시대에도 해외무역을 한 흔적이 곳곳에 남아 있다. 해상왕 장
보고는 흔히 그 개인의 위대함에 초점을 맞추고 있으나, 그 시대에
장보고가 30년 내외의 짧은 기간에 동아시아나 동북아시아의 바다
를 제패할 수 있었던 것은 개인의 능력에 더하여 그 시대 우리의 해
양력이 상당히 높은 수준이었기 때문에 가능했다고 보아야 하지 않
을까? 우리의 조선기술, 해운능력, 바다 치안능력 등이 월등했고 우
리의 무역상이 상당하였다고 보아야 할 것이다.

그러고 보면 이 시대에 우리는 이미 그리스처럼 근대적 의미의 해
양력을 갖추고 있었다고 볼 수 있다. 이 해양력은 고려 태조 왕건으
로 이어졌다. 왕건은 그 증조부가 장보고 해상왕을 이은 동북아시아

해상세력의 후예였고 그 자신이 궁예의 해군제독이었다. 후삼국시대에 궁예와 견훤이 결판을 벌일 때 왕건이 이끄는 해군력은 5차에 걸친 해전을 통해 궁예가 승리하게 하는 결정적인 역할을 했다. 왕건이 창건한 고려왕조는 결국 해양력의 뒷받침 속에 이루어진 동북아시아 최초의 해상왕국이었다.

그러나 그 이후 우리나라는 일방 농본(農本) 세력의 대륙문화 위세에 눌리고 왜구의 침노에 위축되면서 바다에서 점차 멀어지고 말았다. 심지어 조선에서는 섬을 비우고 바다를 멀리하는 '공도정책(空島政策)'으로까지 발전되어 영영 바다를 잊어버리게 되었다. 이 바다를 멀리하는 정책은 그리스인들이 선도하고 유럽에 보편화된 친수공간과 해변도시의 발전을 근원적으로 봉쇄하고 해양문화의 싹을 짓밟아버리고 만 것이다. 또한 이 정책은 남북의 대치 상황 속에서 여전히 바닷가에 철책으로 남아 지속되고 있는 것이 아닌가?

우리나라는 해양력의 구성요소 가운데 무역량(세계 10위), 조선능력(세계 1위), 해운력(세계 7위)은 세계 10위 권 내에 들어 있다. 그러나 해군력은 연안 해군 수준에 그치고 해양문화는 아직도 공도정책의 굴레 속에서 완전히 헤어나지 못하고 있다. 우리나라의 대표적인 항만인 부산에 가보자. 지중해변의 친수공간과 비교해볼 때 낭만도 없고 삭막하기만 하다. 젊은 연인이 바닷가에서 거닐 만한 곳이 없다. 인천은 그나마 낫다. 해양수산부와 인천시가 공동으로 연안여객부두와 연안부두를 묶어 우리나라 최초로 계획적인 친수공간이 마련되었기 때문이다.

우리는 해양민족의 기를 받고 태어났다

우리의 해양문화는 이제 전환기를 맞고 있다. 국민은 여가 장르를 해양 레포츠 방향으로 돌리고 있고 우리의 젊은이들이 아시안게임의 요트시합에서 우승할 정도로 바다와 가까워지고 있다. 해양문학도 신진 문학도에 의해서 개척의 대상이 되고 있고 유망한 작품들이 선보이고 있다. 옛날처럼 바닷가 정자에 앉아 바다를 바라보면서 지은 서정시 수준이 아니라 바다에 뛰어들어 바다와 함께하는 해양도전과 해양체험의 문학들이 속속 나타나고 있어 희망적이다.

이번의 해양미술제도 바닷가 산정에서 바라다보는 것이 아니라, 현대미술과 바다의 접목을 시도하고, 일방적이고 계몽적 전시가 아니라, 소통적이고 참여적인 문화예술을 실현하려 했다. 관람객이 능동적인 참여자인 바다의 탐험자로 설정하는 전시 연출을 통해 해양과 해양문화의 무궁한 가능성과 다채로움을 직접 탐험하고 즐기는 기획·연출을 시도하였다. 이를 통해 바다를 객체로 바라보는 입장을 뛰어넘어 바다와 우리가 둘이 아닌 하나가 되어 우리 생활의 일부가 되는 수준까지 발전하는 좋은 계기가 되기를 기대한다. 그리하여 해양력의 구성요소 중에 가장 뒤쳐진 해양문화의 진흥을 통해 해양력을 두루 갖추게 함으로써 우리나라가 해양력에 기초한 해양강국이 되어 세계사의 한 장(場)을 차지하는 나라로 발돋움하기를 기대해본다.

* 이 글은 2000년 7월에 해양문화재단 등이 주관한 '해양미술제'의 작품집에 실린 것이다.

친수공간에 눈을 뜨자

<워터프런트(Waterfront)>라면 말론 브란도가 주연으로 열연한 뉴욕 부둣가의 항운노조 투쟁을 다룬 한편의 영화를 떠올리기 쉽고, 우리의 실생활과 거리가 먼 말로 들린다. 'waterfront'는 물(water)과 앞(front)의 합성어이다. 직역하면 '물 앞'이란 뜻으로 우리나라에서는 보통 친수(親水)공간 또는 수변(水邊)공간이라고 하지만 일본에서는 그냥 원어 그대로 쓴다.

서구에서는 친수공간 속에 곧잘 일상생활과 여가활동이 함께 이루어져왔다. 프랑스 남부 지중해 연안의 마르세유에서 몬테카를로에 이르는 수많은 도시들은 바로 친수공간 중심으로 발전된 역사적인 관광휴양지다. 호주의 미항(美港) 시드니나 미국 서부의 샌프란시스코에서 샌디에고에 이르는 해변의 잘 가꿔진 친수공간에서 여유로운 생활을 즐기고 낭만과 휴식, 문화와 예술을 맛볼 수 있다.

아직 우리나라는 친수공간이나 워터프런트라는 말 자체도 생소하다. 옛날에는 왜구 등 외적의 노략질 때문에 섬에 살기를 꺼렸고 바닷가에 집 짓기를 피했다. 조선시대에는 심지어 섬을 비워두는 공도(空島)정책을 천명하고 이를 고수하였다. 최근에 와서 우리나라의 개발연대 기간 중에도 도시나 항만개발에 친수공간을 배려할 여유가 없었고 남북한 대치 속에 특정 해변과 항만의 출입은 통제되어왔다. 항만도시 내에 조그마한 수변공간이 있다고 해도 도로로 차단되어 있고 혐오시설이 무질서하게 입주해 있거나 버려진 공간으로 방치되어 있었다. 우리나라의 대표적인 항구도시인 부산과 인천은 어떠한가? 부산은 우리나라의 대표적인 해양도시라 할 수 있는 데도 내세울 만한 친수공간 하나 없다. 젊은 연인이 거닐 만한 해변공원도 하나 없다. 우리가 자랑하는 해운대도 빈약한 소나무 숲이 간신히 숨통을 트이게 하고 있을 뿐이다.

시드니 항은 배를 타고 들어가면 아름다움을 바로 느낀다. 우리도 육지에서 바다를 바라다보지만 말고, 부산항에 배를 타고 들어가보면 어떤 모습일까?

인천항도 바닷가에 나무 없기는 마찬가지다. 내가 해양수산부 장관으로 있을 때 인천항의 여객터미널을 방문한 적이 있었다. 추석이 다가오면 배편으로 귀성하는 섬사람들의 어려움을 살펴보는 것이 관례가 되어 있어서 방문한 것인데, 약속시간보다 4, 50분 일찍 인천에 도착했기 때문에 해변의 그늘에서 좀 쉬었다가 시간에 맞춰 약속장소에 가기로 하고 나무를 찾았으나 나무 한 그루 없었다.

행사를 마치고 국제여객터미널계획 후보지, 구(舊)여객터미널, 연안부두 등을 둘러보고, 나는 즉석에서 이 주변을 친수공간으로 종합개발할 필요성을 느꼈고 이를 계획한 후 인천시장과 협약을 맺고 추진했다. 지금은 그곳이 시민의 여가공간으로 자리잡아가고 있다는 평가를 받는다. 이것이 미흡하긴 해도 정부가 주도한 최초의 계획적인 친수공간이다.

해양수산부 장관 재직시에 친수공간 개발은 나의 중점 정책 중의 하나였다. 1997년 연말 예산집행 잔액을 모아서 "친수성항만공간개발 실시계획 검토 및 기본구상"이란 용역을 대한국토·도시학회와 한국해양수산개발원에 공동발주한 결과물이 해양수산부에 보관되어 있으나, 후임 장관들이 관심이 없어서인지 별로 진척이 없어 보인다.

친수공간은 시민과 젊은이에게 해변의 여가와 활동공간을 제공해 준다는 의미에 더하여 공도정책으로 대변되는 대륙 지향의 문화와 사고에서 벗어나서 이제 친수공간으로 대변되는 친(親)해양문화를 지향하는 역사적인 의의를 지니고 있는 것이기도 하다.

이제 바다와 바닷가를 시민과 젊은이에게 활짝 열어주자.

* 이 글은 필자가 해양수산개발원장 재직중 1997년 7월 18일자 ≪내외경제신문≫의 <퇴계로> 칼럼에 기고한 것인데, 이번에 해양수산부장관 때의 경험을 보완하였다.

중미 해양관광지 견문기

중미지역의 카리브 해안은 자연자원이 빼어나고 가까이 미국이라는 매우 큰 관광수요가 분포되어 있어 해변관광지의 개발이 잘 되어 있는 것으로 정평이 나 있다. 우리나라에서도 해안 또는 해상 관광지에 대한 수요가 증가하고 있어 이의 개발 필요성이 점차 더해가고 있다. 제주도는 국제관광지로서의 개발에 박차를 가하고 있고, 한려 해상 또는 다도해상의 본격적인 개발도 논의되기에 이르렀다.

이번에 혼자 떠난 해외 나들이는 당초 14일에 걸쳐 멕시코의 '칸쿤(Cancún)', 바하마 군도의 '나소(Nassau)', 자메이카의 '킹스턴(Kingston)', 푸에르토리코의 '산후안(San juan)' 등을 방문하기로 예정되어 있었다.

멕시코에서

멕시코시티에 도착하자 나는 공항 맞은편의 한 호텔에 여장을 풀고,

멕시코의 전통음악과 춤을 보러 가리발디 광장(Plaza de Garibaldi)의 마리아치스(Mariachis)라는 곳을 찾았다. 한옥과 비슷한 곳이었다. 밤 늦게 돌아올 때 공항 앞에 있는 호텔로 가기 위해서 택시를 잡아타고 공항으로 가자고 했더니 영어가 전혀 통하지 않는 게 아닌가. 비행기가 날고 내리는 시늉을 해도 소용이 없었다. 지구의 반대편에 와서 노천(露天) 기숙(寄宿)을 하게 되나보다 생각하니 기가 찼다. 그러나 궁하면 통한다고 했던가?

에어포트 vs. 아에로푸에르토

이때 스페인어는 '오'나 '아'로 발음이 많이 끝나는 듯하여 영어의 '에어포트(airport)'에 '오' 발음을 붙여 '에어포르토' 등 비슷한 말을 몇 번 했더니 그가 알아들었다. 뒤에 확인해보니 스페인어의 공항은 '아에로푸에르토(aeropuerto)'였다. 외국에 갈 때는 그 나라의 사전이 필수적임을 뒤늦게 알았으니 무슨 소용이 있으랴.

멕시코에는 해양관광 명승지로 '아카폴코(Acapulco)'와 '칸쿤'을 들 수 있으나 시간제약상 새로 개발되었다는 칸쿤을 방문하였다. 칸쿤 공항에 도착하자 사우나에 들어온 것처럼 습도 높은 열기가 끈끈하게 느껴졌다.

칸쿤은 겨울에도 수영을 할 수 있는 곳이라 겨울이 성수기이나 여름에도 관광객이 무척 많았다. 겨울에는 미국 부유층의 장기 체류가 많아 여름철보다 수입이 더 많다는 점에서 성수기라 할 수 있는 것 같았다. 우리나라 해변관광이 여름 한철에 벌어 일년을 사는 상황과 비교하면 엄청난 차이다. 충무의 관광호텔은 한 겨울에 객실 한두 개밖에 이용되지 않는 경우가 허다하다니 좋은 대조가 된다.

칸쿤은 멕시코의 카리브해 쪽에 붙어 있는 너댓 개의 좁고 길쭉한 섬으로 구성되어 있다. 이 지역은 호텔 지역과 중심시가지(downtown)로 구성되어 있고, 호텔 지역에서 중심시가지까지는 택시로 10분 가량 걸리고 수영복 차림으로 무개차(無蓋車)를 타고 달려도 어색하지 않아 보였다.

호텔 지역에 있는 호텔은 전부가 호텔 전용의 모래사장과 수영장을 구비하고 있었다. 호텔이 마치 바다 위에 떠 있는 풍경이었고 수영복 차림으로 오갈 수 있게 되어 있었다. 호텔 내에서는 여러 가지 프로그램이 제공되고 있어서 호텔에만 며칠 머물러 있어도 지루하지 않을 것 같았다.

내가 머무르고 있던 '카미노 리얼(Camino Real)' 호텔에서 마련한 프로그램 일부를 소개하면 다음과 같다.

■카미노 리얼 호텔의 프로그램

09:00　야자수 기어오르기
10:00　수구시합
12:00　탁구시합과 모래성 쌓기 시합
13:00　배구시합
16:00　의자시합
18:00　숟가락시합

대전 발 0시 50분

중심시가지는 낮에는 관광과 쇼핑이 활발하게 이루어지고 저녁이면 온통 축제의 도가니에 빠져 있는 것 같았다. 이러한 분위기는 관광객의 주류를 이루는 활동적인 미국인들과 낙천적이고 명랑한 멕시코 사람들이 함께 어울려 창출하는 세계나 작품 같기도 했다. 이 틈에 섞여 노변(路邊)의 한 레스토랑에서 저녁식사를 하고 있을 때 귀에 익은 음악이 들려왔다. 웨이터를 불러 물어봤더니 동양음악이라고 하면서 매우 이국적이라는 것이었다. 한참 들어보니 이 가운데 <대전 발 0시 50분>이라는 노래도 끼여 있었다. 내 귀에도 그 분위기 속에서는 확실히 이국적이었고 우리의 유행가가 세계의 음악 속에서 하나의 뚜렷한 흐름을 이루는 것 같아 흐뭇했다.

칸쿤 지역에서 즐기는 게임으로는 정구·골프·말 타기 등 육상운동은 물론이고, 돛단배 타기, 수상스키, 스쿠버다이빙, 스노클링, 해저투시배(glass bottom boat), 바닷고기잡이, 모터보트를 이용한 낙하산 비행, 경비행기 관광 등이 활용되고 있고, 이에 더하여 여러 가지 루트의 관광 프로그램이 마련되어 있다.

선상 바와 2인조 밴드

해상관광 루트로 주로 칸쿤 지역의 라구나 만과 호텔지역에서 1시간 30분 가량 걸리는 곳에 있는 무예레스(Mujeres) 섬을 연결하는 여러 가지 선편이 마련되어 있다. 나는 피에스타 마타(Fiesta Mata)라는 배를 타고 무예레스 섬까지 갔다오는 다섯 시간의 항해에 나섰다. 이 항해는 아침 10시에 출발하여 라구나 만의 아름다운 곳을 지나서 무예레스 섬에 이르러 두 시간 가량 자유시간을 갖고 오후 3시에 돌아오게 되어 있었다.

피에스타 마타는 3층으로 되어 있는 배인데 제일 아래층에는 배 밑을 볼 수 있게 유리창이 뚫려 있어 바다 밑의 산호 등이 그대로 보였다. 2층에는 아이스크림 등 먹을 것과 기념품을 판매하고 있었고 콜라 등 마실 것은 공짜였으나 팁은 환영했다. 처음 이 배를 탈 때 나는 간편한 골프복 차림을 하고 있었는데 타고 보니 다른 사람은 거의 전부가 수영복 차림에 맨발이었다. 구두에 양말까지 신은 신사는 나밖에 없었다. 나는 피에스타 마타를 취재하러 나온 기자같이 느껴졌다. 이 배는 2인조 밴드가 있어 함께 노래를 부르면서 동시에 해상의 아름다움과 따가운 햇살도 느낄 수 있는 움직이는 바였다. 이는 우리나라의 한려해상에서 '엔젤'호를 타고 안전벨트에 묶여 가는 신세와 좋은 대조가 되는 것 같다.

무예레스 섬은 칸쿤 지역의 축소판인 듯 온갖 놀이와 음식점들이 준비되어 있었다. 이 섬에는 큰 거북이 놀이터가 있었고 거기서 아이들이 함께 수영을 하며 거북이 등을 타는 모습이 신기해 보였다. 1시쯤 되어서는 항해료에 포함되어 있는 점심식사는 뷔페식으로 나왔고 식사중에는 2인조 밴드가 연주하는 흥겨운 스페인풍의 음악이 입맛을 돋우어주었다.

해양관광의 3요소: S. P. S.

나는 지구의 반대편에 위치하는 한국의 한려해상을 생각해보았다. 충무에서 유람선을 타고 그 안에 가만히 앉아 해금강을 한바퀴 돌아오는 광경은 무성영화를 보는 듯하여 이곳과 매우 대조적이었다. 우리나라의 관광 양태가 얌전히 구경만 하는 것이라면 칸쿤 지역의 관광은 구경(sightseeing)하고 행동(playing/doing)하고 구매 활동(shopping)을 동시에 할 수 있는 소위 S. P. S. 3요소의 일체가 잘 구비되어 있었다.

그네들의 관광은 S. P. S. 중에서도 행동하는 것에 가장 초점이 맞취진 듯했다. 칸쿤 지역의 고급 호텔에는 반드시 수영장이 있게 마련인데, 우리나라의 호텔에는 수영장 대신에 흔히 이 수영장만한 크기의 연못이 갖춰져 있는 걸 보면 관광에 대한 개념에서 차이가 있음을 잘 알 수 있다.

'자메이카'에서

자메이카는 카리브 해에서 세번째로 큰 섬이다. 이 섬은 1655년 이래 영국의 식민지로서 아프리카 흑인이 끌려와 혹사당하던 곳인데, 1962년에 완전 독립하게 되었다.

자메이카 킹스턴 비행장에 도착해보니, 새까만 하늘 아래 새까만 사람들(흑인)이 득실거리고 있었다. 그러나 다행히도 흑인들이 영어를 잘하기에 안심이 되었다. 한 호텔에 여장을 풀고 TV를 틀어보니 미국 TV의 방송과 광고가 온통 판치고 있어서 내가 미국에 와 있는 듯하였다.

자메이카의 이름난 해변관광지로는 몬테고베이(Montego Bay), 오초리오스(Ocho Rios), 안토니오 항, 네그릴, 맨드빌 등을 들 수 있다. 다음 날 두 시간 정도의 가까운 거리에 있는 오츠 리오스를 향했다. 호텔의 시설과 운영은 칸튼과 흡사했다. 이곳에서도 해상에서는 돛단배 타기, 윈드서핑, 수상스키, 스쿠버다이빙, 스노클링, 고속스키, 패러세일링, 바닷고기잡이 등을 즐기고 있었다.

나는 미국인 내외와 함께 해저투시선(bottom vision boat)를 타게 되었다. 이 배는 최대 7, 8명이 탈 수 있는 동력선인데, 배의 바닥에 가로 1.5m, 세로 3m 정도의 유리가 깔려 있어 바닷속을 볼 수 있게 되어 있었다. 바닷속 물고기가 움직이는 모습과 바다 밑의 산호와 바다식물들이 훤히 보였다. 우리의 해저투시배가 20분 가량 바다 가운데로 나아갔을 때 때마침 패러세일링 하는 모습이 눈에 들어 왔다. 패러세일링은 하나의 배에 낙하산과 이어진 줄로 연결하고 다른 쾌속선으로 이 줄을 당기게 하여 질주하거나 줄을 풀어주어 낙하산이 하늘 높이 올라가 움직이는 스릴을 맛보는 레포츠이다.

나와 함께 동승했던 미국인 내외는 마이애미에서 출발한 호화여객선(Cruiser)을 타고 왔다고 하였다. 이 여객선은 나소와 오초리오스를 거쳐 멕시코 등을 경유하게 되어 있는데, 오초리오스에는 오전 9시에 도착하여 오후 4시에 떠나게 되어 있었다. 이런 호화여객선이 그곳에 두 척이나 정박중이었다.

야밤의 바닷게 경주

밤이 되어 호텔 방에 와서 잠을 청했으나 밴드 소리가 하도 시끄러워 내려가보았다. 흑백의 많은 사람들이 어울려 연주에 맞춰 몸을 흔들고 있었다. 그러다가 사회자의 시끄러운 신호에 따라 바닷게의 경주 시합이 펼쳐졌다. 세 마리의 게를 2m 가량 달리게 하여 순위를 정하는 일종의 경마시합 같은 것이었다. 사회자와 구경꾼이 어울려 응원하고 환호하는 모습이 진짜 경마시합에 못지않게 재미있어 보였다.

'푸에르토리코'의 '산후안'에서

푸에르토리코는 16세기부터 스페인령이었으나 1898년에 스페인이 미국에 패함에 따라 미국의 통치하에 들어갔고, 1952년에 미국 연방(common wealth)의 지위를 획득하고 자치권을 보유하게 되었다.

이 나라는 연간 150만 이상의 관광객을 유치하고 있는데 이 중 75% 이상이 미국인이다.

이 나라의 관광개발과 이용패턴은 칸튼이나 오초리오스와 비슷하다. 다만 다른 점은 큰 호텔 대부분이 대규모의 카지노를 경영하고 있다는 것이다. 이곳은 호텔마다 카지노가 붐비는 것으로 보아 카지노 자체가 관광객을 유치하는 효과가 상당해 보였다.

이곳의 해상관광으로는 바닷고기잡이, 쌍동선(雙童船, catamaran) 여행 등이 있다. 바닷고기잡이에서는 실제로 돌고래나 참치 등을 잡는 과정에 직접 참여하기도 하는데, 한 종류만 잡으면 80달러, 모든 종류에 참여하면 230달러나 지불해야 된다. 쌍동선은 돛대가 달린 배로 34명이 탈 수 있고, 이 배는 카리브 해로 70km를 항해하여 무인도인 이카코스 섬(Icacos Island)에 가서 크리스털같이 맑은 물과 그 아래 하이얀 모래 위를 헤엄치고 뛰놀게 하는 코스로 유명하다.

베사메 무초

나 혼자만의 14일간에 걸친 외로운 중미 여행은 콘다도 프라자 호텔의 바에서 이 나라의 특산인 4달러짜리 램주(ram & coke) 한잔을 시켜놓고 반겨주는 사람 없이 흑인들과 백인들을 상대로 나만의 조촐한 기념회를 가졌다. 그러나 4인조 밴드의 <베사메 무초(Kiss me much)>연주가 나를 반겨주었다.

한국에 돌아와서

이 여행은 외화를 아끼기 위해 나 혼자 외로운 장도에 나섰던 것이나 그런 대로 수확이 적지 않았고 우리의 해안 및 해상관광 정책에 반영할 만한 소재가 많았다.

우리나라의 해변관광업은 중미의 사철관광과 비교하여 수요가 한철에 국한되어 있어 여름 한철 벌어 일년을 버텨야 하는 상황에 있기 때문에 해변관광 투자에 한계가 있다. 따라서 우리나라는 휴가정책상 여름 한철에 몰리게 하지 말고 비성수기에도 이용을 촉진하는 한편 겨울의 실내 스포츠의 활용 등 다양한 동적(動的)인 위락 기회를 개발해야 한다.

지금까지 우리의 관광은 조용히 보는 관광에 그쳤다. 그러나 소득 수준이 향상되고 자라나는 청소년의 관광 수요가 동적으로 되어가는 경향이 있어 어차피 행동하는 관광 수요가 증가하게 될 것이다. 이에 맞추어 우리도 행동하는 관광의 방향으로, 소위 보고 행동하고 구매하는 S. P. S.의 3박자를 갖춘 위락 기회가 이제 필요해 보인다. 한려해상의 경우 충무를 출발하여 해금강을 한 바퀴 돌아오는 '보는 관광'에 그치지 말고 해금강 가까운 거제도 해변에 집단시설지구와 '마리나'를 개발하여 S. P. S의 3요소를 갖추게 하고 거기서 조각배를 저어 해금강의 십자굴을 구경하게 하는 등 동적인 관광 개념의 확충이 필요하다.

유람선상에서도, 호텔 내에서도 S. P. S의 3요소를 갖춰야 한다. 호텔 내에서는 추운 겨울에 가능한 실내의 위락거리가 개발되어야 하는데, 이의 대상으로 실내수영장·볼링장·실내체육관·원반 밀어던지기 등 동적인 운동에 더하여 산후안에서처럼 카지노의 적극적인 활용도 검토할 수 있고, 비교적 따스하면서 차가운 겨울바다를 눈으로 즐길 수 있는 이곳에 골프장을 개설하는 등 겨울에도 이 지역에서 다양한 재미를 느낄 수 있게 해줘야 할 것이다.

한려해상을 국제 해양휴양지로 개발하고자 할 때, 외국인 중에는 일본인 관광객이 주종을 이룰 것이므로 일본인의 관광 취향도 감안해야 하고, 또 고급 일본인 관광객의 유치를 위한 호화여객선의 취항도 한일 양국간에 공동투자로 추진해봄직하다.

또한 국제 해양휴양지의 개발이 우리 특유의 전통과 조용한 양반 관광의 터전 위에 S. P. S의 3요소를 두루 갖추되, 건전한 게임류의 행동하는 위락에 중점을 다소 높이는 방향으로 조화롭게 추진될 수 있기를 기대해본다.

8 갯벌은 버려진 땅인가?

환경보호운동과 은(恩)사상
갯벌을 살리자
시화호, '고디언 매듭'
새만금 간척, 이대로 가야 하는가?
연안역 개발정책
해양환경을 살리자

환경보호운동과 은(恩)사상

요즘 환경문제로 지구가 떠들썩하다. 한적한 시골에 머물다가 서울로 올라오면 숨이 막힌다. 내가 대학 다닐 때만 해도 바로 지척으로 보이던 남산도 이제 '스모그' 연무 속에 보이지 않는다. 비가 와서 대기 중의 오염물질이 말끔히 씻기고 난 후라야 남산이 한나절 빠끔히 보인다. 씻겨간 대기의 오염물질은 어디로 가겠는가? 결국 바다로 흘러가서 바다의 오염으로 이어진다.

하천과 바다의 오염도 심각하다. 아이들의 그림 속 하천의 색깔은 까맣게 변하고 그 속에서 물고기 찾기도 쉽지 않다. 농촌 들녘의 메뚜기도, 웅덩이의 붕어도 보기 힘들다. 최근에는 쓰레기 처리가 골칫거리다. 도시에서도 농촌에서도 처치 곤란이다. 쓰레기 배출량은 너무 많고 이를 버릴 데가 없다. 쓰레기 문제는 과소비에서 비롯되고 한 번 쓰고 버리는 생활습관이 이를 부채질한다. 이는 그 옛날의 근검 풍조가 사라지고 자기 한 몸의 편안함을 추구하고 남과 사회에 대한 배려가 없기 때문이다.

그러다 보니 지구가 중병에 걸릴 위기에 빠졌다. 급기야 브라질의 '리우'에서 국제환경정상회의가 열렸다. 대기오염으로 지구의 온난화 현상이 심해지고 기상의 규칙성이 깨어지고 있으니 걱정이 안될 수 있겠는가.

지구환경문제는 대자연 곧 생태계의 질서를 파괴한 데서 연유되는 것이다. 자연에는 스스로 소화해내는 자정력(自淨力)이 있는데, 인류가 자정능력 이상으로 오염시키고 파괴시켰기 때문에 문제가 되는 것이다. 자연생태계의 먹이연쇄 과정이 깨어지는 것도 심각하다. 이제 비닐제품은 썩지 않아서 골칫거리다. 바다거북이가 썩지 않는 비닐을 투명한 해파리로 알고 덥석 먹고 죽는 사례도 없지 않다. 썩지 않는 것은 변화 속에 유지되는 생태계의 근본질서를 부정하는 것이다.

생태계는 시공(時空)으로 얽혀 은혜를 베풀고 받는 관계 속에서 유지·생성되고 있다. 그러나 현재의 사고나 관행은, 서구의 종교나 사상 등에 영향을 받아서인지, 인간이 생태계의 주인이고 인간 이외의 생태계는 인간을 위한 객체로서 정복의 대상으로 취급되고 있다. 거기에는 동양사상이 지향하는 '인간과 자연의 조화'라는 시각이 결여되어 있다.

불교나 원불교의 자비(慈悲)나 은(恩)사상은 생태계가 서로 은혜를 베풀면서 시공(時空)의 종횡(縱橫)으로 의존하는 관계를 잘 설명하고 있다. 이 가운데 '천지 은(恩)'은 최근의 범지구적인 자연보호운동 또는 환경보전운동에 사상적 근거를 제시한다. 원불교 정전「교의편」에서 "우리가 천지에서 입은 은혜를 가장 알기 쉽게 알고자 할진대,

먼저 마땅히 천지가 없이도 이 존재를 보전하여 살 수 있을 것인가 하고 생각해볼지니”, “없어서는 살지 못할 관계에 있다면, 그같이 큰 은혜가 또 어디 있으리요”, “우리가 천지에 배은을 한다면 곧 천벌을 받게 될 것”이라고 교시하고 있다.

그러나 불교계를 비롯한 범종교단체가 생태계와 환경의 보전을 위한 국민적, 더 나아가서 범지구적 운동을 주도하고 앞장서지 못하고 있어 아쉽고 안타깝다. 그러나 이 운동은 단시일에 일시적인 구호로 해결할 수 없는 것이기 때문에 지금이라도 지속적인 실천과 이를 위한 사고의 대전환을 위한 운동에 앞장서야 하지 않겠는가.

갯벌을 살리자

갯벌은 우리에게 아직도 쓸모 없는 습지로 인식되어 있다. 그러나 지구상에 존재하는 생물의 20% 가량이 갯벌에서 살고 있다. 갯벌은 이처럼 다양한 생물의 서식처로서 동식물 먹이사슬의 1차적인 원천이다. 뿐만 아니라 생산성이 매우 높아 유전자원의 보고(寶庫)라고도 한다. 갯벌은 또한 자연의 신장(腎臟)으로 오염의 정화 기능을 하기 때문에 환경생태학적으로 매우 중요한 자원으로 평가되고 있다.

우리나라는 해안의 특성상 서남해안을 중심으로 많은 갯벌이 잘 발달되어 있다. 특히 서해안 갯벌은 캐나다 동부해안, 미국 동부해안, 북해 연안, 아마존 강 유역과 더불어 세계 5대 갯벌대의 하나로 알려져 있다.

그러나 우리나라는 과거 개발연대의 산업발전에 따른 육지 수요의 증가에 따라 서해안 중심으로 대단위 간척매립사업을 추진해왔다. 정부계획에 의하면 1990~2001년 기간 중 총 10조 원 이상을 투입하여 서남해안의 322지구에 3억 7,300만 평의 해안매립으로 국토의 3.7%를 확장할 계획이라고 한다. 과연 갯벌을 막아 농토 등 다른 용도로 전용(轉用)하는 게 과연 백년대계로 보아 잘하는 짓일까? 시화호, 새만금 등 대규모 간척에서 훼손된 자연의 신장기능과 생산성의 손실은 누가 보상하고 어떻게 되살릴 것인가?

한국해양연구소의 한 연구에 의하면 갯벌의 생산성은 수산물 생산과 서식지 기능, 정화 기능, 심미적 기능 등을 계량화할 때 간척지의 미곡 생산성보다 3.3배 가량 높은 것으로 나타났다. 그리고 1981~1995년 기간 중 농산물 값의 상승률은 5%에도 채 미치지 못했는데 수산물 가격의 상승은 10%를 웃돌고 있다. 게다가 지금은 쌀이 남아돌고 휴경(休耕)을 권장하려 하지 않는가?

갯벌의 상실은 갯벌에 의존해 사는 꼬막, 굴, 게 등의 생존을 아예 불가능하게 하고 한번 대규모 갯벌이 훼손되면 이의 원상회복은 아무리 시간이 경과하고 엄청난 자금을 투입해도 사실 불가능한 일이다.

우리 이제 조선시대에 굳어진 대륙 지향의 사고에서 깨어나자. 우리 이제 만주에 엉덩이를 깔고 앉아 먼 대양을 내려다보자. 갯벌을 갯벌로 보자. 쓸모 없는 땅으로 보지 말자. 세계적인 우리 갯벌, 우리 후손에게 소중한 유산으로 물려주자.

* 이 글은 필자가 해운산업연구원장 재직중에 ≪서울경제신문≫(1997년 5월 10일자)의 <로터리>에 기고한 글이다.

시화호, '고디언 매듭'

시화호 문제가 신문에 회자될 때마다 나는 가끔 유럽 고사(古事)에 나오는 '고디언 매듭(Gordian knot)'를 떠올린다. 이 고사는 매듭이 하도 얽혀 있어서 아무도 풀지 못어내지 못할 때, '알렉산더' 대왕이 칼로 끊어서 해결했다는 내용으로 매우 풀기 어려운 문제가 있을 때 흔히 인용된다.

현재 시화호의 경우 방제 둑은 튼튼히 막아 놓았는데 상류에서 오·폐수가 계속 흘러 들어오니 썩을 수밖에 없다. 시화호는 개발연대의 농업용 대규모 간척의 일환으로 담수호로 막아서 농업용수로 사용할 작정이었다. 그러나 이 담수호가 이처럼 썩어 들어가서야 농업용수로 활용할 수 없으니 우리 사회의 '고디언 매듭'이 되었고 이에 따라 '알렉산더' 대왕 같은 위대한 해결사가 필요한 처지이다. 그렇다고 '고디언 매듭'이 시사하듯 둑을 폭파해서 일거에 해결할 수도 없다. 그렇게 되면 시화호 상류에 조성된 공단과 주거지가 물 속에 잠기게 되기 때문에 그것도 어렵다.

그러면 해결책이 없는 것일까? 시화호의 물을 깨끗이 하기 위해서는 유입되는 오·폐수를 철저히 처리하고, 그러고도 유입되는 오염된 물은 일정 수준으로 계속 바다로 흘러 들어가게 하여 해양의 자정력에 의해서 정화되게 하는 길밖에 없다. 그러자면 일정량의 방류를 전제하고 조력발전이나 항만으로 이용하는 대안을 검토할 필요가 있다. 항만으로 이용하는 경우 항만개발단계에서 시화호 밑에 쌓여 있는 퇴적물을 제거하고 가동단계에서 물의 흐름을 허용하면서 선박이 운행해서 오·폐수의 퇴적도 줄일 수 있다. 공장이 밀집해 있는 경기도 남부와 가깝고 수도권에 신규 항만이 필요하기 때문에 시화호를 항만으로 용도전환하면 항만 입지로는 적지라 할 수 있어 그나마 다행이 아닌가. 조력발전도 바닷물의 밀물과 썰물에 따라 일정 수위로 바닷물이 들락날락하게 됨으로써 가능한 것이다. 아무리 생각해봐도 내 의견으로는 골치 아픈 이 '고디언 매듭'의 해결책은 이 대안들 외에는 또 없는 것 같다.

* 이 글은 필자가 해운산업연구원 원장 재직중에 ≪서울경제신문≫(1997년 6월 14일자) <로터리>에 기고한 글이다.

새만금 간척, 이대로 가야 하는가?

　새만금 간척은 환경론자들이 강하게 반대하였고 정부 내에서도 환경부와 해양수산부가 반대 입장을 보였지만, 정부는 결국 계속 추진하는 것으로 최종 결정했다.

　새만금 간척은 세계 최대 규모의 간척사업으로 알려져 있다. 여의도의 150배나 된다고 한다. 그러나 이 사업은 경제성 기준으로 결정된 것이 아니고 정치적 이유로 추진된 것이다. 전두환 대통령 임기 말에 전라북도의 거센 황색바람을 잠재우고 당시 여당 후보였던 노태우 대통령 후보를 지원하기 위해서 추진된 것이다. 결정 과정에서 당시 경제기획원 기획차관보실에서 경제전문가 회의가 열렸고 나는 이때 국토개발연구원 연구위원 자격으로 참석해서 반대 의견을 제시했고 결국 경제성 각도에서는 추진할 가치가 없다는 데 합의하였다. 그 당시 반대 이유는 간척을 해서 농경지로 만드는 것은 수익성이 너무 낮고 또 개발 '인플레이션'을 조장한다는 것이 주된 것이었다.

그 당시만 해도 환경문제는 별로 '이슈'가 되지 못했다. 그러나 이러한 경제전문가들의 반대에도 불구하고 정치적 이유로 추진되기에 이른 것이었다.

우리나라의 서해안 갯벌은 세계 5대 갯벌에 속하는 훌륭한 자원으로 알려져 있다. 우리나라는 자원이 빈약한 나라로서 세계에 내놓을 자원으로 갯벌만한 것도 없다. 이 갯벌은 지금까지 버려진 땅으로 인식되어왔다. 육지 중심의 사고에 젖어 있는 시각에서 보면 버려진 땅으로 보인다. 그러나 갯벌은 육지에서 흘러 들어오는 오염물질의 정화 기능을 수행하고 있다. 갯벌이 없어지면 이 오염물질이 바로 바다로 흘러 들어가서 해양오염으로 이어지고 만다. 갯벌은 또 영양분이 풍부해서 바지락, 고막, 낙지, 피조개 등 많은 종류(種多樣性)의 생물들이 살고 있고 생산성이 매우 높다. 그리고 우리가 간과하기 쉬운 것은 갯벌이 연안 생태계 속에서 어류의 산란장, 보육장 기능으로서 이 기능이 망가지면 연안 생태계의 균형이 깨어지고 만다는 것이다. 실제로 이들 기능을 계량화해보면 갯벌은 간척을 해서 생기는 농토보다 그 생산성이 3배 이상 높은 것을 알 수 있다.

쌀 생산가격도 문제다. 자연상태로 있는 농토에서 경작(예: 미국)하는 것과 새로 간척을 해서 농사 짓는 것과 비교해서 간척의 경우가 국제경쟁력이 있을 수 없다. 간척지에서 생산되는 쌀은 국제가격보다 훨씬(5~6배) 높을 수밖에 없다. 더군다나 최근 쌀이 남아서 그 재고를 쌓아둘 창고가 없어 쩔쩔 매고 있고, 또 정부가 앞장서서 휴경 보상을 구상하고 있는 때에 쌀 생산을 겨냥한 대단위 간척은 앞뒤가 맞지 않는 정책이 아닌가?

　　새만금 간척공사는 그 규모가 세계 최대라는 것도 문제다. ‘세계 최대’라는 그 자체는 다분히 인간에 의한 자연 정복이라는 서구적인 발상이다. 환경론자들은 “작은 것이 아름답다(Small is beautiful)”고 한다. 이는 인간과 자연의 조화를 강조하는 동양사상과도 일맥 상통한다. 동양사상과 불교·원불교는 인간과 자연세계를 서로 은혜를 주고받는 관계로 인식하고 자연질서를 대규모로 파괴하는 것은 이 은혜관계에 반하는 것으로 이해한다. 그러므로 새만금 공사에서 대규모의 둑을 막게 되면 물의 흐름은 차단되고 물이 고이면 결국 썩게 되어 있는 것이다. 게다가 상류에서 흘러 들어오는 물을 아무리 정화한다고 해도 자연 상태로 흘러가지 않는 이상 썩고 마는 것이다.

　　그런다고 1조 원 이상의 거대한 자본을 투입하고 그대로 방치할 수 있겠는가? 이제 대담한 대안을 모색해야 할 때이다.

　　나는 해수가 들락날락하는 ‘라군(Lagoon)’ 또는 해수호(海水湖)로 전환하고, 여기에 국제해양레저단지 또는 국제해양휴양도시를 만들 것을 제안하고 싶다. 이는 중국의 방대한 잠재시장과 수요도 내다보면서 긴 안목에서 추진해보는 것이다.

　　해양레저단지에서는 우량갯벌 지역은 보존하고, 갯벌농장, 갯벌체험 및 욕장, 해양목장화 등 해양산업, 바다세계(Sea World), 갯벌상태 및 해양과학연구 등 바다관련 기능을 살리면서, 방조재 안쪽에 항만과 ‘마리나’를 조성한다. 또한 아울러 내부에 관광 위주의 수상(水上)도시를 적정 규모로 개발하고, 해양관광·해양스포츠·해양레저 기능을 살려갔으면 한다. 이 구상은 추가로 여러 가지 기술적인 검정이 필요하지만 가능만 하다면 자연질서도 살리고 규모도

축소될 수 있어 좋은 대안이 되리라고 믿는다. 진지한 검토를 당부
하고 싶다.

* 이 글은 정부와 사회에서 새만금 간척에 대한 의견이 분분할 때 해양문화재단에서
발간하는 ≪해양과 문화≫(2001)의 권두언에 실었던 것이다.

연안역 개발정책

우리나라는 3면이 바다인 반도국가다. 그래서 우리 한반도는 바다를 따라 연안역으로 둘러싸여 있다. 연안역은 바다를 접한 일정 연안의 육지와 일정 면적의 연안바다를 포함한다.

1997년 건설교통부에서는 연안을 따라 U자형 개발구상을 발표했고 해양수산부에서는 연안역을 따라 용도를 구분하고, 주로 보전 중심의 구상을 내놓았다. 우리나라 연안역은 현재까지 보전보다는 개발 중심으로 이용되어왔다. 대표적인 개발은 대규모 간척에 의한 농지 확보와 매립에 의한 공업단지의 개발로 크게 구분된다. 그러나 새만금 간척사업이나 시화호 개발사업 등 개발연대의 대규모 간척사업은 21세기를 앞둔 현 시점에서 재평가할 때 과연 적절한 사업이라 할 수 있을까? 한번 손상되면 회복이 불가능한 갯벌의 생산성과 가치가 점차 높아지고 있는 점을 감안할 때 아쉬움이 크게 남는 부분이다.

현재 연안역의 계획과 이용에 대해서 육지 부문 관리부처와 바다 관리부처 간에 견해차가 상당하고 연안역 관리법제 역시 여러 개별 법에 흩어져 있으며 체계화되어 있지 않다. 미국, 캐나다 등 선진국에서는 연안역 종합관리체계가 확립되어 있고 법제도 역시 체계화되어 있다.

우리나라 연안역에는 개발과 보전 사이에 심각한 충돌이 예상된다. 그래서 먼저 연안역 관리법제를 제정하고 체계화하는 것이 필요하다. 이 법제 속에는 기본법을 중심으로 하고 이 법과 관련법간의 권한 위임단계 등이 명시되어야 할 것이다. 이 법제의 기본 틀은 육지부(陸地部)의 용도구역제와 같은 용도 구분이 전제되어야 하고 철저한 보전, 일정 제한 속의 소규모 개발 허용, 항만 등과 같은 개발 위주의 용도 등으로 세분할 필요가 있다.

연안역 관리에서 법제 도입 못지않게 중요한 것이 연안역의 범역(範域) 지정, 연안역의 현재 이용현황과 잠재력 등에 대한 차분한 조사와 연구 등이다. 이를 기초로 하여 정부는 백년대계를 세운다는 차원에서 연안역 관리계획을 수립, 단계적으로 추진함으로써 개발연대의 대규모 간척사업 같은 단견(短見)과 어리석음을 재현해서는 안 될 것이다.

* 이 글은 필자가 해운산업연구원 원장 재직중에 ≪서울경제신문≫(1997년 6월 7일자)의 <로터리>에 기고한 글이다.

해양환경을 살리자

　최근 우리나라는 21세기 해양시대를 앞두고 새로운 도전과 기회를 맞고 있다. 우리는 주요 연안국가들의 경제수역 선포, 해양보전의 강화 움직임, 심해저 광구 개발 등 새로운 도전과 기회를 맞고 있는 것이다. 특히 '유엔해양법협약'이 1994년 11월에 발효됨에 따라 세계 각국은 지금까지의 전통적인 해수면 이용 시대에서 해양을 입체적·공간적으로 활용하기 위해 치열한 각축전을 전개하고 있다.

　우리나라는 남한 면적의 4.5배에 달하는 연안해역과 1만여 km의 해안선을 보유한 실질적인 해양국가이기 때문에 해양자원을 확보하고 해양관련산업을 육성할 필요성이 일찍부터 제기되어왔다. 그러나 우리나라 연안해양환경의 보전정책은 다른 분야에 비하여 미진했다. 개발우선정책에 따라 해양환경 질(質)의 개선이 뒤로 밀리고 말았다. 그러나 이제 국내외의 여건이 달라지고 있다.

　연안해양환경 보전정책의 최우선 과제는 무엇보다도 각종 오염물질의 해양 투기(投棄)를 예방하고 제거하는 것이라 하겠다. 연안 해양오염은 대부분 육상에서 유입되는 오염물에 의해서 발생되고 있으며, 나머지는 주로 어업에 의한 자가(自家) 오염과 선박으로부터 배출되는 기름에 의해서 오염되는 것인데, 기름에 의한 오염은 그 구성 면에서는 매우 적다고 알려져 있다. 그러나 해난사고에 의한 해양오염은 단 한 번의 사고로 막대한 환경피해와 인명손실을 야기할 뿐 아니라 넓은 수역에 걸쳐 해양환경을 파괴하기 때문에 이를 방지하기 위한 각별한 대책이 요구된다. 그동안 국제해사기구(IMO)에서 해상안전 및 해양환경보전을 위해 각종 국제협약을 채택하였고 유엔환경계획(UNEP)도 지역협력을 통한 해양환경보전을 도모해왔다. 또한 선진 해운국에서는 해양오염 방지를 위해 효율적인 제도를 갖추고, 자국의 실정에 적합한 인력과 장비를 보유하고 있다. 그리고 대형 오염사고가 발생하여 자국의 보유장비로는 효율적인 방제가 어려울 경우에 대비하여 주변국가와 방제협약을 체결하는 등 광역오염방제체제를 갖추고 있다.

우리나라는 연평균 300여 건의 해양오염사고가 발생하고 있으나 최근까지 해양오염사고의 심각성을 크게 인식하지 못하고 있다. 그러나 1995년에 발생한 씨프린스호 사고, 제1유일호 사고, 호남 사파이어호 사고는 유조선에 의한 해양사고의 영향을 제대로 깨닫는 계기가 되었다.

이와 같이 최근 우리 연안에서 해양오염사고가 자주 발생하고 있으나 해양환경보전을 위한 여건은 그리 좋은 편이 아니다. 우리나라는 지형적으로 좁고 복잡한 연안해역으로 이루어져 있으며, 기상적으로는 빈번한 안개, 하절기의 태풍과 저기압 그리고 동절기의 강한 북서계절풍이 부는 악조건 속에 있다. 우리나라는 또한 대외무역에 크게 의존하고 있기 때문에 경제성장과 더불어 선박 입출항이 지속적으로 증가되고 있다. 특히 대외교역 확대에 따라 개발도상국의 기준미달선(sub-standard vessel)의 입출항이 급증하고 있으며 경제성장에 따른 유류의 수출입 물동량 및 연안 유류 수송량도 높은 증가율을 보이고 있다.

반면에 선박을 직접 운항하는 우리나라 선원은 국민소득 향상에 따라 해상근무를 기피하는 경향이 강해져서 선원의 질과 양이 급격히 저하되고 있다. 더욱이 해양오염 방지를 위한 우리나라의 행정체계, 인력, 방제장비 등도 선진국에 비해 열악한 실태이며, 대형 해양오염에 대비한 오염방제비상계획(contingency plan)도 미흡한 형편이다. 특히 주변국가와의 대형오염 방제 협조체제도 제대로 갖춰져 있지 않아 효율적인 공동 대책 마련이 시급한 실정이다.

지구의 온난화와 해양오염은 살기 좋은 지구의 미래를 어둡게 하고 있다. 지구 온난화는 바다에서 찬 물을 좋아하는 식물성 '플랑크톤'을 죽이고 따뜻한 물을 좋아하는 동물성 '플랑크톤'이 번창하게 한다. 식물성 '플랑크톤'은 태양광선을 받아 광합성을 함으로써 대기에서 탄산가스를 흡수하고 산소를 대기에 배출하는 데 반하여, 동물성 '플랑크톤'은 산소를 흡수하고 탄산가스를 대기에 배출하게 된다. 이렇게 되면 대기 중에 탄산가스가 증가함으로써 지구의 온난화가 더욱 가속화되어 지구는 생물이 살 수 없는 뜨거운 사막이 될지도 모른다. 식물성 '플랑크톤'의 죽음은 바다생물의 먹이연쇄 과정을 무너뜨리고 풍요한 바다를 죽음의 바다로 만든다. 바다 해〔海〕자 속에 어머니 모〔母〕자가 들어 있는 것은 바다가 지구의 어머니란 뜻을 담고 있는 것이 아닌가.

* 이 글은 필자가 해운산업연구원 원장 재직중에 해운산업연구원과 '한국해로연구
회'가 공동 주최한 세미나(1996년)에서 기조연설로 발표했던 것이다.

9 수산업도 이제 국제경쟁력이 우선이다

수산물의 전면 수입개방
수산업 30년 실적과 21세기 정책기조
어촌과 해양 '레저'
오징어 '바겐세일'
고래잡이 시비

수산물의 전면 수입개방

1997년 7월 1일, 수산물 수입이 완전 자유화되었다. 최종 개방 대상에 포함된 31개 품목에는 조기, 민어 등 제삿상에도 자주 오르는 고급 어종과 김과 같은 양식어종이 포함되어 있어 개방에 따른 피해가 상당할 것으로 생각된다.

우리나라는 세계 10대 수산국으로서 1993년만 해도 수산물의 무역수지가 10억 달러에 접근했으나 1997년에는 3억 달러 내외로 뚝 떨어지고, 2000년을 넘어서면 수산업부문도 무역적자를 면치 못하게 될 것 같다. 이러한 어두운 전망을 하는 이유는 원양어업의 경우 연안국의 200해리 관할수역 선포 등으로 조업 여건이 크게 악화되고 연·근해 어업은 어업자원의 감소로 생산성이 현저히 저하되고 있기 때문이다. 이런 가운데 최근 중국으로부터 물밀듯이 흘러 들어오는 수산물을 감당하기 어려운 처지에 놓였다. 그들의 싼 노동력을 활용한 값싼 수산물의 수출에 우리 경쟁력이 대응하기 힘든 것이다.

양식도 경쟁력을 잃어가고 있는 것이 문제가 아닐 수 없다. 이 어려운 처지 속에서 동원 가능한 조정(調整)관세의 부과와 수입제한조치, 긴급관세부과 등 산업피해구제(safeguard)조치를 활용할 수 있으나 이는 어디까지나 과도기적 잠정조치에 불과하다. 근본적으로 연·근해의 경우 '잡는' 어업에서 '잘 기르는 어업'으로, 그리고 잡는 어업도 '잘 키워서 알맞게 잡는 어업'으로 바뀌어야 한다. 그러자면 연·근해 어업의 경우 어종별로 어획의 상한을 정하는 총허용어획량(TAC)제도를 도입하고 인공어초 어장을 적극 조성하면서 어선세력은 자원 수준에 맞게 축소해야 한다. 총허용어획량 제도의 한 방편으로 '자율관리어업제도'를 확대할 필요가 있다. 이 제도는 제주도의 '소라'와 같이 해녀들이 스스로 적정규모를 잡기로 약정하고 관리하는 것이다. 이는 총어획량제도를 개별 품목에 적용한 셈이다. 이 제도는 다른 해역의 여러 어종으로 확대함직하다.

이처럼 연·근해 어업이 '잘 키우고 잘 기르는 어업'으로 가기 위해서는 근본적으로 연안어장의 환경보전 강화가 전제가 되고, 수산물 유통구조 개선과 가공산업의 육성대책이 더욱 강화되어야 한다.

이들 문제는 정부의 정책적 의지에 더하여 소비자인 국민과 생산·공급자인 수산업계의 차분한 이해와 긍정적인 3자간 협력체계가 구축될 때 비로소 근본적인 해결의 실마리가 풀리게 될 것으로 보인다.

* 이 글은 필자가 해양수산개발원 원장 재직중에 ≪서울경제신문≫(1997년 6월 21일자) <로터리>에 기고한 글인데 이번에 약간 수정·보완하였다.

수산업의 30년 실적과 21세기 정책기조

과거 30년의 성장과 구조변화

나는 1966년에 경제기획원 경제기획국에 사무관으로 공직생활을 시작했고, 처음 맡은 일이 '투자총괄과 어업'이었다. 그 즈음의 수산업 정책은 지금 기억에 떠오르는 것이 "잡은 어업에서 기르는 어업으로", 원양어업의 진출, 그리고 무동력선의 동력화 등이었다. 원양어업은 제동산업, 고려원양 등이 중고 원양참치어선을 주로 일본에서 차관으로 도입, 원양 진출을 대담하게 시도하던 시절이었고, 나는 이들 차관 도입에 대한 경제성 검토 과정에 참여했다. 이즈음의 원양어업의 어획량은 29만 6000M/T이었는데 그 이후 계속 성장하여 1992년에는 1966년보다 35배 증가한 102만 3천M/T의 최고기록을 세운 뒤 1995년에는 89만 7천M/T으로 감소했다. 성장기였던 1966~1992년의 26년 동안에는 35배 증가했는데, 이는 매년 1.3배씩 늘어난 셈이니 엄청 놀라운 기록이 아닐 수 없다.

"잡은 어업에서 기르는 어업으로"의 구조적인 변화도 눈부시다. 1966년의 양식업 생산량은 고작 9만 1,000톤이었는데 1995년에는 이보다 10배 넘는 99만 7,000톤을 기록하였고, 수산업 총생산에 대한 구성비로 보더라도 1966년에 16%였으나, 1995년에는 30%를 상회함으로써 원양어업을 앞지르기에 이르렀다.

어선세력과 동력화의 실적도 두드러졌다. 1966년의 어선세력은 53천G/T이었고 이 중 무동력선은 83%을 상회하는 44만 4,000G/T이었으니 그 당시에는 '무동력선의 동력화'가 주요 정책목표일 수밖에 없었다. 1995년의 수산연감에 의하면 어선세력은 모두 94만G/T으로 그동안 17.6배나 증가했고 이 중에 동력선이 98.9%에 달하는 93만G/T에 이르렀으니 동력화란 호랑이 담배 피우던 시절의 옛날이야기로 들린다. 다시 수산업 문제에 관심을 갖고 지난 30년간의 실적을 되돌아보고 그동안의 수산청 당국과 수산업계의 눈부신 업적에 경의를 표하지 않을 수 없다. 그러나 수산업계가 개발연대의 성장 중심 전략 속에 이처럼 상당한 성장을 이룩하였음에도 어가(漁家)소득은 여타 부문의 높은 성장으로 도시근로자와 농가에 비해 상대적으로 처지는 증가에 그쳤다. 1975년까지만 해도 어가소득은 도시근로자 가구나 농가의 소득수준과 비슷했으나, 그 이후 계속 상대적인 열위(劣位)를 면치 못하고 1990년에는 이들 가구의 90% 수준, 1995년에는 85% 내외에 그치고 있다.

수산 여건의 악화

수산 여건의 악화는 1980년 중반부터 그 징후가 보이기 시작하여 1990년대에 들어와서 현재(顯在)화되고 심화된 것 같다. 자원고갈이

심각해지는 가운데 인건비는 급상승하고, 어선 조달을 위한 금융비용
은 낮아지지 않고 있는 데다가, 적조 등 어장의 오염까지 겹쳐 수산
업은 매우 어려운 처지에 놓여 있다. 게다가 WTO체제의 출범에 따
라 1997년까지 수산물 전품목의 수입개방이 불가피하고 UN해양법
의 발효에 따른 배타적 경제수역(EEZ)의 설정으로 중요 어장의 일부
를 상실하게 될 위기까지 겹쳐 그 어려움은 더욱 가중되고 있다.

21세기를 향한 수산정책의 방향 설정

21세기 수산정책은 필자가 1960년대 중반에 수산정책을 다루던
시기와 너무나 다른 상황 속에 놓여 있고 수산 정책당국과 수산인의
자발적인 협력 없이 추진되기 어렵다.

우선 수산정책의 기조는 수산자원을 늘리면서 수산자원량에 적합
한 수준의 어획관리가 필요하다는 것이다. 그러기 위해서는 인공어
초 시설, 종묘배양장 증설, 해양목장화 등 연안어장자원을 늘려 강화
하는 한편 총 허용어획량 제도를 도입하고 허용범위를 넘어선 어선
세력은 감척(減隻)해야 한다.

어선세력의 감척수준은 배타적 경제수역의 설정, 어선 어구의 현
대화 등을 반영하여 그 규모가 상당할 것으로 보인다. 인건비의 상
승이 노르웨이식 어선·어구 개발을 불가피하게 하고 이는 다시 어획
능력을 높여주기 때문에 총 허용어획량 제도하에서 그만큼 감척 수
준을 늘릴 수밖에 없는 것이다. 어선세력의 감척은 한·중·일 3국간
에 합의가 이뤄질 때 효과가 있는 것이기 때문에 EEZ 협정시에 이
문제도 아울러 협의가 이루어져야 할 것이다.

해양수산부장관 재직중에 '자율관리어업제도'를 도입한 바 있다.

이 제도는 나 스스로 작명까지 한 것인데, 이는 제주도의 '소라'같이 해녀들이 스스로 적정규모를 잡기로 약정하고 그들 스스로 관리하는 제도다. 한꺼번에 너무 많이 잡아버리면 가격도 떨어지고 소라 수도 감소해서 결국 해녀들이 손해를 보게 되기 때문에 자체 규약을 정해서 관리하고 규약을 어기는 자를 자체 처벌한다. 이는 총어획량제도를 개별 품목에 적용한 것이다. 이 제도는 다른 해역의 여러 어종으로 확대함직하다.

둘째, '기르는 어업'의 촉진은 1960년대의 기본정책과 다를 바 없으나 그 생산구조 조정이 수반되지 않을 수 없다. 양식의 과밀생산은 그 품질을 떨어뜨리고 양식폐기물 등 자가오염을 유발해 적조발생의 한 요인이 되고 있다고 한다. 따라서 양식의 경우에도 과밀증산을 방지하거나 감산하고 품질에 따른 차등가격제의 도입이 필요하다. 원산지 표시제도의 확대도 이의 일환이라 할 수 있다.

셋째, 산지와 소비지를 연결한 직거래체제의 확립과 활어 위주의 생산체제로 전환되어야 한다. 이는 어선 감척과 감산(減産)으로 인한 손해를 수산물의 제값 받기로 보상받을 수 있게 하는 길이다.

넷째, 해양오염방지와 적조대책의 강화이다. 이를 위해서는 육상오염원의 총량 규제가 전제되어야 하고, 양식폐기물, 과밀식(過密殖) 등으로 인한 자가오염 방지대책이 서지 않으면 안되고, 보다 근본적인 적조 예방대책과 신속한 해양 유류 방제체제의 구축이 시급하다.

다섯째, 어촌 생산기반의 정비와 소득원 개발을 들 수 있다. 어항은 어촌지역의 경제 중심으로 종합개발하고 관광 기능 등 복합기능을 부여해야 할 것이다. 어항과 어촌은 희귀 관광자원으로 그 수요가 늘어나고 그 가치가 상승할 것으로 보이기 때문에 귀한 자원의 훼손 없이 보존하며 개발해야 할 것이다.

수산업은 1960년대와 달리 어선세력의 감척, 양식의 단위당 감산, 그리고 생산구조 조정이라는 어려운 정책 여건에 직면해 있다. 이 새로운 과제는 관·민의 끈끈한 협조 없이는 해결이 불가능하다. 정부는 정부대로 어가소득의 향상이라는 사회 정책적 배려에 등한해서는 안되고(감척과 감산에 따른 보상도 충실해야겠지만) 수산업계도 수산 현실에 대한 충분한 인식과 이해가 있어야 한다. 이를 전제한 대국적이고 자발적인 협력은 장기적으로는 수산인에게 이익이 됨은 물론이고 국민경제에도 기여하게 될 것으로 보인다.

* 이 글은 필자가 해운산업연구원장 재직중 1996년 11월 30일자 ≪수산계(水産界)≫에 기고한 글인데 이번에 약간 손질하였다.

어촌과 해양 '레저'

어촌은 영영 버림받은 곳일까? 어촌의 인구는 1965년에 약 130만 명이었으나 30년이 지난 지금은 고작 35만 명도 채 안된다. 그중 어업종사자는 현재 17만 명에 지나지 않고, 그마저 주로 노인들과 부녀자들이 어촌을 지탱하고 있다. 어가소득은 1995년도의 경우 월평균 156만 5,000원으로 도시근로자의 82%, 농가의 86% 내외에 그치고 있다.

어촌, 새로운 기회의 땅

'21세기 해양의 시대'를 맞아 어촌도 이제 새 기회의 땅으로 변할 것 같다. 이제 어촌은 그동안 덜 개발되고 덜 훼손된 자연 그대로가 귀한 자산이다. 우리 어촌의 아름다운 해변 풍광, 자연이 숨쉬는 바다와 갯벌, 가보고 싶은 섬들, 풍어제 등의 민속잔치, 어촌의 순박한 인심 등이 모두 귀한 관광·레저 자산인 것이다.

국민의 관광·레저 형태도 때맞춰 바뀌고 있다. '조용히 보고 지나가는' 양반풍(兩班風)의 관광형태에서 벗어나 자연 속에서 즐기며 묵고, 거친 자연과 생태계를 체험(eco-tourism)하는 새로운 레저 수요가 나타나고 있다. 해양레저와 어촌관광이 이 새로운 레저의 좋은 대안이고 이는 어촌에서 어업소득 신장의 한계를 딛고 다양한 어업 외 소득을 향상시킬 수 있는 계기가 된다.

우리나라 해양레저와 어촌관광의 잠재력은 U자형 해안을 따라 곳곳에서 움트고 있다. 이제 유람선시대가 열리고 있고, 통영을 위시한 남해안에는 '마리나' 시설을 가동하는 곳도 있다. 강원도의 속초와 강릉 사이의 어항과 어촌에서도 현실로 나타나고 있다. 강릉 인근의 사천항(제1종 어항)에는 이미 간이 요트시설이 갖춰져 있고, 속초 근방의 전진2리(소규모 어항)에서는 간이 '마리나'가 구상되고 있다. 기존의 어항에는 방파제 등 기본시설이 미흡하나마 어느 정도 정비되어 있어서 큰 추가시설 없이 간이 마리나 시설을 쉽게 확보할 수 있다는 이점이 있다.

다목적·복합기능의 어항과 어촌

1998년 현재 해양수산부는 이러한 인식 속에 다목적·복합기능을 갖춘 새 모습의 어항과 어촌을 지향하면서 어촌별 특성에 맞는 어촌종합개발사업을 구상하여 추진하고, 어항법의 개정을 통하여 어항의 여러 시설에 대한 폭넓게 민간자본을 유치하려 하고 있다. 이 어항법이 곧 개정되면 농특자금의 확대 투자에 더하여 어항의 기능시설, 문화시설, 관광·위락시설용 토지의 민간소유권이 광범위하게 허용됨으로써 민간자본 유치의 좋은 유인이 되고, 이를 계기로 민간 단독

투자는 물론 어촌계와의 협업·합자 등 다양한 개발형태가 새로 나타
날 것으로 보인다.

그러나 어항을 중심으로 한 어촌은 지금까지 어업기능을 중심으
로 정비되어왔기 때문에, 새롭게 다목적·복합기능을 지향하기에 미
흡한 점이 적지 않다. 방파제, 방사제(防沙堤) 등 기본시설이 미흡한
곳이 더러 있고 진입도로나 주차공간을 제대로 갖추지 못한 곳이 많
다. 활어횟집, 물양장, 위판장, 보트장 등이 무질서하게 난개발되고,
민박 등 숙박시설도 수준 미달인 곳이 많다.

이제 어항·어촌은 친수공간 차원에서 새로운 용도구역제의 도입
등 근본적인 재정비가 필요하다. 어항구역 내의 어선 수리 등의 지
저분한 기능은 외곽으로 이전하고 마리나 같은 친수공간으로 대체하
는 등의 재정비가 필요하다. 어항구역 내의 재정비 과정에서 일정
높이(4층) 이상의 건물을 못 짓게 한다든가 바다와 어촌에 어울리는
건물 색상의 선택 등 도시설계기법의 부분적인 도입도 검토되어야
할 것이다. 이에 더하여 보다 기본적으로는 청정한 바다와 깨끗한
어항, 어촌의 유지 관리가 전제되어야 한다.

21세기의 어촌은 새 모습으로 다시 태어나게 될 것이다. 어업 소
득도 잡는 어업보다 기르는 어업에서 더 얻게 되고, 기르는 어업도
점차 바다오염을 시키지 않는 환경친화적 양식으로 이행하게 될 것
이다. 어가소득 구성은 어업소득보다 어업외 소득이 더 많아지고 그
대표적인 소득원을 바로 어촌의 관광 기능에서 찾을 수 있게 될 것
이다.

이제는 우리나라에서도 숨막힐 듯한 도시의 콘크리트 문화에서
벗어나 자연이 숨쉬는 녹지와 시원한 수변공간을 그리고 있다. 3면

이 바다인 우리나라에서 두세 시간 내에 쉽게 닿을 수 있는 절경의 해안선, 수려한 수변공간, 시골풍의 어촌은 우리세대에게 남겨진 귀한 유산이다. 지금이라도 철저한 입지조사, 우리 고유의 친수공간 개발 구상, 그리고 차분한 추진을 통해 다음 세대에게 좋은 수변 유산을 물려줘야 한다. 이제 21세기의 새 전기를 맞아 본래의 어업기능에 더하여 생태관광과 해양스포츠까지 겸하는 복합기능의 새 복지어촌으로 다시 태어나길 기대해본다.

* 이 글은 필자가 해양수산개발원 원장으로 재직하고 있을 때 ≪문화일보≫(1998년 8월 6일자)에 기고한 글인데, 신문에 나오기 전에 해양수산부장관에 취임하는 바람에 해양수산부장관 이름으로 <포럼>칼럼에 실렸었다.

오징어 '바겐세일'

최근 오징어의 대풍(大豊)으로 가격이 폭락하여 오징어업계가 심각한 경영난을 겪고 있다. 현재 오징어 가격은 1996년 말 킬로그램당 1,300원이던 것이 1997년 6월 26일에는 450원까지 폭락하였다. 이는 생산원가 1,050원의 절반에도 미치지 못하는 수준이다.

오징어는 지금 연·근해에서 물 반, 고기 반으로 많이 잡히고 원양어장에서도 호황이다. 더욱이 1997년 7월 1일부터 수산물 수입의 전면 개방으로 냉동 오징어의 수입이 가능해진 데다가 원양 오징어의 70% 내외가 해마다 6~8월 중에 집중 반입되고 있어 이 기간 중 업계의 연쇄 도산이 우려되고 있다.

그런데 오징어의 영양가치를 일반 소비자는 잘 모르고 있는 것 같다. 오징어는 해독작용과 성인병을 예방하는 고급식품이자 좋은 약재이기도 하다. 옛날부터 혈압이 높거나 심장병 등의 순환기 질환에 걸리면 오징어나 문어를 푹 고아 먹였다고 한다. 마른 오징어의 표면에 있는 흰 가루는 타우린(Taurine) 성분인데, 이는 간장의 해독작용, 혈압조절, 당뇨병 예방 등에 효과가 크다는 것이다.

그런데도 최근 오징어 등의 수산식품에 '콜레스테롤'이 많다고 하여 기피하고들 있다. 오징어, 새우, 문어 등 고급 어종일수록 콜레스테롤의 함량이 높은 게 사실이다. 그러나 콜레스테롤에는 '저밀도 리포단백(LDL)'과 '고밀도 리포단백(HDL)'의 두 가지가 있는데, LDL은 육류에 많고 HDL은 오징어 등 수산물에 많다. LDL은 혈관벽에 잘 붙어 동맥경화나 고혈압의 원인이 되지만, 오징어에 많은 HDL은 혈관에 응고된 LDL을 담즙으로 변화시키거나 연소시키기 때문에 콜레스테롤 해소에 오히려 도움이 된다.

이처럼 오징어는 고급재나 우등재로서 가격이 떨어지면 수요가 크게 늘어야 마땅하다. 사서 비축해놓아도 좋다. 오징어 대(大)바겐세일에 동참하여 오징어업계도 살리고 우리 건강에도 도움 주는 계기가 되기를 기대해본다.

* 이 글은 필자가 해양수산개발원 원장 재직중에 ≪내외경제신문≫(1997년 7월 11일자)에 기고한 글이다.

고래잡이 시비

1997년 현재 먼바다에서는 고래잡이에 찬성하는 나라(捕鯨國)와 반대하는 나라(反捕鯨國) 사이에 고래잡이의 재개에 대한 뜨거운 논쟁이 일어나 바다를 달구고 있다. 국제포경위원회(IWC: International Whaling Commission)는 1986년에 고래 자원의 보호를 위해 상업적 포경을 금지하였고, 1994년에는 남빙양에 '고래성역'을 설정했다. 현재는 원주민 생존에 필요한 최소의 포경과 과학조사 명목의 포경 외에는 일체 금지되어 있다.

IWC 회원국 중에 일본, 노르웨이 등 포경국은 고래류를 식량자원으로 간주, 포경의 재개를 끈질기게 주장하고 있으나, 미국, 영국, 프랑스 등 대부분의 회원국은 아직 고래의 자원량이 충분하지 못하다는 인식 속에 고래를 지구환경과 생태계의 상징적 동물로 보고 상업포경의 재개를 강력 반대하고 있다. 우리나라도 IWC에 가입되어 있고 국내 관련법에 따라 고래 포획은 물론 고래의 수출입도 금지되어 있다.

전세계 고래의 자원량은 상업적 포경 금지 후 급격히 증가하고 있고 이에 따라 1997년 고래류의 먹이량은 5억 2,000만 톤에 이르렀는데 이는 전세계 어업생산의 약 4, 5배에 달하는 높은 수준이다. 그래서 수산자원의 관리 차원에서 인류가 잡는 어업의 규제에 그칠 것이 아니라 고래가 잡아먹는 먹이의 관리 차원에서도 일정 수준의 고래잡이가 재개되어야 한다는 주장이 힘을 얻어가고 있다.

포경 시비를 듣노라면, 환경론자들은 고래를 편애하고 있는 듯하다. 지구상에는 같은 포유류 중에서 소를 잡아먹지 않는 나라가 있는가 하면 고래고기를 즐겨먹는 나라도 있다. 문제는 고래의 재고가 지속생산이 가능한 수준으로 유지할 수 있느냐에 달려 있다. 따라서 고래자원의 재고에 대한 과학적 조사가 선행된 뒤에 상업적 포경 여부와 수준이 결정되어야 할 것이다. 동북아시아에서는 최근 일본이 원주민 생존 배려 차원에서 밍크고래에 대한 단독 포경을 요구하고 있으나 이는 한국 근해의 고래자원 감소를 야기할 수 있기 때문에 인접국가간 협의체를 구성, 이 해역에 대한 포괄적인 자원조사 후에 공동 참여하는 방향으로 추진되어야 할 것이다. 이제 우리나라도 연·근해에서부터 고래자원 조사와 연구에 발벗고 나설 때가 된 것 같다.

* 이 글은 필자가 해양수산개발원 원장 재직시에 ≪서울경제신문≫(1997년 6월 28일자) <로터리> 칼럼에 실었던 글이다.

10 한반도는 동아시아의 세계적인 국제 물류중심이다

물류부국으로 가는 길

　우리 경제는 최근 큰 어려움을 겪고 있다. 경제구조적인 문제가 겹쳐 있어서 쉽게 해결될 것 같지도 않다. 우리 제조업의 경쟁력은 동아시아에서 볼 때 일본의 최고 기술과 중국의 중위(中位) 기술 사이에서 '샌드위치'가 된 형국이다.

　우리는 그동안 공업입국의 틀 속에서 제조업 위주의 성장 전략을 취해오다 보니 자연히 물류의 중요성을 경시해왔다. 우리 제품의 생산원가가 낮다고 해도 그것이 물류 과정을 통해서 형성되는 수출현장에서의 가격이 높으면 국제경쟁력은 그만큼 약화되는 것이다. 우리의 물류비용이 제조판매액에서 차지하는 비율이 15%에 이르는데 미국은 7%에 지나지 않다고 한다. 물류비용이 상대적으로 싸기 마련인 작은 나라의 경제 속성을 감안하면 우리의 물류비용은 가히 물류후진국이라 할 정도로 엄청 비싼 것이다. 그러면 작은 우리나라의 물류비용이 왜 그렇게 높은 것일까? 한마디로 수요를 전제하고 볼 때 공급요인에서 그 원인을 찾을 수 있다.

우리나라의 대미(對美) 수출화물이 부산에서 대형 컨테이너모선에 실려 미국 서안의 로스앤젤레스나 롱비치 항에 도착되면 그 컨테이너는 바로 대륙횡단철도에 2단 높이로 실려 전국 각지로 배송된다. 이제 3단으로 싣는 방법도 검토되고 있다고 한다.

우리는 경우는 부산항에 컨테이너 화물이 풀리게 되면 부두 내에 화물을 쌓아둘 야적장이 없어 멀리 있는 별도의 야적장으로 한 번 더 옮겼다가 전국으로 배송되는 경우가 허다하다. 이때 한 번 더 옮겨 싣고 내리는 비용이 컨테이너 1개당 4, 5만 원이나 더 들게 된다. 철도는 부두에서 한 차량 가득 화물을 실을 수 있을 정도로 충분한 인입선이 확보되어 있지 않다. 그것도 1단적에 지나지 않고 있다. 또한 우리나라의 철도는 터널이 낮고 교량의 한계상 2단적으로는 통과하지 못한다.

우리나라는 아직도 철도나 연안수송보다 육로의 트럭 중심으로 운송체계가 갖춰져 있다. 철도의 경우 미국에서는 한 번에 컨테이너 100개도 수월하게 실어 나르고 연안수송으로는 500개도 가능하다. 이것을 육로의 트럭으로 운송하자면 철도 대신에 트럭 100대가, 연안수송 대체를 위해서는 트럭 500대가 육로를 누벼야 하니 그 혼잡이 대단하게 되는 것이다. 연안항만에는 컨테이너 화물을 처리하는 컨테이너 '피더' 부두가 제대로 갖춰져 있지 않다. 특히 수도권 내의 항만 부족은 경부축 중심의 내륙수송의 혼잡을 부추기고 있는 것이다.

1995년 수도권과 북 중국 사이에 약 15만TEU의 수출입 컨테이너가 발생했으나, 대부분이 내륙으로 운송, 부산항에서 처리되었다. 부산 - 인천 간 컨테이너 한 개의 트럭운송비는 40FT의 경우 70만 원

을 상회하는데 만약 이 화물이 인천에서 바로 중국으로 향했다면 최
소한 450억 원 이상의 물류비용이 절감될 수 있었을 것이다.

우리나라의 물류비용은 작은 국토의 강점까지 고려하면 미국 등
물류선진국보다 엄청나게 높은 것이다. 좁은 국토가 고도로 이용되
고 있는 곳에서는 토지이용 단위당 SOC 건설비용도 적게 들기 마련
이다. 지금부터라도 SOC의 확충과 연계장치가 효율적으로 이루지면,
우리나라는 국토가 작기 때문에 물류비용이 저렴한 나라로 성공할
수 있을 것이다. 나라가 작은 유럽의 네덜란드나 싱가포르가 우리의
좋은 모델이 된다.

우리 한반도는 21세기 세계 중심지로 발돋움하고 있는 동북아시
아에서 다행히 지정학적으로 매우 유리한 중심적 위치에 놓여 있다.
우리 한반도의 남해안에 위치하고 있는 부산항과 광양항은 세계 바
다의 '하이웨이'라 할 수 있는 유럽의 로테르담 - 지중해 - 싱가포
르 - 홍콩·카오슝 - 상해·부산·코베 - LA·LB로 이어지는 소위 간선
항로상의 중심항만으로 성장하고 있고 내륙으로는 장차 한반도의 남
북종단철도(TKR)를 거쳐 중국횡단철도(TCR) 또는 러시아횡단철도
(TSR)를 통하여 유럽과 이어지는 세계적인 물류요충지에 위치하고
있는 것이다. 이는 우리가 향유하고 있는 이 동북아시아의 국제 물
류중심성 차원에서 섬나라 일본이 우리 위상을 감히 넘볼 수 없는
지리적 강점이다.

네덜란드는 유럽의 관문으로서 물류 부가가치의 창출을 통해 오
늘의 경제적인 부(富)를 누리고 있고 싱가포르도 동남아시아의 중심
항 개발을 시발로 국제중심성을 향유하고 있다.

세계적인 물류부국으로 확고한 지위를 차지하고 있는 네덜란드의

경우, 일찍이 로테르담 항에 40만 평에 달하는 대규모 물류센터를 건설하여 유럽뿐만 아니라 미국, 일본 등의 많은 기업들을 유치하게 되자 새로 60만 평 규모의 대단위 물류센터를 건설하고 있다. 이러한 물류센터는 수송, 보관, 집·배송, 하역, 포장 등의 전형적인 물류 기능뿐만 아니라 단순가공, 최종제품 조립, 통관, 서류처리 등 수출입관련 화주(貨主)가 요구하는 서비스는 모두 제공해주고 있기 때문에 이용 기업들로부터 높은 호응을 얻고 있다.

이제는 로테르담 항에서 200km 정도 떨어진 독일 접경지역에 자리잡은 '벤노(Venlo)'에도 로테르담 항과 직접 연결되는 컨테이너 전용 열차가 운행되고 있으며 터미널을 중심으로 수많은 물류 전문업자가 물류창고를 운영하고 있다. 네덜란드는 이제 전국이 물류단지가 된 것이다. 이곳의 '시컨(Seacon)'이라는 물류전문업체의 경우 연매출액이 1995년의 670억 원에서 1996년에는 1,000억 원으로 50%의 높은 성장률을 기록하는 등 물류산업이 경이로운 성장을 계속하고 있다.

미국의 500대 기업 중 유럽에 물류센터를 가지고 있는 210개 기업의 49%, 일본의 300대 기업 중 유럽에 물류센터를 가지고 있는 170개 기업의 42%가 네덜란드를 물류 거점으로 삼고 있다. 이러한 까닭으로 네덜란드는 유럽 내에서 차지하는 GNP의 비중이 5%에 불과하지만 국제 물류부문의 점유율은 37%에 이르고 있다. 그만큼 국제 물류가 네덜란드 경제에서 차지하는 비중은 매우 높다.

우리나라도 동북아시아의 물류중심국가가 되기 위해서는 대형 중심항만의 조기 구축에 더하여 국내 물류체계가 효율적이고 그 물류비용이 저렴해야 한다. 철도와 연안수송도 제 몫을 차지해야 한다.

연안항만에는 컨테이너 화물을 처리하는 컨테이너 '피더'부두가 제대로 갖추어지지 않으면 안된다.

이제 우리나라도 개발연대의 공업입국을 바탕으로 동북아시아의 국제 물류중심국가로 발전해서 일본과 중국의 틈새에서 한반도 특유의 입지성을 최대한 살려 물류부국의 새 지평을 열어가야 할 것이다.

* 이 글은 필자가 해운산업연구원장 재직중 1996년 10월 11일자 ≪문화일보≫에 "물류부국 입지 살리자"는 제목으로 기고하였고, 1997년 5월 17일자 ≪서울경제신문≫ <로터리>에는 "물류부국의 길"이란 제목으로 기고하였는데, 두 글의 내용이 흡사하여 하나로 통합하였다.

연안수송에 눈뜨자

우리 경제가 고(高)요소비용(要素費用)과 고(高)물류비용으로 멍들고 있다. 우리의 경쟁 상대국들 중에는 이들 비용이 동시에 높은 나라가 별로 없다. 대만과 일본은 금융비용이 특히 낮고, 중국은 인건비와 땅값이 싸다. 우리 경제의 물류비용은 매출액의 15% 가량 되는데, 미국은 7%, 일본은 9%라고 한다. 부산 - 인천간 컨테이너 한 개의 트럭운송비는 40FT의 경우 70만 원을 상회하는데 이 금액이면 부산 - 로스앤젤레스간 해운수송비와 맞먹는다.

우리는 왜 이렇게 물류비용이 높은 것일까? 이는 물류 인프라의 부족과 화물 푸대접 구조에 연유되는 것이다. 우리나라는 출퇴근 시간대에 화물 운행을 제한하고 부산에서는 컨테이너 화물에 세금까지 부과하는 등 화물 푸대접이 심각하다. 더 큰 문제는 연안수송의 푸대접과 소홀이다. 시멘트 수송의 경우 선박 하나로 적어도 트럭 50대 분은 운송할 수 있고, 대기오염 정도도 트럭의 이산화탄소 배출량(톤·킬로그램당)은 해운의 8배 이상이다. 그런데 국내 수송화물 중 해송(海送)의 분담률은 아직도 22%를 밑돌고 있다. 우리 경제가 항만을 경유하는 수출입화물이 많고 향후 남북한 물자교류의 확대까지 감안하면 연안수송의 중요성은 그만큼 커지는 것이다.

우리의 연안해운은 내륙화물을 대폭 수용하기에 힘겨운 상태에 있다. 연안 해운업체의 대부분이 영세한 가업(家業)적 경영형태를 유지하고 있고 선령(船齡)이 20년 이상 되는 노후 선박이 많은 데다가 선원도 심히 부족하다. 연안해운은 세제 지원도 외항선에 비해 상대적으로 불리하다. 앞으로는 동북아시아의 좁은 해역에서 내항과 외항해운을 따로 구분할 실익이 없어짐에 따라 연안해운도 외항해운과 같이 유류세, 부가가치세 등 세제상의 같은 감면혜택이 요청된다.

이제 우리도 연안해운의 중요성을 인식해야 한다. 또한 이를 유도하고 지원하기 위한 세제금융상의 지원은 물론이고 연근해 선사의 통합과 대형화, 전용부두의 건설 등을 서둘러야 한다.

* 이 글은 필자가 해양수산개발원원장 재직중 1997년 7월 4일자 ≪내외경제신문≫에 기고한 것이다.

일률적인 200% 부채비율 적용, 해운업계에는 무리다

국제통화기금 체제 속에서 정부는 기업의 재무구조 개선을 위해 과감한 부채비율의 감축 의지를 밝힌 바 있다. 당초 계획은 2002년까지 부채비율을 300%까지 감축할 방침이었으나, 금융감독위원회는 이를 더 강화해서 1999년 말까지 200%선 이하로 축소할 의향을 밝혔다.

현재 우리나라의 부채비율은 산업전체의 평균이 336%이고, 이 가운데 제조업은 320%, 건설업은 530%, 항공운수업은 940%, 그리고 외항해운업은 1,175%나 된다. 이는 물론 미국, 일본 등 선진국보다 훨씬 높다. 우리 경제구조는 국내자본 형성이 제대로 되어 있지 않고 국내저축도 충분하지 못한 상태에서 고도의 압축성장을 지향하다 보니 많은 투자가 필요하게 되었고, 그 과정에서 차입의존형 산업구조가 고착되고 말았다.

여기서 문제는 기업이나 사회 전체가 개발연대의 양적 팽창과 고도성장의 관성에서 헤어나지 못한 데다가 기업의 부채 가운데 단기차입 의존도가 지나치게 높다는 데 있고, 이것은 외환금융시장 위기의 직접적인 화근이 되고 말았다. 부채비율이 높은 것도 문제지만 단기부채의 의존도가 높은 것이 더 심각하다. 따라서 기업의 부채비율 축소, 특히 단기부채의 축소를 통한 기업 재무구조의 개선은 바람직한 정책수단의 채택이라 할 수 있다. 그러나 부채비율은 일반적으로 노동집약형 산업보다 자본집약형 산업의 경우가 높은 것이 보통이다. 그런데 정부가 산업이나 업종의 특성을 무시하고 일률적으로 200%의 부채비율을 단기간에 적용하려는 것은 정부가 일관되게 추진해온 '산업구조의 고도화'라는 산업정책의 포기를 의미한다. 기업도 단기간에 정상적인 대처를 못하고 무리하게 되면, 시장경제의 흐름이 경색되고 경제구조가 일시에 흔들리게 된다. 그래서 부채비율의 축소목표치는 단계화되어야 하고 업종별로 차등화할 필요가 있다. 장치(裝置)산업과 항공·해운업 등 자본집약적인 산업은 업종별로 대표적인 기업의 가장 낮은 부채비율을 준거로 바람직한 지표를 설정해야 할 것이다. 우리나라의 외환위기의 근인(近因)이 단기차입 의존도가 높은 데 있다면, 부채비율 감축계획은 장기적인 목표로 삼고, 단기적으로는 자기자본과 장기차입으로 고정자본을 충당하는 비율인 '고정장기적합율(固定長期適合率)'의 축소 목표를 우선지표로 채택할 필요가 있다.

해운산업의 경우 비록 부채비율은 1,175%로 매우 높지만 고정장기적합율은 112%이기 때문에 기업의 안정성은 높은 것으로 평가된다. 이 경우 해운업은 부채의 90%가 대외부채이고 이 부채의 대부분이 장기차입으로서 선박 구입에 충당된 것이다. 이때 부채비율만으로 기업의 구조조정을 강제한다면, 이미 확보된 장기외자 도입을 억지로 조기 상환케 하는 결과가 되고, 이는 정부가 한편으로는 외국인 투자를 적극 유치하면서 다른 한편 이미 도입된 장기외자 차입을 추방하는 결과가 된다.

200% 부채비율 감축계획을 강행하면 해운업계는 무리하게 선박을 매각하여 해결하는 길밖에 없다. 그것도 해운업계는 현재 세계적인 불황국면에 빠져 있기 때문에 선박은 반값도 제대로 받을 수 없는 상황에서 강제 매각당하게 되는 것이다.

우리나라는 선박보유량이 세계 8위이고 외항컨테이너 선대는 세계 5위로서 해운대국이다. 미국은 해운업을 제4군(軍)으로 취급해 해운안보선대(海運安保船隊)로 지정된 미국적 상선에 대해 매년 척당 210만 달러씩 보조금을 지불하고 있다. 그런데도 우리나라에서 일률적인 부채비율의 감축 계획을 감행한다면 우리나라는 국적선(國籍船)으로 구성된 제4군을 잃게 하고 세계 5위의 해운대국 꿈은 미련 없이 포기해야 된다.

기업의 지나치게 높은 부채비율 감축을 통한 산업구조의 개선이 불가피하다. 기업군도 국제경쟁력 위주로 전문화되어야 한다. 그러나 실천 가능하도록 부채비율에 의한 구조조정을 단계화하고 업종별로 차등화해야 한다. 만약 국내 금융정책상 대기업군에 대한 대출비율을 낮추고 중소기업에 대한 금융을 확대하려는 배려가 있다면, 기업의 부채 가운데 대외부채를 차감한 국내 금융부채 중심으로 부채비율을 제한하는 등의 정책수단도 강구할 수 있을 것이다. 또한 부채비율 한 가지 지표에 의한 산업구조의 무리한 강행보다 산업구조의 다양한 속성을 고려하여 고정장기적합율 등 복합적인 경영지표

를 동원한 물 흐르듯 무리 없는 종합적인 정책수단의 강구를 기대
해본다.

해운대국의 꿈

해운대국(海運大國), 이것은 21세기 한국 해운의 미래에 대한 국가 정책목표다. 인류 역사는 강대국이 국토의 크기에 의해서가 아니라 해운력(sea power)에 의해 좌우되어왔음을 잘 보여준다. 멀리 고대에는 그리스, 근세에는 스페인, 포르투갈, 네덜란드 등이, 그리고 19세기 들어서 영국이 '팍스 브리타니카' 시대를 개막시킨 것이 그 좋은 예다. 오늘날 정치·군사적으로 또는 경제대국으로서 세계를 지배하는 나라가 미국, 중국, 러시아, 일본 등이고 이들은 모두 세계 10대 상선 보유 국가에 포함된다.

그러면 우리나라는 어떠한가? 상선대 규모로 본다면 우리나라도 세계 제8위의 선박 보유 국가로 유수한 해운국가에 속한다. 그러나 아무도 우리나라를 해운대국이라고 인식하지 않는다. 그 이유는 무엇보다도 해운산업이 국민경제에서 차지하는 비중이 아직 미미하고 선박금융 및 보험 등 관련산업이 발달하지 못하고 있기 때문이다.

과거 해운에 대한 우리 국민의 낮은 인식도 이에 한 몫을 단단히 하였다. 작은 나라는 해운대국이 될 수 없다는 체념이 더 문제였다. 그러나 작은 나라지만 우리나라가 해운대국이 되는 것은 허황된 꿈이 아니다. 해운에 대한 각종 규제를 혁파하고 해운관련산업을 진흥할 때 실현 가능한 꿈이 된다. 우리나라는 중고선(中古船) 거래의 경우에도 법인세를 부과하고 있으나 대부분의 해운선진국은 압축기장(壓縮記帳)제도를 통해 세금유예를 해줌으로서 선박부동산업을 진흥시키고 있고 국제선박등록제도 또는 제2선적제도를 도입하여 선박을 과세대상에서 제외해주고 있다. 국제선박등록제도는 조세부담이 적은 파나마 등의 국가에 선박을 등록하는 소위 편의치적(便宜置積)을 막고 이를 자국선대로 환류하기 위한 조세유예제도다. 이들 편의치적 국가에서는 선박에 대한 등록수수료와 법인유지비만 부과하나, 우리나라는 이외에도 취득세·등록세·재산세·교육세·농어촌특별세·공동시설세 등을 부담시키고 있다. 결국 우리나라가 편의치적 국가에 비해 50배 이상 과중하게 부담하고 있으니 편의치적의 유혹을 뿌리치기 힘든 상황이다. 우리나라도 국가최소상선대(national minimum vessels) 유지를 전제한 국제선박등록제도를 조기 도입함으로써 해운중심국가로 도약하고 동시에 해운 불황을 타개하는 일석이조의 지혜를 발휘할 때인 것 같다.

우리나라는 반도국가로서, 동북아시아의 국제 물류중심국가로서, 그리고 세계 제1의 조선국가로서 그에 맞는 여건이 조성되고 규제가 대폭 완화될 때 당당히 세계 5대 해운대국으로 성장할 수 있을 것으로 보인다. 이 꿈이 실현될 때 우리나라는 천 년 전 우리 선조들이 못다 이룬 백가제해(百家濟海)의 꿈을 실현하고 세계사의 자랑스런 주역으로 부상할 수 있게 될 것이다.

* 이 글은 필자가 해양수산개발원장에 재직하고 있을 때, 1997년 1월 3일자 ≪한국경제신문≫에 "세계적인 해운중심국가의 구상"이란 제목으로 기고했고 1997년 5월 24일자 ≪서울경제신문≫의 <로터리>에는 "해운대국의 꿈"이란 제목으로 기고하였는데, 두 글의 내용이 흡사하여 하나로 통합하였다. 이 당시만 해도 국제선박등록제도가 법제화되지 못했었다.

공급경로관리, 21세기 새로운 이윤의 원천이다

세계물류전쟁의 생존전략 : 공급경로관리(SCM)

WTO체제하의 무한경쟁 속에서는 어떠한 세계적 대기업도 이제 종래의 백화점식의 횡적·수평적으로 껴안는 통합으로 생존하기 어렵다. 우리 재벌은 온갖 잡동사니를 경쟁적으로 통합해왔다. 이른바 우리나라의 재벌이 종래의 양적인 통합 타성을 빨리 깨지 못함으로써 치열한 국제경쟁에서 낙오하는 기업이 속출하고 있다. 이제 그 그룹에서 가장 경쟁력이 있는 핵심기업과 핵심기술과 능력에 집중·특화하고, 여타의 기업은 과감히 털어내야 냉혹한 국제시장에서 살아남을 수 있는 시대가 왔다.

종전에는 기업이 문어발식의 수평적인 통합을 통하여 '범위의 경제(economics of scale)'를 추구해왔으나, 이제 '범위의 경제'는 핵심기술 중심의 공급경로를 조직화하는 소위 '수직적 통합(vertical integration)'으로 바뀌게 되었다. 세계에서 가장 질 좋고 값싼 제품을 공급하기 위해서는 핵심기업의 최고기술을 유지하면서 핵심기업 전후의 거래단계상 경계 또는 접점(interfaces/boundaries)에서 생기는 비용을 최소화하지 않고서는 불가능하기 때문이다. 이는 기업과 기능 간의 경계나 접점에서 실제로 발생하는 엄청난 비용이 이 공급경로관리(SCM)를 통해서 상당히 경비를 절감한 실증적인 경험에서 밝혀지고 있다.

공급경로관리는 기업의 창고와 운송의 물류단계에 그치지 않고, 뒤로는 부품공급업자, 더 나아가서 부품개발 단계에까지 미치고, 앞으로는 수주관리뿐 아니라 고객서비스에까지 걸치는 수직적 통합('super' supply chain management)을 추구하고 있다.

공급경로관리의 성공사례로 '시멘스 의료기기 그룹(Siemens Medi-cal Engineering Group)'의 SCM 성과는 다음과 같다.

- 재고 50% 감축
- 물류비용의 매출액비율 20% 감축
- 물품의 정시인도(on-time delivery) 40% 감축
- 수입 17% 증가
- 주문시까지 포장의 연기로 최종제품 재고 50% 감축

과거에는 공급경로의 각 단계마다 자체 내의 생산성 향상을 추구해왔으나 이제 능률향상이 벽에 부딪치게 되었고 설혹 여지가 있다고 해도 엄청난 비용을 수반한다. 그러나 그러한 노력은 공급경로상의 물류과정을 외부의 전문물류업체에 위탁하고 공급경로상의 접점에서 생기는 비용 발생을 감축하는 데 투입하는 것이 이윤의 새로운

원천임이 실증적으로 증명되고 있다.

기업의 내부조직과 기능의 혁신

기업은 이제 핵심 기업과 핵심 기술의 조직과 인력만으로 집중·특화하고, 여타의 비핵심 기능과 인력은 자체 내에서가 아닌 외부와의 계약이나 협력관계를 통해 외부에서 구득(求得)하고 해결해야 한다.

조직계층은 정보기능이 대체한다. 종전의 계층 중심이던 관료형 조직은 와해되고 정보조직이 중간조직을 대체하는, 그래서 중간조직이 없는 납작한 조직(flat organization)이 된다.

기업의 물류기능은 물류기능 중심의 전문화 단계를 거쳐 이제는 과정을 중시하는 가상조직(virtual organization)을 지향한다. 이 단계에는 '로지스틱스' 과정은 있으나 따로 부서는 두지 않고 로지스틱스 전문인력을 조직 속에 과정을 따라 필요한 곳에 배치하게 된다.

무솔기 복합운송 시스템의 발전과 전문물류업체의 성장

공급경로관리는 복합운송시스템의 발전 없이 불가능하고 이들 양자는 모든 정보의 동시적 실시간 접근(simultaneous real time accessibility)을 가능하게 하는 정보기술의 발전 없이 이루어질 수 없다.

연속복합운송시스템(seamless intermodal systems)은 현재 완벽하게 성취될 수 있는 것은 아니지만, 점차 접근 가능해지고 있다. 대규모 글로벌 해운기업의 출현과 '피더' 및 육상운송의 연계 강화에다 IT 산업의 성장을 더하여 '연계수단간 만나는 접점(modal interfaces)'에서 멈춤이나 솔기(seams)를 줄여줌으로써 효과적인 연계와 시스템

통제를 가능하게 하고 있다.

이러한 공급경로관리와 무(無)솔기 복합운송시스템의 발전은 전문 물류업체(3PL: the Third-Party Logistics Providers)의 역할과 위상을 높여주고 있다. 공급경로관리상 기업과 전문물류업체의 협력관계가 성공적으로 유지하고 발전하려면, 우선 정보를 공유하는 것이 필수적이고, 상호간에 분명한 역할을 부여하고, 쌍방적 신뢰를 형성하는 것이 중요하다. 3PL이 최근 그 업무 영역을 확대하고 또 대형화하면서 영국 등에서는 4PL 또는 'Lead Logistics Provider'라 하여 공급경로관리에 대한 컨설팅도 하고 직접 참여도 하는 방향으로 발전하고 있다.

우리나라 공급경로관리 상황과 육성 대책

우리나라의 기업이 IMF의 혹독한 시련을 통하여 어쩔 수 없이 핵심기업 중심으로 재편되도록 강요당한 것은 어쩌면 다행인지 모른다. 그러나 총론은 핵심기업만 남겼지만, 각론 단계에서 핵심기술 중심으로 조직과 인력을 축소하고 조직을 탄력화(flexible organization)하는 수준까지 배어들지 못하고 있다. 이 과정은 정규직을 최소화하고 비핵심 기능의 인력은 수요에 따라 융통성 있게 조절할 수 있어야 하는데, 아직 경직된 노조가 걸림돌이 되고 있는 게 현실이다.

우리 기업은 아직도 물류과정을 자체조직과 인력으로 해결하려는 관성에서 벗어나지 못하고 있다. 이들은 자사 제품을 실어주고는 돌아올 때 빈 차로 돌아오게 되니 매우 비효율적이다. 이러한 효율성이 낮은 비핵심 분야를 껴안고 경쟁에서 살아남을 수 있을까? 공급경로관리도 겨우 초기형태인 물류와 창고를 통합한 물류단계(physical distribution)에 머물러 있다.

우리나라의 전문물류업체나 복합운송업체는 영세하기 짝이 없다. 물류산업이 사치·향락산업과 같이 서비스산업에 분류되어 세제 금융상의 차별대우를 받고 있으니 어디 성장할 수 있겠는가? 기업도 이들에게 외주를 줄 때 하수인 취급하고 있지 않은가? 정보를 공유하는 협력관계는 아직 꿈도 꾸지 못한다. 우리나라도 이제 물류산업을 서비스 일반에서 떼어내서 적어도 제조업과 동일한 대우를 해주는 '물류전문업체 육성법' 제정이 시급하다.

* 이 글은 필자가 해양대학교 해운경영학부 대학원에서 "세계물류전쟁과 생존전략"이란 제목으로 강의했던 내용을 다시 요약하고 정리한 것이다.

물류표준화와 국내화물 '컨테이너'화

　우리나라는 물류비용이 비싸기로 이름나 있다. 우리나라의 물류비의 총판매액에 대한 비율이 15%가 넘는데, 미국은 7% 수준에 그친다고 한다. 작은 나라가 이처럼 물류비 비율이 높은 것은 물류 낙후성을 보여주는 것임은 물론이다. 물류비 절감을 위해서는 통합적 물류관리와 기업간·산업간 유통단위의 통일화가 무엇보다 긴요하다. 수송의 일관된 처리가 이루어져야 하며 물류 관련 규격·단위 등의 호환성이 유지되어야 한다. 물류표준화는 이를 위한 핵심과제인 것이다. 그러나 우리나라는 화물유통 관련 각종 시설 및 장비의 규격이 거의 통일성이 없어 제각각 제작, 운영되고 있다. 예를 들면 팔레트의 사용은 표준규격인 T11(1100×1100mm)형을 사용하는 비율이 25% 수준에 불과하고 운반하역기기 중 가장 사용빈도가 높은 지게차(fork lift)의 KS 보급률도 15% 수준에 미치지 못한다. 이처럼 표준화되지 않은 수송·하역장비가 일관 수송체계의 구축을 저해하고 수송 효율을 떨어뜨리며 물류비를 높이는 것은 두말할 필요도 없는 상식이다.

팔레트나 포크리프트뿐만이 아니다. 지금 우리나라 물류 현장에서는 여전히 표준화와 무관한 규격들이 광범위하게 활용되고 있다. 이처럼 비(非)규격화된 물류기기 및 시설이 주류를 형성할 경우 결국 물류 활동의 기계화와 자동화가 지연되고 우리 경제에 엄청난 비효율과 사회적 비용을 안겨주게 된다.

물류표준화의 획기적인 개선을 통해 물류 서비스 질을 높이는 것은 우리나라의 경제성장에 보탬이 되고, 우리나라를 국제 물류중심 국가로 발전시키는 초석이 되는 일이다.

물류 표준화의 문제점에 대해서는 그동안 적지 않은 검토와 분석, 개선방안, 정책적 지원책이 제시되어왔다. 그러나 이들 제반시책과 검토가 아직도 효과를 나타내지 못하는 이유는 물류분야의 낙후성과 정체성(停滯性)이 일시적 정책만으로는 회복되기 어렵기 때문이다. 그래서 보다 획기적이고도 과감한 정책이 지속적으로 추진되어야 한다. 이러한 심각성의 양상에는 몇 가지 문제점이 잠재해 있다고 할 수 있다.

첫째는 정부·화주·운송업계·관련업계 등의 대응책이 제각기 다른 데다가 이를 통합·조정하려는 노력이 미흡하고 효과적이지도 못했다. 정부와 상공단체에서 물류표준화를 유도하더라도 민간기업들은 계속 자사 화물에 맞는 자체 규격을 고집하는 경향이 강했다. 정부에서 1974년 제정한 KS 표준 포장규격의 사용 비율이 22년이 지난 지금도 8%대에 불과하다는 사실이 이를 반증한다. 그러나 물류 관련 정책은 합리성과 인센티브를 갖춰야 의미가 있고 업체는 자사 위주의 편협성에 집착하지 않아야 효력을 발휘할 수 있는 것이다. 이런 점에서 본다면 기존의 정부·기업 차원의 물류정책을 한데 아우르고 묶을 수 있는 합리적 물류시책이 필요하다.

다음은 물류 문제 해결을 위해 사안 중심적 해법으로 접근하는 방안은 한계가 있다는 점이다. 물류 문제는 원인이나 결과 모두가 얽혀있어 이를 종합적으로 해결할 수 있는 시책 마련이 극히 복잡하기 때문이다. 현재의 물류 모듈 표준화 문제의 경우 품목 종류, 업종, 사업단위 등에 따라 매우 다양하고 복잡하기 때문에 이를 하나씩 풀어가는 데는 적지 않은 시간과 노력이 소요된다. 따라서 이를 통합해서 하나로 묶어가는 방안이 보다 효율적일 수 있을 것이다. 연간 20억 톤을 넘는 현재의 국내 운송물량 규모가 매년 5%씩 증가된다고 할 때 장차 국내화물의 유통문제가 과연 어떤 상황에 처할 것인가? 늦었지만 지금이라도 물류표준화 문제를 풀어서 장차 더 큰 문제가 되기 전에 막아야 하지 않겠는가.

지금 우리나라는 국내용 잡화에 대한 컨테이너화를 본격적으로 추진할 필요가 있는데, 이 기회에 컨테이너의 표준화를 추진하면서 이의 일환으로 팔레트의 적정규격 사용, 포장단위의 조정 등이 함께 이뤄질 수 있다면 훨씬 큰 효과를 거둘 수 있게 될 것이다.

국내에서 컨테이너를 제작하면서 고려해야 할 요인은 여러 가지가 있지만 T11형 표준 팔레트와의 조화 여부가 우선적으로 반영되어야 한다. 국내 운송체제의 재편은 표준화된 팔레트와 컨테이너 사용으로 복합일관운송체제가 구축될 수 있으며 이는 포장과 상품의 표준규격화로 이어져 물류표준화가 업계 전반으로 확산될 수 있을 것이다. 운송 단위가 비교적 소규모인 국내 운송의 경우 팔레트의 효율을 제고하면서 트럭, 철도 등 연계운송을 강화하기 위해서는 소형 컨테이너가 적합한 것으로 보인다. 우선 박스당 6개의 팔레트를 적재할 수 있도록 12피트의 컨테이너를 주력 규격으로 유지하면서 소형 화주를 위한 8피트형, 그리고 대형 화주를 위한 20피트형 컨테이너를 보완하는 방안을 검토할 수 있을 것이다.

컨테이너 표준화를 계기로 하여 전면적인 물류표준화를 실현시키려면 그동안의 실패 경험을 살려 이번에는 강력한 정책 수립과 함께 충분한 인센티브를 부여하는 등 제도적인 뒷받침도 병행해나가야 할 것이다. 그러나 국내 화물의 컨테이너화는 막대한 재원이 투자되는 사업이기 때문에 시행 착오를 줄일 수 있는 신중한 접근이 필요하다. 이를 위해서 시범 운송단계를 두어 해당 운송체제의 문제점과 효과 등을 면밀히 살펴보고, 그 제도의 경제적 타당성, 서비스 개선 효과, 전국적인 실현 가능성 등에 대해 철저한 사전 검증이 있어야 할 것이다. 최적 시범구간으로 화물 밀도가 가장 높고 역구내 시설과 선로 용량 등 하드웨어 측면에서 유리한 경부(京釜)간을 우선 고려할 수 있을 것이다.

국내 컨테이너 운송의 경우 철도 운송 시스템이 가장 중요한 역할을 담당하고 복합일관운송체제의 근간이 될 것이다. 또한 운송체제가 기존의 단일운송시대에서 문전간(door-to-door) 일관운송체제로 바뀜에 따라 이에 부응하여 철도청도 당연히 변해야 하고 이를 수용할 수 있어야 한다. 더욱이 철도운송사업과 화물터미널 운영은 경영의 내용이나 사업분야가 여객부문과는 상이하기 때문에 이를 분리하고 전문화하는 방안을 모색해야 할 것으로 보인다.

끝으로 앞으로 동북아시아 경제블록의 형성이 논의되고 또 이 블

록 내 운송 자유화가 이루어지게 되면 한·중·일 3국간의 물류표준
화 문제도 논의가 불가피하게 될 것인 바, 우리는 이에 대비한 준비
를 미리 해둘 필요가 있을 것으로 보인다.

* 이 글은 필자가 해운산업연구원장 재직중 1996년 11월 16일에 개최된 한국로지스
틱스학회 학술토론회에서 기조연설로 발표한 내용이다.

한반도의 항만개발정책 과제와 방향

해양산업의 재인식과 해양수산부의 탄생

우리나라에서 1996년 5월 31일에 '바다의 날'이 선포되고 같은 해 8월 8일에 '해양수산부'가 설립됨으로써 새 해양시대에 있어서 조직차원의 대비가 이루어졌고 해양과 해운·항만의 중요성에 대한 인식이 달라졌다. 그 전에는 수산행정은 수산청에서, 해운·항만정책은 해운항만청에서 따로 했고, 그것도 국무위원이 아닌 청장 수준에서 취급되었기 때문에 이들 과제는 중앙정부의 중요 정책으로 평가되지 못했다. 게다가 해양정책은 따로 과학기술처 등에서 서자(庶子) 취급을 받고 있다 보니, 해양에 관련된 정책이 종합적으로 그리고 심도 있게 다루어지지 못하였다.

해양수산부가 설립된 지 얼마 되지 않은 현재까지의 평가로 봐서는, 해양에 대한 체계적인 접근이 가능하다는 집행력의 강점이 드러남으로써 '힘있는 부처'로 이미지가 바뀌어가는 것 같다. 그동안 성취한 업적으로는 선박관세의 면제, 국제선박등록제의 입법화, 해난사고나 해양오염에 대한 대처능력 향상, 항만이나 어항의 다목적 활용, 해양에서 야기되는 상충된 이해(수산과 해운)의 조정능력 향상, 해양장기구상(Vision 21)의 추진 등을 들 수 있다.

항만체계 : 2대 중심항과 8~10 지역거점 항만체계

아시아 지역 컨테이너 물동량 추세와 환(環)동북아시아 연안의 개발 잠재력

아시아 컨테이너 물동량은 1985~1994년 기간 동안 연평균 14.1% 증가하였는데 이는 같은 기간의 전세계 증가율 9.2%를 크게 웃돌고 있다. 이 추세가 큰 수정 없이 지속될 것으로 보이고, 이 경우 21세기에는 아시아의 몫이 50%를 상회하게 될 것이다.

아시아 지역 중에서도 동아시아의 성장과 물동량의 증가가 뚜렷하고 이 성장의 기운은 동북아시아로 북상하고 있다. 이는 일본이 국내의 지역균형개발을 위하여 서남부지역의 성장을 촉진하고 있고, 중국에서는 남쪽의 성장 기세가 상해 이북과 동북 3성으로 북상하고 있다. 러시아도 원동(遠東) 러시아의 개발에 관심을 쏟고 있다. 그래서 소위 두만강개발구상의 진척이 활기를 띠고 훈춘 지역은 한창 개발중이다. 북한도 중국이나 베트남처럼 개방체제로 이행하면 동북아 경제권의 형성이 더욱 가시화될 것으로 보인다.

동북아시아의 항만 조건과 중심항

동북아시아는 이처럼 개발 여건이 호전되고 별도의 지역경제권이

형성되어가면서 이 지역에서의 중심항만의 필요성이 증대되고 있다. 동북아시아 경제권은 유럽과 달리 해송(海送) 의존도가 높기 때문에 해운과 항만의 중요성이 그만큼 높다.

동북아시아의 중심항에 대한 경쟁 항만은 일본의 고베·오사카 항, 부산·광양항, 대만의 카오슝 항, 중국의 상해를 들 수 있다. 중국은 남북으로 나누어볼 때 남쪽지역의 중심항은 홍콩과 카오슝 항이 수행하게 될 것이나, 동북부지역은 상해가 기간항로에 비교적 근접해 있어 가능성이 높으나 수심이 얕은 데다가 준설비용이 높아 항만 개발 여건이 좋지 않다.

일본의 고베·오사카 항은 태평양 연안에 치우쳐 있고 항만 비용이 높아서 동북아시아의 중심항으로서는 경쟁력이 낮다. 예컨대, 북(北)규슈 - 고베 간 피더 또는 트럭 운송비용이 40피트 컨테이너당 약 1,000달러이지만, 북규슈 - 부산 간 피더 요금은 500달러에 불과하다. 그래서 규슈 지역과 일본 서해안 지역은 피더 편으로 부산항에서 환적 처리하는 게 낫다.

또한 아시아 - 북미 간의 기간항로상 부산을 거쳐 일본 쓰루가 해협을 통과, 북미로 직항하는 것이 상대적으로 우위에 있기 때문에 한반도의 부산·광양항이 입지상 동북아시아의 중심항으로 가장 유리하다고 평가된다.

2대 중심항 체제와 이의 종합물류기지화

우리나라의 중심항만 구상은 부산항과 광양항, 두 개의 중심항 체제다. 우리나라의 컨테이너 물동량은 당초 예측과 계획에 의하면 1995년의 500만Teu에서 2001년에는 약 1,000만Teu, 2011년에는

1,900만Teu로 증가할 것으로 보았다. 이 경우 2011년의 환적비율은 고작 21%에 지나지 않을 것이다. 이 환적비율은 2001년 현재 벌써 30%를 상회하고 있다. 따라서 당초의 계획이 얼마나 소심했는지를 알 수 있다. 환적비율이 이렇게 당초 예상을 크게 웃돌게 되면 우리의 수출입 물동량이 약간 밑돌아도 2대 중심항만을 조기 개발하고 확대해야 한다. 이 수요를 전제로 하여 정부는 광양항의 조기 개발에 더하여 부산신항(가덕도) 개발을 서두르고 있다. 이에 발맞추어 광양항은 1998년 초에 1단계 4선석의 개장에 이어 2단계 개발을 추진중이고 부산 신항은 2006년 개장을 목표로 추진되고 있다.

부산·광양항의 2대 중심항 체제는 경제의 흐름에 따라 자연 상호간 경쟁과 보완관계가 형성될 것인 바, 그중 보완방법으로 네덜란드의 로테르담과 암스테르담 항의 관계와 같이 두 항만간에 배후지역, 항로, 그리고 화물별로 각기 차별화 또는 특화가 점진적으로 이루어질 것으로 예상된다.

이들 중심항만은 정보 하부구조(info-structure)를 갖추고, 항만 중추업무기능의 구비는 물론, 터미널의 종합물류기능화(distri- park) 등 다기능의 제3세대 항만을 지향하고 있다. 이 같은 종합물류기지의 수용 기능은 조립 기능, 자유무역 기능, 장기보관 기능, 도매 기능, 집·배송 기능, 국제전시 기능, 정보기능, 항만 배후도시 기능 등이다.

피더 체계의 구축과 동아시아 지역의 직기항 촉진

우리나라의 지역별 수출입 컨테이너 해상 물동량의 추이를 보면, 근해 항로의 성장속도는 1990~95년 기간 중 연평균 17.8%의 높은 성장률을 나타내었고, 근해 항로에서 일본을 제외할 때 그 성장률은

30%를 육박하고 있다.

컨테이너 모선의 대형화와 고속화는 기간항로상에서 모선의 기항 축소를 불가피하게 하고 이는 대형 중심항만의 형성을 북돋우게 되는 반면에 아시아 역내 물동량의 증가는 기간항로에서 축출된 중형 컨테이너 선을 활용하면서 역내 직기항(直寄港)을 촉진하게 된다. 일본에서 실용화단계에 있는 고속의 TSL(Techno-super Liner)이 도입되면 역내 직기항의 범위는 더욱 넓어지게 될 것이다. 아울러 우리나라의 내륙 물류비의 증가는 연안수송과 환적수송의 상대적인 경쟁력을 높여주게 된다. 이러한 역내 직기항 수요와 연안·환적 수송에 대처하기 위해서 지역별로 8~10개의 컨테이너부두를 갖춘 지역거점 항만의 개발이 필요하게 된다.

연안항과 어항의 체계화

우리나라의 광의의 항만(어항 포함)체계는 일반항과 어항으로 구분되고 일반항은 다시 무역항과 연안항으로 나뉘고, 어항은 1, 2, 3종으로 분류된다. 해양수산부의 창설 이전에 일반항은 해운항만청, 어항은 수산청의 관장하에 두었으나, 이제 모두 해양수산부의 기능으로 통합됨으로써 이들 항만에 여러 가지 기능을 부여하는 새로운 위계체계 구축이 필요하다. 이에 따라 연안항도 연안수송 위주에서 관광, 어항기능 등 다양한 기능을 부여하고 어항도 필요에 따라 한정적인 연안수송, 관광기능 등을 부여하되, 연안항에다 어업 관련 지역 중심 기능을 주어 어항의 계층체계를 이루게 하는 등, 새로운 체계를 검토하는 것이 필요하다.

항만의 관리·운영체제 개편과 민자 유치

항만 운영체계는 나라마다 다양하다. 미국의 항만자치공사(Port Authority)제도, 일본의 지방자치단체 항만제도, 영국의 민유·민자(民有民資) 항만체계 등 다양하다.

우리나라에서는 최근에 국유(國有) 민자체계로서 항만부두운영회사(terminal operation company)제도 도입을 시도하였다. 그 결과 하역처리 능력이 도입 이전에 비하여 30% 가량 향상되고 부두의 적체도 그만큼 감소된 것으로 나타나고 있다.

앞으로 우리나라 항만의 관리·운영 체계는 미국형, 일본형, 또는 영국형 가운데 어떤 유형을 어떠한 조합으로 채택해 구성하느냐의 과제를 안고 있다. 프랑스, 이태리 등은 그들 나라에 적합한 조합을 채택하고 있다. 우리나라는 「사회간접자본시설에 대한 민간자본유치촉진법」에 근거하여 항만 건설과 항만 운송사업 부문에서도 민간자본 유치에 발벗고 나서고 있다. 당초에는 민간자본에 의한 항만 건설의 경우 건설 뒤에 소유권은 정부에 귀속시키고 운영권을 갖는 소위 BTO(Build-Transfer-Operation) 체계를 도입하였다. 그러나 이 경우 건설된 항만의 소유권이 바로 정부에 넘어가기 때문에 민간기업은 담보 대출의 한계 등으로 자금 조달에 어려움을 겪게 되었다. 이후 정부는 법 개정을 통해 BTO체계로 바꿨다. 이제는 민자 유치가 이전보다 활발해질 것으로 보인다.

항만 내 친수공간의 확보

우리나라는 지난 고도성장 기간 동안 양적 시설확충에만 주력한 나머지 해양공간에 대한 국민의식의 변화를 반영하지 못하였다. 항

만은 경제활동의 공간으로만 개발되어 공공시설이라는 인식이 지나
치게 높았으며, 또한 우리의 특수한 안보 여건상 시민생활 공간으로
제공하기 어려웠다. 그 결과 우리 항만은 일반인이 접근하기 어려운
시설로 인식되고 삶의 질을 중시하는 도시민의 욕구와는 동떨어진
폐쇄적 공간이 되었고, 항만정책이 국민적 관심과 지지를 받지 못하
는 주된 요인으로 작용해왔다고 할 수 있다.

21세기 해양지향적 국가전략상 항만은 단순한 하역장소가 아니라
종합물류기지, 관광 및 친수공간, 국제금융 및 국제교류의 장으로까
지 그 기능이 확대되는 추세다. 소득수준 향상으로 친수공간의 이용
욕구가 증대됨에 따라 항만을 해양산업 공간과 시민생활 공간이 병
존하는 복합공간으로 개발되어야 한다는 소리도 커지고 있다. 또한
지방자치단체의 입장에서는 항만기능과 도시기능 간의 괴리로 인해
항만이 도시환경 악화 요인으로 인식하고 있으나 앞으로는 항만 내
공간구조의 재구성을 통해 항만을 현대화하고 항만기능과 도시기능
을 조화시키는 방향으로 항만별 광역개발계획을 정비하고 소위 친수
공간 재개발을 추진해야 한다.

항만 내에 쾌적한 생활공간을 형성시키기 위해서는 항만이 단순
히 화물 유통만을 담당하는 곳이 아니라 마리나 여객 및 유람선부두
등을 정비하여 해상교통 및 관광 성격을 갖는 항만으로 운영될 수
있게 하고, 또한 항만 내에 친수공간을 조성하고 항만 오염방지 대
책을 수립하여 시민들의 휴식·여가공간으로 활용될 수 있게 함으로
써 항만에 대한 인식을 제고시켜야 할 것이다. 그리고 항만 문화공
간(휴식공간, 숙박시설, 우체국, 진료소 등), 항만 녹지공간, 공원, 항
만 이벤트공간, 해양박물관 등을 확보하는 동시에 해양성 레크리에

이선 기지의 개발을 확대해야 할 것이다. 이러한 화물유통 공간과
생활문화 공간이 병존하는 21세기형 항만을 개발하기 위해서는 정
책적으로 항만이 포함된 지역광역개발 기본계획을 재검토하여 항만
도시공간의 재구성을 유도해야 할 것이다. 특히 민자유치사업을 진
행하거나 제3섹터 방식으로 개발할 때 민간과 지역주민의 창의성이
반영된 사업제안을 수용하는 방안도 검토되어야 할 것이다.

환황·발해 경제협력 전망과 광양항 활성화

　‘바다의 날’이 지정되고 바다 개척을 통한 국력의 신장을 위해 ‘해양수산부’가 신설된 이후, 우리나라 해양수산분야의 정책수립과 발전을 도모하기 위한 ‘싱크 탱크’로서 ‘한국해양수산개발원(KMI)’이 1997년 4월에 역사적인 발족을 하였다. 그리고 그동안 동북아시아의 물류중심국가로 탄생하기 위해 거국적인 사업으로 추진해오던 광양 컨테이너 부두가 개장을 즈음하여 환황해 및 발해권의 경제협력관계를 조망해봄과 동시에 광양항의 건설 현황과 발전 가능성을 전세계의 선·화주(船貨主)에게 널리 알리는 개장 홍보의 일환으로 두번째 바다의 날을 맞아 이곳 광양항 현지에서 국제 세미나를 개최하는 것은 뜻깊은 일이라 하지 않을 수 없다.

　광양항 컨테이너 부두는 지금부터 12여 년 전에 천혜의 입지를 갖춘 최적지로 판정되었고 이를 기초로 1990년도에 수립된 「대규모 항만개발구상」의 일환으로 건설이 착수되어 이제 곧 건설이 완료될 예정이다. 이 부두의 건설 및 개장을 위해 지금까지 해양수산부의 주도 아래 한국컨테이너부두공단, 부두의 임차인 등 민·관이 공동으로 합심하여 노력하고 있으며, 건설교통부, 철도청, 각 지방자치단체 및 각종 지방공공단체 등이 내륙운송체계의 정비를 비롯한 각종 지원사업을 적극적으로 추진하고 있다. 이와 같이 착실하게 건설되어 완공을 목전에 두고 있는 광양항 컨테이너 부두는 단순히 광양항과 국내 인근지역의 발전을 도모하기 위한 지역 차원에서만 개발되는 것은 아니다.

현재 우리나라의 경제 및 물류체계는 경부축을 중심으로 형성되어 있기 때문에 부산항에 대한 과도 이용이 이루어져왔고 그 결과 부산항은 상당한 체선·체화(滯貨) 현상에 시달려왔다. 부산항의 체선·체화 현상은 마침내 우리나라의 항만 경쟁력과 더 나아가서 수출 경쟁력을 약화시키는 요인으로까지 작용하고 있다. 그리하여 이 같은 문제를 근본적으로 해소하고 우리나라 물류의 흐름을 '부산 - 수도권'과 '광양 - 수도권'의 양대 축으로 균형화하고자 범국가적인 목적하에서 광양항을 개발해왔다. 따라서 광양항은 부산권역에 대한 물류의 과도 집중을 방지하고 광양권역에 대한 물류 시스템의 정비를 통해 국토 균형 개발의 골격을 재편성하고자 하는 구상이기도 하다.

한편 오늘날의 세계 주요 항만은 선박의 대형화·고속화로 인해 이에 걸맞은 항만 규모의 확보와 새로운 운영기술의 신속한 도입을 요청받고 있다. 이러한 요청에 적극 대응하기 위하여 각국 항만은 대형 부두의 건설을 통한 소위 중심항만으로 발전하기 위해서 몸부림을 치고 있다. 중심항만으로의 발전 여부는 당해 항만의 발전뿐만 아니라 해당 국가가 21세기에도 계속해서 세계의 중심지역으로 성장할 수 있느냐의 여부와 직결되는 문제다. 그리하여 세계 각국의 항만은 중심항만이 되기 위해서 치열한 경쟁을 전개하고 있으며, 동아시아에서도 이 같은 국가간의 항만 경쟁이 불붙기 시작한 지 이미 오래되었다. 우리나라는 특히 동북아시아의 중심적인 위치에 입지해 있기 때문에 광양항과 같은 대형 항만의 개발을 통해 중심항만국가로 발전한다면 동북아시아의 물류 관문 역할을 충분히 수행할 수 있게 되고 동북아시아의 무역중심이 될 수 있을 것으로 기대된다.

광양항이 동북아시아의 효율성 있는 무역중심으로 발전하기 위해서는 경쟁 항만에 비해 고도의 첨단기술과 운영방식의 도입을 통한 부두시설의 운영이 요구되는데, 이러한 과정은 반드시 경쟁을 통해서만 이룩할 수 있는 것은 아니다. 광양항은 인접국 항만과의 협조관계 구축을 통해서도 발전을 도모해야 하는 위치에 있다. 광양항이 동북아시아의 중·소형 항만들에게 필수적인 연계기지로서 세계 주요기간항로를 연결시켜 준다면 광양항은 국내뿐만 아니라 인접지역 국가의 경제발전에도 크게 기여하게 될 것이다. 이러한 측면에서 광양항은 특히 북중국지역 항만과의 협조관계 구축을 통한 상호간의 발전 가능성이 새로운 차원에서 부각되고 있다. KMI의 한 연구에 의하면, 특히 환황·발해연안과 미국 서안의 LA나 롱비치(Long Beach)를 연결하는 환적화물의 경우 거리상 광양항이 가장 유리한 것으로 분석되고 있다. 따라서 이 시점에 위와 같은 주제로 저명한 연사들이 각종 의견을 발표하고 서로 의견을 교환하는 토론의 광장을 마련한 오늘의 세미나는 광양항의 이점을 부각하고 동북아시아 항만간의 협조체계 구축에 큰 도움이 되리라 기대된다.

* 이 글은 1997년 5월 31일 '제2회 바다의 날' 행사 일환으로 광양시에서 열린 국제
세미나에서 개회사로 발표한 내용을 요약한 것이다.

한·일 투자자유화 주창과 운송자유지역 구상

최근 일본의 경제계에서 주창하고 있는 한·일 투자자유화 구상은 일본측에서 불쑥 튀어나온 애기라 우리로선 당혹스럽지만 새 한·일 관계의 정립을 모색한다는 차원에서 검토할 가치가 있는 구상이라 하지 않을 수 없다. 이 구상은 현재처럼 대일(對日) 무역역조가 크고 산업구조의 대일 의존도가 심한 상황에서 우리나라가 당장 수용하기 어려운 것이나 어차피 세계화 속에 개방이 진전되고 장기적으로는 동아시아 또는 동북아시아 경제권의 형성이 기대되는 마당에 이 구상의 점진적 도입 가능성을 완전 배제할 필요는 없다.

이 장기 구상의 실현 가능성을 높이기 위해서는 경제 차원도 중요하지만 이보다는 한·일 간의 뿌리깊은 불신을 씻고 이해의 폭을 넓혀가는 일이 선행되어야 하고 이의 일환으로 먼저 한일 운송자유화 구상부터 검토해봄직하다. 운송자유화구상의 핵심은 항공과 해운에 대한 양국의 각종 규제를 철폐하여 소위 항공개방정책(open sky policy)과 공동해운시장(common shipping market)을 추구하는 것이다.

현재 항공과 해운의 경우 일본의 서·남부지방은 인천국제공항과 부산·광양항으로 환승 또는 환적하는 편이 일본의 중심 공항과 항만을 이용하는 것보다 훨씬 저렴하다. 항공의 경우 일본의 돗토리 현과 같은 남부지방에서 미국 또는 유럽으로 가고자 할 때 일본 내의 중심공항에서 갈아타고 여행하는 것보다 차라리 한국의 인천국제공항에서 환승하는 편이 적어도 30% 이상 저렴하다고 한다. 해운도 일본의 니가다 등 서부해안과 규수지방 등에서 컨테이너 화물을 육로 또는 선박 편으로 싣고 가서 고베 항이나 요코하마 항에서 대형 컨테이너선에 환적하고 미국에 가는 것보다 부산항으로 바로 와서 환적하는 경우가 40% 가량 싸게 먹힌다. 이는 인천공항이나 부산·광양항이 이 지역의 국제중심항의 잠재력이 큼을 보여주고 우리나라의 동북아시아 물류중심성을 시사하는 것이다.

이 구상은 한·일간의 무역역조를 무역외수지로 일부 충당하는 효과가 있어서 한·일간의 국제수지 개선에 도움이 됨은 물론이고 일본도 자국의 화주와 고객에게 저렴한 운송 서비스를 제공할 수 있게 된다. 한·일간의 산업경쟁력을 보면 제조업은 대체로 일본이 우세하고 서비스업, 특히 항공과 해운 등은 우리나라가 비용 차원에서 경쟁력을 보유하고 있는 셈이다. 또한 이 구상은 한·일간의 뿌리깊은 갈등구조를 벗어나서 역사 속에 묻어버린 이해와 협력의 기운을 되찾고 그 폭을 넓힘으로서 종국적인 투자자유지역구상의 여건 성숙에 크게 기여를 하게 될 것으로 기대된다.

현재 항공의 경우 저 멀리 미국과는 자유화협정이 체결되어 있으나, 인접한 한·일 간에는 일본이 소극적이어서 아직 성사되지 못하고 있다. 해운의 경우에 한일 항로에는 한국선사들의 진출이 뚜렷하지만 삼각(三角)항로의 제한 등 아직도 일부 진입규제가 없지 않다. 운송자유화 구상은 선박 투입과 화물 적취 등 항로 개설 자유화, 화주 접근 영업망 구축 등 판매 자유화, 선사 설립·인수/합병 등 투자 자유화, 경쟁질서·환경기준·장비규격 등의 표준화·단일화, 그리고 교육훈련·R&D 등 정책 수립과 집행의 공동(共同)화 등을 포함한다. 따라서 이 구상은 한·일 양국간에 운송부문부터 자유화해서 점차 전면적인 투자자유화를 지향하는 단계 전략이라고 풀이할 수 있다.

유럽의 경우 오늘날 유럽연합(EU)의 기틀을 조성하는 과정에서 소위 공동수송정책(common transport policy)은 좋은 혈맥(血脈) 순환 기능을 수행하여 왔다. 1991년 프라하에서 열린 범유럽운송회의(Pan-European Transport Conference)에서 대(大)유럽단일운송시장과 범유럽 운송망의 필요성을 강조한 <프라하선언>이 채택되었다. 현재 해운분야에서도 회원국 선박의 단일등록제가 협의되고 있으며, 도로와 항공에서도 단일관리체제가 추진되고 있다.

동아시아 또는 동북아시아 경제권은 한·중·일 등 주요국가의 특성상 EU와 달리 결속이 약한 경제권의 형성에 그칠 것으로 보이지만, 한·일 간에 이 같은 운송자유화협정이 성사되면 이는 이 지역에 투자자유화구상의 여건을 조성함은 물론 더 나아가서 중국을 포함한 동북아시아에 운송자유화구상의 물꼬를 트게 함으로써 동북아시아 경제권의 형성을 촉진하게 될 것이므로 한·일 간의 새 협력시대를 맞아 이 부문의 획기적인 협력부터 기대해본다.

이제 일본 쪽의 대담한 한일투자자유화 주장에 강 건너 불 보듯 구경만 하고 있지 말고, 우리도 인천공항 개통에 즈음하여 대담한

한일운송자유화구상을 수정안으로 제안하고, 이에 대한 국내 여론의
환기와 더불어 차분한 정책구상에 힘 쏟을 때인 것 같다.

* 이 글은 ≪문화일보≫(1998년 10월 14자)에 실리고, 한국개발연구원 부설 경제정
보센터에서 발행하는 ≪나라경제≫(1998년 11월호)에 기고한 글이다.

II 우리, 해양강국으로 거듭나자

해양부 신설에 바란다
21세기 세계 일류 해양국가의 건설
해양력 신장과 해양강국
신해양시대의 개막과 해양안보

해양부 신설에 바란다

1996년, 제1회 바다의 날 기념식에서 김영삼 대통령이 발표한 해양수산부 신설 결단은 신선한 충격이었다. 그토록 오랫동안 해양인들이 고대해온 숙원이었기에 이 위대한 결단은 우리 모두를 흥분의 도가니에서 헤어나지 못하게 하였다. 그러나 우리는 이제 그 흥분을 가라앉히고 차분히 해양부 구성에 중지를 모으고 협력할 때인 것 같다.

우선 관심거리는 통합의 범위다. 김영삼 대통령이 천명한 바와 같이 해운항만청, 수산청 그리고 해양경찰청은 통합하고 유관 부처의 해양 관련 기능을 이양 받아 체계적인 강력한 해양행정을 펴나갈 것으로 보인다. 여기서 유관부처의 해양 관련 기능의 범위가 문제다.

우선 건설교통부의 수로(水路)국과 해난심판원, 그리고 과학기술처 해양조사연구 및 개발기능과 이를 전담연구하고 있는 한국해양연구소의 이관 없이는 해양부의 존립 자체가 흔들린다. 통상산업부로

부터는 조선 기능 및 해양자원개발과 더불어 그 연구기능도 함께 이관되어야 한다. 통상산업부 내에서 조선기능은 자동차 조선공업과의 일부 기능에 불과한, 중요치 않은 업무로 축소되어 있다. 그러나 신해양질서 속에 국제해사기구(IMO)는 선박에 의한 해양오염 규제 차원에서 선박 구조에 대한 관심을 쏟고 있고, 선박에 대한 수요와 운영이 해양부에서 주도되고 있어서 해양부로의 이관이 필요하다. 통상산업부에는 IMO의 전문가가 전혀 없고 그 운용과 수요에 대한 식견과 관심이 부족하다. 통상산업부는 선박의 도입과 확보보다 국내 조선에 우선하고 있어서 선박의 건조·확보·운용의 유기적 체계화를 위해서도 조선 기능의 해양수산부 이관이 필요한 것이다. 환경부가 환경보전 총괄 기능을 수행하고 있으나 바다오염에 대한 관심이 적고 집행수단도 미흡하기 때문에 해양보전 기능은 해양수산부에 이관하여 전문적 관리를 기하고 바다의 주인으로서 육상오염원의 바다 유입에 대한 견제 권한을 강화해야 할 것이다. 통상산업부의 자원개발 기능 가운데 해저자원 개발은 현재의 해양연구소 기능과 중복이 많기 때문에 이 기능의 이양과 아울러 한국자원연구소의 해저 개발 기능도 통합의 대상이 되어야 할 것이다. 해양수산부의 조직은 전부 통합이 되는 해운항만청과 수산청의 어느 한쪽이 치우침 없이 균형을 이루게 하되 항만과 어항 업무를 일원화하고 해외국제협력관을 통합하는 등 유사 업무는 상당 부분 통·폐합해야 할 것이다. 해양경찰청은 해양부 산하에 외청으로 두고 청장은 차관급으로 격을 높임으로서 미국의 연안경비대의 역할을 어느 정도 수행할 수 있도록 해야 할 것이다. 이렇게 되면 해양오염 구제와 해난사고 처리뿐 아니라 예방에 상당한 실효를 거두게 될 것으로 기대된다.

해양수산부에 통합되는 기능을 위에서 제시한 범위로 상정할 때 통합되는 공무원의 숫자는 대략 8,500명 수준에 이른다. 큰 부처로 부상할 것이 틀림없다. 그러나 정부의 "작고 효율적인 정부" 방침에 부응하기 위해서는 행정·관리 기능 부문 등에서 어느 정도 정원 축소가 불가피하지만, 해양부문에 새로운 수요가 많이 발생하고 있으므로 출발시점의 잉여인력은 해외파견 등 교육·훈련 과정에 투입 또는 는 기획단의 구성 등으로 장래의 수요에 대비하는 슬기가 필요하다. 아울러 작은 정부의 구현을 위해 기획, 정책, 조정 등 중요한 중앙부처기능은 존치(存置)하고 그 외의 중요치 않은 집행기능은 지방자치단체에 이관할 기능도 적지 않을 것으로 보인다.

통합 대상이 되고 있는 기능의 연구소들도 당연히 해양수산부로 이관되어야 하고 이에 연구기능의 체계화도 필요하다. 이관 대상은 해운산업연구원, 한국해양연구소, 농촌연구원의 수산부문, 한국기계연구원의 선박해양공학센타, 그리고 수산진흥원의 연구기능, 한국자원연구소의 해저자원 개발 기능 등 다양하다. 그리고 건설교통부 산하에 국토개발연구원, 건설기술연구원, 교통개발연구원 등으로 별립(別立)시키고 있는 것과 같이 이들 기능을 해양산업, 해양기술, 수산진흥 등 세 부문으로 통·폐합하여 다원화함으로서 전문성을 높이는 방안도 적절해 보인다. 이 경우 수산진흥원은 공무원 조직으로서 특히 어업 지도 업무에 중점을 두는 방향으로 그 특성을 살려야 할 것이다.

끝으로 해양인(海洋人)은 개인 이익보다 해양과 국가의 이익을 앞세움으로써 김영삼 대통령의 해양수산부 신설이 우리 국민의 잠자고 있는, 저 장보고 시대의 진취성을 일깨우고 우리나라가 해양강국으로 우뚝 서게 하는 기틀이 되기를 기대해본다.

* 이 글은 필자가 해운산업연구원 원장 재직중 ≪해사신문≫(1996년 6월 17일자)에 특별기고한 것이다.

21세기 세계 일류 해양국가의 건설

해양수산부 창설의 선언적 의미

문민정부의 '해양수산부' 창설은 우리나라 반만년 역사상 한반도의 새로운 탄생을 의미한다. 저 옛날 해상왕(海上王) 장보고 시대의 동북아시아 제해권(制海權)을 다시 찾자는 선언이다. 그 당시 우리나라의 조선능력은 안전도, 기술 등에서 아시아에서 최상이었고, 해운기술과 세력, 무역, 그리고 해군력 등에서 동북아시아의 으뜸이었다. 그 뒤에 우리나라는 점차 대륙에 붙어 있는 원동의 작은 반도로, 대륙 지향의 소국(小國)으로 전락하고 말았다.

이제 우리나라를 보는 눈이 바뀌어야 한다. 동북아시아의 지도를 거꾸로 돌려놓고 보자. 툭 트인 바다가 우리 앞에 놓여 있다. 일본은 우리 한반도의 자연방파제로 보인다. 실제로 태풍이 불어 올 때 우리의 방파제 역할도 더러 한다. 중국의 동안(東岸)은 우리나라의 호안(護岸)처럼 놓여 있고 만주 등 동북 3성(省)과 극동러시아는 우리 한반도의 배후지역으로 보인다.

더군다나 한반도는 이제 변방에 위치하는 원동(遠東)이 아니다. '원동'이란 서구를 중심으로 하여 저 멀리 위치한 동쪽아시아의 변방이란 뜻이다. 그러나 21세기에는 세계의 중심이 아시아로, 동아시아로, 동북아시아로 옮아오고 있다. 그리고 한반도는 동북아시아의 지리·경제적 중심에 위치하고 있는 것이다.

세계는 이제 UN해양법의 발효로 바다 분할의 본격적인 해양경쟁시대로 돌입하게 되었다. 동북아시아의 한국, 일본, 중국 사이에도 EEZ 경계 확정 관계가 현실적인 골칫거리의 국제문제로 우리 코앞에 다가왔다.

해양은 인류의 마지막 개척대상이라고도 한다. 육지의 평균고도는 840m 정도인데 해양의 평균수심은 3,800m나 되니까, 육지의 땅으로 바다를 메우면 지구는 물로 덮이고 그 평균수심은 3,000m나 된다. 50g의 달걀은 5개월이 지난 후 1,500g의 닭으로 30배 성장하게 되나, 바다의 0.1g의 어란(魚卵)은 5개월 지난 후 500g의 성어(成魚)로 5만 배나 성장한다니 바다의 높은 성장력을 가늠할 수 있다.

해양수산부의 출범은 지구를 거꾸로 걸어 놓고 바다를 우리의 개척대상으로 보는 '코페르니쿠스적' 전환의 의미를 선언하고, 일류 해양국가의 지향을 선포한 것이라 할 수 있다. 해양수산부 장관실에는 거꾸로 된 지도가 위세 좋게 걸려 있다.

동북아시아 물류중심과 세계 해운중심

한반도는 동북아시아의 물류중심으로 최적지다. 국제 물류중심이 되기 위해서는 중심항만의 적기(適期) 개발이 관건이 된다. 그래서 정부는 광양항 개발과 더불어 부산 가덕도 개발에 박차를 가하고 있다. 우리의 잠재적 경쟁 항만은 상해 항이다. 상해도 수심 깊은 대형 항만의 개발을 위해서 여러 가지 대안을 추진중이다. 지리·경제적 입장에서는 부산항과 광양항이 우위에 있다. 중국의 대련 항에서 부산을 거처 미국 서안 로스앤젤레스로 가는 데는 그 거리가 5,773마일이지만, 상해를 거치는 경우에는 이보다 486마일이 더 먼 6,259마일이나 된다. 486마일(900km)의 추가 소요거리는 대형 컨테이너선으로 가는 데 25시간이나 걸린다. 여기서 가장 중요한 것은 누가 먼저 중심항의 위치를 선점하느냐다.

우리나라는 동북아시아 물류중심에 더하여 세계 해운중심국가가 될 수 있다. 21세기에 우리는 세계 5대 해운강국으로 부상할 수 있을 것으로 보인다. 우리나라의 총지배선단(總支配船團)은 2001년에 2,006만GT, 2020년에는 5,500만GT에 달함으로써 세계 5대 해운강국으로 발전할 수 있을 것이다. 이를 토대로 하여 서울해운거래소(Seoul Shipping Exchange) 등 해운중심 기능이 유치, 발전하게 될 것이다. 이를 위해서 선박에 대한 세금을 거의 전부 면제하는 제2선적 제도의 정착과 더불어 중고선 거래에 대한 세금도 유예해주는 소위 압축 기장(記帳)제도의 도입이 필요하다.

지속성장 가능한 어업생산체계의 구축

우리나라의 수산물 수급 상황을 살펴보면, 지금은 아직도 수출이 많지만, 2005년경에는 100만 톤의 수입 초과가 나타나 수산물 수입국가로 전락하게 될 것이다. 따라서 수산정책의 기본방향은 어장보호와 양식이라 할 수 있고, 기르는 어업의 중요성은 갈수록 커진다.

아울러 어업 관리 방식도 체장, 어망 크기 등 간접규제에서 총허용
어획량제도 등 직접규제 방식으로의 전환이 요청된다. 또한 극심한
어선원 부족에 대처하여 노르웨이처럼 어선·어구의 현대화와 어업
의 기계화를 추진하는 한편, 어선 세력은 자원 수준에 적합한 규모
로 감척(減隻)되어야 한다. 수산물의 양식 생산체계도 연안어장의 오
염환경을 극복하기 위해 해면 가두리양식에서 순환여과식으로 전환
하거나, 보다 근본적으로 일정 바다를 전부 해양목장화하는 대담한
정책이 추진되어야 할 것이다.

이처럼 어업소득의 한계로 보아 비(非)어업소득의 향상 대책이 강
구되어야 한다. 이를 위해서 연안어촌은 그 여건에 따라 마리나 어
촌의 개발이 불가피하고, 이와 관련해 내무부 소관의 도서개발촉진
법을 해양수산부로 이관해야 할 것으로 보인다.

어업의 지속생산이 가능하도록 하기 위해서는 깨끗한 바다와 어
장의 보존이 전제가 되어야 한다. 이러한 차원에서 볼 때 해양경찰
청이 해상수산부 산하의 외청으로 들어온 것은 수산행정과 해양경찰
행정의 연계가 효율적으로 이루어지게 하는 제도적 개혁으로 볼 수
있다. 이들은 동전의 앞뒤와 같은 보완관계에 있다. 해양경찰청은 깨
끗한 바다를 지키는 파수꾼이고 불법 어로를 단속하는 경찰 역할을
하기 때문이다. 이를 위해서 해양경찰도 미국의 연안경비대(US Coast
Guard)나 일본의 해상보안청과 같은 모습으로 다시 태어나야 되고
그 역할 증대에 따라서 청장도 차관급으로 격상되어야 할 것이다.

해양과학기술의 고양

해양은 지구상에 남은 식량·광물·에너지·공간 자원의 마지막 미

개척지다. 우리나라가 늦게 우주개발에 뛰어드느니 차라리 해양개발에 보다 집중하는 것이 옳은 듯하다. 해양과학기술은 거대 종합 과학기술 분야로서 연구·개발기간 및 투자 회수기간의 장기성, 투자비의 거대성, 지구환경 전반에 대한 이해가 요구되는 광역성 등의 특성을 가지고 있고, 투자 효과가 상당히 높은 것으로 분석되고 있다. 미국의 경우 B/C(Benefit/Cost Ratio) 비율이 4.4나 되는 것으로 나타나고 있으니 수익성이 높은 것이다.

한 지붕, 네 가족의 화학적 융합

해양수산부는 당초 수산, 해운·항만, 해양개발, 해양경찰의 한 지붕, 네 가족의 형태로 출발하였으나, 이들 사이에 급속한 화학적인 융합이 이뤄지고 있어 다행이다. 이 기초 위에 해양강국의 토대가 조속히 구축되고 장관실에 걸려 있는 거꾸로 된 지도의 의미가 되살아나 국민의 개척정신에 불이 당겨지기를 기대한다. 우리 모두 세계 일류의 해양국가 건설에 앞장서자.

* 이 글은 필자가 해운산업연구원장 시절에 1996년 11월호 ≪현대해양≫에 "21세기 해양수산발전을 위한 정책과제"란 제목으로 게재한 글이다.

해양력 신장과 해양강국

해양력의 새로운 이해와 해양시대의 전개

인류가 살고 있는 지구 표면의 71%가 바다다. 그래서 미국의 첫 유인우주선에서 내려다본 지구는 수구(水球)로 보였다고 한다. 이 수구의 바다는 지구 수송의 공도(公道)이고, 자원의 보고이자, 삶과 문화의 공간이면서, 지구환경의 재생·조절 기관이다. 이 수구의 중요성은 고대 그리스의 학자 '테미스토클레스'가 "해양을 다스리는 자가 세계를 지배한다"고 갈파한 속에 잘 나타나 있다. 최근에는 미국의 국제정치학자 조지 모델스키(George Modelski)가 15세기부터 20세기 말까지 세계를 지배한 국가는 모두 적절한 해군력의 보유를 포함하여 충분한 해양력을 갖춘 나라였음을 실증적 자료를 동원하여 밝히고 있다. 육당 최남선도 "누가 한국을 구원할 자이냐. 한국을 바다의 나라로 일으키는 자가 그일 것이다. 어떻게 한국을 구원하겠느냐. 한국을 바다에 서는 나라(海洋立國)로 고쳐만들기가 그것일 것이다"라고 선언한 바 있다.

해양력의 개념은 역사의 흐름에 따라 그 범위를 확대하는 등 그 의미가 달라지고 있다. 해양력이라는 말은 19세기 말 미국의 해군사가(海軍史家) 알프레드 마한 대령(Alfred Thayer Mahan, 1840~1914)의 『역사에 미친 해양력의 영향(The Influence of Sea Power upon History)』이라는 책에서 처음 사용되었다. 마한이 의도한 해양력이란 "단순히 해상교통로를 확보하는 힘만이 아니라 바다로 진출할 수 있는 여건과 이 여건을 활용하려는 국민과 정부의 의지로 나타난 갖가지 해상활동, 그리고 이 해상활동에서 얻어지는 국부(國富)의 총화(總和)"로 이해될 수 있다. 이러한 해석에 따른다면, 시대적 환경에 따라 해양력을 결정하는 해상활동의 내용은 다르게 표출될 수밖에 없다.

군함과 상선이 독립적으로 발달하지 못했던 중세 및 그 이전의 시대에는 아마도 해적의 활동이 해양력을 나타내는 중요한 해상활동이었을 것이다. 16세기 후반에 와서 영국, 네덜란드, 프랑스 등의 국가권력을 등에 입은 사약선(私掠船)이 크게 활동하게 됨으로써 해적활동이 한 국가의 해양력에 미치는 영향은 극에 달했다. 그러나 화기와 선박의 건조기술이 발달하면서 해군이 탄생하고, 사약선은 점차 자취를 감추었다. 대신 유럽의 여러 나라들은 상선과 분리된 군함을 보유하고, 해상을 무대로 한 전투력 확보에 혈안이 되었다. 따라서 17세기에는 군함의 보유와 화기의 성능이 곧바로 해양력을 결정하였으며, 1789년 넬슨(Horatio Nelson, 1758~1805)이 이끈 영국 함대가 나일강 해역에서 프랑스 함대를 격파하면서 '팍스 브리태니카'의 시대를 개막시킨 것이다. 즉 영국의 해군은 이때부터 천하무적을 자랑했고, 해외의 프랑스 식민지를 속속 점령하면서 국부를 쌓았다. 영국이 서인도제도, 남아프리카, 인도, 실론, 동인도제도 등을 점령하고, 1815년 나폴레옹이 몰락함으로써 유럽과 전세계 해역에서 되풀이되던 대 전쟁이 종말을 고하게 되었다.

이후 20세기 초 제1차세계대전이 발발하기 전까지 해양력을 놓고 별다른 전쟁이 없었다. 바다에 평화가 찾아왔고 대신 해상무역이 크게 발흥하기 시작했으며, 상선이 바다의 주인공으로 등장했다. 이 시기는 특히 중상주의가 마지막 꽃을 피우던 시기로 각국이 국부를 증진시키고자 국제무역을 촉진시켰고 그 수단으로서 자국 상선대의 확보와 유지에 심혈을 쏟았다. 따라서 이 시기는 해운이 해양력의 요체였으며, 해군은 자국 상선대를 보호하는 시녀 역할로 자리바꿈하게 되었다. 그러나 해군의 이러한 자리바꿈은 두 차례에 걸친 세계대전과 이후 성립된 미·소 냉전체제로 또다시 역전되어 오늘에 이르고 있다.

그러면 해양력을 두고 미·소 냉전체제하에서 상대적으로 낮게 자리매김된 해운의 위상이 앞으로도 지속될 것인가? 여기에 대한 대답은 지금까지의 논의에 비춰볼 때 새로운 해양질서의 변화 속에서 찾아야 할 것이다. 다시 말하면 미래의 해양력은 변화된 해양질서와 이에 따른 주된 해상활동을 전망함으로써 그 의의를 찾을 수 있다.

그러나 현대의 해양력은 마한이 생각한 고전적이고 단순한 개념보다 훨씬 다양하고 복잡한 개념으로 발전하게 되었다. 현대의 해양력은 전통적인 해양력의 개념에 더하여 국가가 소유·관리하는 해양자원의 크기, 해양 개발능력, 해양산업의 발전 정도까지 포함된다고 볼 수 있다. 21세기를 해양의 시대라고 규정한다면 이 시기에는 신해양력이 국가의 흥망을 좌우하는 시대라고 할 수 있다. 따라서 21세기에 있어서 신해양력의 강화를 위해서는 해양자원의 보전·육성, 해양산업의 발전, 그리고 해양 개발능력의 함양이 필요하며 이를 유지 관리하기 위한 통합적 해양 관리체계의 구축과 유지가 필요하다. 해양력의 주요 구성요소를 간추려보면, 전통적 해양력은 해군력, 해운력, 조선기술과 능력, 무역량 등으로 구성된다면, 21세기의 신해양력은 여기에 해양자원의 부존(賦存)과 해양개발 능력이 추가된다고 볼 수 있다.

그러나 여기에서 '국민과 정부의 대양 진출 기상과 의지'라는 국민성이 가장 중요한 구성요소 또는 이미 제시된 다섯 가지 구성요소보다 고차원의 결정요인으로 보아야 할 것이다. 마한도 한 나라의 해양력을 좌우하는 주 요인 가운데 바다 지향성의 국민성과 정부의 의지를 들고 있다. 국민성과 정부의 의지는 동서양 해양국가의 속성으로 볼 때 해양문학 및 해양문화가 선도하기도 하고 또는 결과로 형성·발전되기도 하는 높은 상관성을 보이고 있다. 따라서 21세기 신 해양력의 주요 구성요소는 해양 지향적 국민성과 해양문화, 무역량, 해운력, 조선기술, 해군력, 해양자원과 해양개발 능력 등으로 압축된다고 볼 수 있다.

해양문화의 전개와 해양력

해양선진국의 해양문학

유럽의 해양문화와 문학은 저 멀리 그리스 시대에서부터 비롯된다. 그리스인들은 오늘의 발칸반도 남쪽에 자리잡고 살면서 농사지을 땅이 부족한 관계로 바다 건너 나라들과 무역을 하고 식민도시를 건설하였다. 오늘날 지중해 연안에 잘 발달되어 있는 해변도시는 그리스 시대부터 인간의 삶을 담아 가꿔온 대표적인 수변공간으로 꼽히고 있다. 그리스의 해양력은 그 시대의 최상이었고 서양문학의 시작도 바로 해양문학에서 비롯된다.

지금으로부터 약 3천 년 전에 일어났던 것으로 추정되는 트로이 전쟁은 헬라의 도시국가들의 하나였던 스파르타의 왕 메넬라우스의 아내 헬렌을 바다 건너편 트로이의 왕자 파리스가 유혹하여 갔기 때문에 일어난 것으로 이야기된다. 하지만 실상은 두 지역간의 무역분쟁이었던 것으로 밝혀지고 있다. 따라서 서양문학의 시조인 호메로스의 『일리아드』를 보면 아름다운 여인을 되찾아오기 위하여 수많은 용사들이 목숨을 버리는 낭만적인 이야기뿐 아니라 바다와 싸우는 실제 생활에 관련된 이야기가 많이 섞여 있다.

헬라의 군대는 오늘날의 육군이 아니라 '해병대'였다고 할 수 있다. 그들은 우선 능숙한 항해자들이었다. 그들은 배를 건조하는 방법은 물론 응급수리법과 운행법에 능숙했고, 바다의 지리와 천기(天氣)를 잘 판단하였다. 『일리아드』는 그러한 실제 생활상을 보여주는 여러 작은 장면들로 사실감을 높인다.

『일리아드』보다 더욱 본격적인 해상모험을 다룬 것은 두말할 것 없이 『오디세이』다. 10년에 걸친 트로이 전쟁을 승리로 이끈 주역인 헬라 장군 오디세우스는 다른 헬라 왕들과는 달리 헬라 반도 서쪽에 있는 이타카라는 험준한 섬나라의 왕이었다. 바다와의 대결은 그의 숙명이었던 것이다. 한 나라의 왕이요 장수인 오디세우스가 또한 배 만드는 목수의 능력도 가지고 있으니 사람으로서는 전능자라 할 수 있겠다. 게다가 그는 배의 운항 솜씨도 대단하였다. 나침반이 없던 그 당시에는 별자리를 잘 보는 것이 항해술의 전부였는데, 그 기술에도 익숙하였다. 『일리아드』에 등장하는 기라성 같은 영웅 중에 오디세우스처럼 다재다능한 사람은 없었다.

그렇게 17일이나 항해하여 파에아키아라는 해양왕국에 도착하는 찰나에 그를 늘 미워하는 바다의 신 포세이돈이 온갖 바람을 몰아와 배를 깨부수고 만다. 능숙한 헤엄꾼이기도 한 그는 살인적인 암초들을 피하여 모래톱을 찾아 뭍에 올라 구조를 받는다. 여기서 그곳 왕의 딸인 나우시카의 도움을 받게 되는 이야기는 다른 이야기이다. 육지와 바다의 용사인 그는 가는 곳마다 미녀들의 사랑을 받는 낭만적 영웅이기도 한 것이다.

해양문학의 만개

바다문학을 꽃피운 유럽인들의 해양모험은 콜롬버스가 신대륙을 발견한 15세기 이후다. 이 시대에 온갖 종류의 항해 모험담이 나와 사람들의 호기심을 한없이 자극하였다. 토마스 모어(Thomas More)의 『유토피아』는 히들로데이우스라는 바다모험가가 항해중에 방문한 이상한 섬나라 이야기이고, 영국의 다니엘 디포(Daniel Defoe)의 『로빈슨 크루소(Robinson Crusoe)』와 조나던 스위프트(J. Swift)의 『걸리버 여행기(Gulliver's Travels)』 등의 모험담도 아동들에게 호기심을 자아내면서 널리 읽히고 있다.

근대문학사에서 가장 위대한 본격 해양문학 작품은 미국의 소설가 허먼 멜빌(H. Melvile)의 『모비딕』(1851)이다. 이 소설은 고래잡이 원양어선을 타고 고래잡이를 하다가 다리 하나를 잃은 아합 선장과 그의 다리를 잘라먹은 공포의 흰 고래 '모비딕' 간의 결사적인 투쟁

과정을 생생하게 그리고 있다.

그 다음으로 20세기에 와서는 미국 소설가 헤밍웨이의 『노인과 바다』(1952)가 가장 널리 알려져 있다. 이 작품은 작은 배 한 척에 의지하여 고기잡이로 생계를 꾸려나가는 늙은 어부가 오랜 흉어 끝에 마침내 감당할 수 없을 만큼 큰 고기를 잡았으나 끌고 오는 도중에 상어 떼에게 고기를 다 뜯기고 뼈만 싣고 온다는 이야기다. 끝없이 어려운 일을 견뎌내기만 해야 하는 시지푸스의 신화를 고기잡이에 의탁하여 다시 이야기한 셈이다.

일본에서는 『만지로의 표류기』가 유명하다. 『로빈슨 크루소』와 『걸리버 여행기』가 영국의 소년들에게 해양모험정신을 일깨워준 것처럼 일본의 『만지로 표류기』도 19세기 일본 청소년의 관심을 뭍에서 바다로 돌려놓았었다. 만지로는 열네 살 때 어선을 타고 고기를 잡으러 나갔다가 큰 풍랑 속에서 무인도에 표류하게 되었으나 얼마 후 미국의 포경선에 구조되어 일본 최초의 미국 유학생이 되고, 10년 뒤에 귀국해서 정부관리가 되어 미일수호조약체결에 일조하게 되는 실화이다. 이 만지로의 이야기는 그 당시 20여 종이나 출간되었고 이 때문에 에도의 종이 값이 오르고 이에 영향받은 젊은이 중 미국으로 밀항을 시도하는 자가 많았다고 한다.

유럽과 미국, 일본 중심의 해양문학의 흐름을 개관하면서 흥미를 끄는 것은 해양문학의 거작들이 해양력의 이동 방향으로 움직여왔다는 사실이다. 해양력을 갖춘 나라는 일찍이 그리스에서 비롯하여 로마 시대에 걸치면서 지중해 문화와 국부를 뽐내었고, 이 해양력이 영국을 거쳐 미국·일본으로 이양되는 과정에서 맞춘 듯이 해양문학이 부흥된 것은 해양력과 해양문학의 상관성을 잘 나타내고 있다.

친수공간

해양문화는 해양문학뿐 아니라 친수공간과 해양레저의 발전 또는 해변공간의 발전에도 그 족적을 많이 남기고 있다. 그 옛날 그리스인과 로마인이 지중해의 바다를 제해(制海)하고 그때 뿌린 씨앗이 긴 세월 동안 제대로 자라서 현재 좋은 결실을 맺고 별처럼 총총 빛나고 있다.

프랑스 남부 지중해 연안 마르세유(Marseilles)에는 라시오타(La Ciotat), 방돌(Bandol), 생트로페(St. Tropez), 그리모(Grimaud) 항, 생막심(St. Maxime), 생라파엘(St. Raphaél), 칸(Cannes), 앙티브(Antibes), 니스(Nice), 볼리유(Beaulieu) 항, 빌프랑슈(Villefranche) 항, 모나코(Monaco), 몬테카를로(Monte Carlo), 망통(Mentone)에 이르기까지 매력적인 도시들이 늘어서 있다.

지중해 연안에 있는 도시들은 초현대적인 도시의 모습과 특이한 중세도시의 모습을 동시에 지니고 있다. 복잡해서 도저히 알아볼 수도 없을 만큼 촘촘하게 뻗은 도로망을 보고 놀라기도 하다가, 갑자기 먼 옛날로 다시 돌아온 것 같은 착각에 빠지기도 한다. 사람들은 뜨거운 태양 아래 바다에서 일광욕이나 해양스포츠를 즐기기도 하며, 또한 근처의 눈 덮인 산에서 한겨울의 스포츠를 즐길 수도 있다. 게다가 역사와 전통을 자랑하는 다양한 페스티벌이 곳곳에서 열리며, 카지노, 세계적인 디자이너들의 부티크 등도 지중해 연안의 볼거리로서의 역할을 톡톡히 해내고 있다.

이들 해변도시 중에서 그리스인과 로마인의 족적이 느껴지는 대표적인 친수공간으로 마르세유, 생트로페 등의 수변 모습과 축적된 해양문화를 음미해보고자 한다.

첫째로 마르세유는 지중해 최대의 항구이며 휴양지이자 교통의 요충지라 할 수 있다. 마르세유의 상징은 비유(Vieux) 항이다. 비유 항의 역사는 레지돈(Rasidon)이 이곳을 처음 도착했을 때인 기원전 약 600년대 고대 그리스로 거슬러 올라간다. 그후 1940년까지 이 지역은 항만 입구지역을 개발하면서 발전하게 된다.

현재 비유 항은 요트항구로 변화했고 지중해 항해를 지원하는 기능을 수행하고 있다. 또한 매일 아침 항구 주변은 새벽에 어획한 생선을 가장 신선하게 팔 수 있는 장소로 이용되어 "사람들의 주방"이라 불리고 있다. 비유 항 주변은 상가와 아파트, 그리고 넓은 가로와 호텔로 둘러싸여 있으며 1층에 위치한 카페와 수산식당들은 마르세유 주민들뿐만 아니라 많은 관광객에게 멋진 이미지를 제공하고 있다. 도심지와 인접한 이 지역은 또한 오페라하우스와 쇼핑센터와 같은 생활의 활력소가 입지해 있으며, 비유 항을 따라 집중적으로 위치하고 있다. 이러한 수변의 도시경관은 마르세유의 전경을 보다 신비하게 꾸며주고 있다.

생트로페는 그리스와 카르타고의 식민지하에 있었으나, 8세기 때 사라센이 정착한 이후 200년간 사라센의 식민지로서 지배를 받았던 불운한 역사를 가지고 있다. 그럼에도 불구하고 생트로페는 독특한 매력을 가지고 있다. 세계 각국의 저명한 예술가에서부터 지식인에 이르기까지 다양한 이방인들이 이곳에 모여 도시 전체의 분위기를 장악하기도 하고, 활기 있는 쇼핑가와 노점상의 '파사드', 화려한 네온사인으로 관광객들을 유혹하기도 한다. 미로처럼 꾸며진 마리나 요트 계류장에는 수백 척의 요트를 정박할 수 있다.

친수공간의 발전유형을 보면, 과거 바다를 중심으로 찬란한 문화를 꽃피웠던 유럽 도시들의 경우, 보전 중심의 재개발이 주를 이루고 있으며, 급격한 도시 성장에 따른 토지이용의 변화, 그리고 가용토지의 확보 측면에서 미국, 호주, 일본 등지에서는 재개발 또는 신개발의 경향이 강하게 나타나고 있다.

미국은 유럽에 비해 역사가 짧아 역사적인 랜드마크나 독특한 문화유산은 적지만 비교적 나(裸)대지로서의 광활한 수변공간이 전개되어 있기 때문에 상대적으로 친수공간이 자유스럽게 개발될 수 있었다. 특히 해변가의 길고 확 트인 산책로, 푸르름으로 가득 찬 넓은 공원으로 조성된 친수공간은 미국의 해안 어디서나 쉽게 찾아볼 수 있으며 이러한 공원에서는 '물'을 매개로 한 다양한 해양스포츠를 즐길 수 있고 과중한 업무에서 오는 스트레스를 해소할 수 있는 편안함이 있다. 또 이러한 친수공간은 도심과 가깝게 연계되어 있어서 누구에게나 언제든지 접할 수 있는 생활공간으로 인식되고 있다.

도심과 가까이 위치한 친수공간을 바다 위에서 바라본 광경은 수변의 울창한 녹지공간 위로 솟은 고층 빌딩의 위풍당당함으로 인해 또 다른 감동을 주며 고층 빌딩군의 멋진 스카이라인은 맑은 하늘, 푸른 바다와 함께 멋진 조화를 이루고 있다.

미국의 독특하고 쾌적한 친수공간으로 개발된 지역은 서부의 샌프란시스코에서 샌디에고에 이르는 해변과 동부의 아틀랜틱 시티, 볼티모어와 오대호의 중심도시인 시카고 등의 좋은 개발 사례에서 찾아볼 수 있다.

우리나라의 해양문화와 해양력

지금으로부터 약 6천 년 전, 우리의 선사인들은 울산시 울주군 대

곡리 암벽에 거대한 형태의 암각화를 새겨놓았다. 이 '반구대 암각화'에 새겨진 191종의 그림이 오늘날까지 그 형태가 고스란히 남겨져 있다.

반구대 암각화에는 다양한 종류의 동물들이 교차구도로 포진해 있다. 가로로 새겨진 육지동물과 세로로 각인된 바다동물들, 그리고 그 그림들 사이사이로 존재하는 날카로운 작살과 잘 짜여진 그물망, 짐승을 잡아 기르는 울, '낯선' 인간(무당으로 추정됨) 형상, 작살 맞은 고래, 빼곡하게 사람을 실은 배, 그 배와 고래가 끈으로 연결된 형태, 어미고래가 새끼고래를 등에 태우고 다른 바다동물들과 무리 지어 이동하는 광경은 이것이 결코 의미 없이 만들어진 것이 아님을 말해준다. 이는 바다와 인접해 살던 우리 민족이, 적어도 어로 차원에서 상당한 연관성을 지닌 친(親)해양민족이었음을 보여주는 듯하다.

해상왕 장보고 시대에 대한 평가는 역사가들 사이에 엇갈리고 있다. 통설은 아마도 장보고 대사를 통일신라시대의 인물로 보고 있으나 일부에서는 비루백제의 후손으로 비루백제의 중국 영토에서 활동하다가 신라로 귀국한 것으로 결론짓고 있다. 하버드 대학의 라이샤와(E. O. Reischauer) 교수는 장보고를 "해상상업제국의 무역왕"으로 표현하고, 그의 직책을 총독(commissioner)으로 지칭하였다. 심지어는 고려의 태조 왕건도 비루백제 출신의 재당(在唐) 신라인의 후예로서 신라 말기 궁예 치하에 해군 대장군이었고 왕권을 장악하기까지 전개된 다섯 차례의 전투는 놀랍게도 한결같이 해전이었다고 한다. 고려조는 태조 왕건이 해상세력을 대변하고 장보고의 맥을 이었다는 점에서 친(親)해양국가였다고 해도 무리가 아닌 것 같다.

비루백제는 해양국가였다. 나라 이름도 백가제해(百家濟海)에서 따온 것이라 하니, 국호 자체가 해양국가였음을 지칭한다. 따라서 비루백제 또는 보다 좁혀서 해상왕 장보고 시대가 우리 역사상 해양력이 가장 월등했던 시대로 보여진다. 이 시대에 우리 민족은 전통적인 해양력의 구성요소 중에서 해군력, 무역량, 조선기술로 볼 때에 모두가 동북아시아, 아니 동아시아에서 으뜸이었다. 조선기술로 보더라도 그 당시에 노, 키, 나침반을 발명할 정도로 조선(造船) 선진국이었다.

그러면 기원전 8세기의 해양국가 그리스(아테네)와 비교할 때 어떤 차이가 있을까? 그리스 역시 그 당시 지중해 시대에 가장 강한 해군력을 갖추고 저 유명한 페르시아전쟁에서는 해군력으로 이겨 아테네와 그리스 문화를 지킬 수 있었다. 아테네는 경작지가 적고 바위투성이였기 때문에 지중해의 이웃과 무역을 통해 국부를 창출할 수밖에 없었다. 따라서 무역은 그리스의 생명줄이었고 그래서 무역대국으로 성장하였다. 조선기술도 지중해 최강의 해군을 유지하는 데 필요한 군함을 제조할 수 있을 정도로 앞섰다. 장보고 시대와의 차이는 그리스의 경우 로마 시대로 계승, 융화되어 해양문화의 맥이 오래 지속되었으나, 장보고 시대는 단기에 그치고 그 해양력을 이어가지 못함에 따라 그것이 국가 단위로 중요성이 인정되지 않고 해양지향적인 국민성으로 계승되지 못했다는 점이다. 그러다 보니 그리스처럼 해양문화가 싹트지 못했고 이는 다시 국민성이 내륙 또는 대륙 지향에 멈추게 되고 말았다. 그리하여 통일신라의 장보고 시대를 거쳐 고려 중·후반 이후 점차 바다를 멀리했고 국력도 쇠퇴하고 말았다. 고려 후기부터 왜구의 침략이 점차 심해졌고 조선조에 와서는

심지어 섬을 비우는 공도(空島)정책을 취하고 바닷가에 집을 짓지
못하게 하는 지경에 이르고 말았다. 통일신라 이후 고려, 조선을 거
치면서 국정의 기본은 점차 대륙 지향으로 굳어졌고 대륙문화를 수
용하는 데 급급했을 뿐만 아니라 불교문화와 사농공상(士農工商) 차
별화의 영향으로 연안어업의 어로에 종사하는 사람들은 천민 중의
천민으로 취급되었으니 이 풍토 속에 무슨 해양문화가 싹틀 수 있고
해양 지향적인 국민성이 개발될 수 있었으랴.

과거 역사를 보면 장보고 시대 이후에도 해양 지향적인 국정 전환
이 시도될 법도 한 계기가 없지 않았으나 단막극으로 끝나곤 했다.
원나라에 강제된 고려시대의 일본 침공 계획과 이를 위한 선박건조,
그리고 이순신 제독의 임진왜란 해전대첩, 그리고 조선후기 실학파
들의 선진적인 견해들이 그것이다. 또한 조선시대를 봐도, 거북선을
만들 정도로 조선기술이 기술 선진국이었음을 알 수 있다.

우리나라가 1960~1970년대의 개발연대에 와서 눈부신 경제성장
을 보여준 것은 무역입국(貿易立國)이라는 국정목표를 정하고 해양
력을 갖추기 시작한 것과 상관성이 없지 않다. 전통적인 해양력 개
념으로 볼 때 개발연대에 와서 무역량의 급증, 해운력의 성장, 조선
능력의 향상 등 해양력이 크게 신장되었기 때문이다.

그러나 해양력, 특히 신(新)해양력의 개념으로 보면 우리나라는 아
직도 미비한 분야가 많다. 우리의 해군력은 아직도 연안해군 수준에
그치고 있다. 인접한 중국과 일본은 다투어서 대양(大洋)해군을 지향
하고 있는데 우리나라는 아직도 육군 중심이고 해군은 남북대결 정
도에 주안을 두고 있다.

해양자원과 그 개발기술력 면에 있어서는 2010년까지 해양과학기

술능력을 G7 수준으로 제고하여 명실상부한 해양강국의 면모를 갖추도록 할 계획으로 심해저의 광구 확보와 수심 극복 기술 및 실용화에 대처하고 있다. 태평양 심해광구(클라리언 - 클리퍼턴 해역, Clarion-Clipperton)는 1994년 8월에 우리 국토의 1.5배에 달하는 15만km^{2}의 광구 등록이 이루어졌고 2010년에는 망간, 니켈, 구리, 코발트 등 전략 금속을 채광하고 실용화할 예정이다.

그러나 해양 지향적 국민성과 해양문화는 신해양력의 구성요소 중에 가장 미진한 부문이다. 따라서 이에 대한 범국민적 관심과 정부의 선도 의지가 심히 아쉬운 실정이다. 신해양력의 구성요소로 보아서 우리나라는 해군력과 국민성/해양문화의 취약이 특히 문제가 되고 이것이 우리의 해양력 신장에 근본적인 큰 제약요소가 되고 있는 셈이다.

우리나라 해양문화의 현주소

섬나라나 반도국가라 해서 모두 바다의 문학이나 해양문화가 발달하는 것은 아닌 듯하다. 바다 가운데 위치한 섬나라나 3면이 바다로 둘러싸인 반도국에서 호방한 바다의 문학이 창조되기보다 바다에 대한 두려움을 나타내는 문학이 발달하거나 바다를 아예 외면해버리는 경우가 허다하다.

우리나라의 해상강국 전통은 가야시대나 비루백제시대에 번성하였고 통일신라시대의 해상왕 장보고의 활동으로 극에 달해 이것이 고려로 이어졌다. 그러나 고려 후기부터 퇴화되고 조선시대는 오로지 폐쇄정책으로 일관하여 우리 민족은 불행히도 반도국가이면서도 바다를 잃어버리고 말았다. 그러나 조선 후기의 실학파들이 실사구시(實事求是) 입장에서 바다의 중요성을 일깨워준 것은 비록 정부의 정책으로 실현되지는 못했으나 국민계몽 차원에서 의미가 크다.

실학파의 한 사람인 다산 정약용은 강진 바닷가에 오랜 귀양살이를 한 탓에 바다를 잘 알게 되었고 이에 바다와 남쪽을 중시하는 다도해 정책론과 남방(南方) 경영론을 표방하게 되었다. 이처럼 귀양살이의 기회에 바다를 인식하게 되는 정도였으니, 그 당시 우리 민족과 정부의 해양 지향성의 한계를 짐작할 수 있다. 더군다나 조선조에 채택된 공도정책은 우리 민족의 바다 접근을 근본적으로 차단하여 그리스에서 로마로 이어지는 '인간의 삶을 바다로' 펼쳐주는 친수공간의 개발을 근원적으로 봉쇄함으로써 해양문화의 싹이 트지 못했다. 이처럼 바다에 접근이 안되니, 해양문학도 육지의 산정(山亭)에서 바다를 감상하는 서정시류의 시문학 정도에 멈추게 된 것이다.

그러나 우리 민족의 정신문화와 음식문화 속에는 어쩔 수 없이 바다를 가까이 할 수밖에 없었던 친(親)해양성을 엿볼 수 있다. 영·미의 음식문화가 육식 위주라면 우리 음식은 생선 위주라는 점에서 대조가 된다. 우리나라의 생선요리와 젓갈을 이용한 음식문화의 다양성이 이를 뒷받침해주고 있다. 지중해 연안의 음식문화도 육식보다 생선 위주인 것은 우리와 유사해서 흥미롭다.

그동안 우리나라에서 발견된 흔적 가운데 울산의 반구대암각화, 장보고의 해상활동, 생선 위주의 음식문화 등은 반도국가로서 바다 인접성 때문에 친(親)바다 성향을 내재하고 있었다. 그러나 근본적으로는 바다 개척 성향의 해양문화가 씨를 뿌리고 꽃피우지 못했기 때문에 신해양력의 한 구성요소인 대양 지향적인 국민성과 정부 의지를 세우지 못했다. 이것이 바로 우리 민족의 기상을 쪼그라들게 한 주요 요인이 아닌가 싶다.

우리나라 해양문화의 진작

해양문화의 뿌리찾기와 해양역사의 재정립

우리나라의 해양역사는 선사시대 - 가야시대 - 발해·삼국시대 - 고려조로 이어져 왔으나, 대륙중심 사관(史觀) 속에 의붓자식 취급을 받았고 역사적으로 검증되지 못하고 있다.

동북아시아에 있어서 해상세력이 가장 번창한 시기는 지중해 시대의 후반 베네치아가 지중해를 제해(制海)하던 시기(7C~15C)와 거의 겹친다. 이 기간은 중국에서는 해상세력에 우호적인 당·송시대이고 그리고 한국은 동북아시아의 해상을 누빈 장보고 해상왕이 신라의 청해진 대사로 활동한 통일신라와 장보고 해상세력과 맥을 같이해온 고려 태조 왕건이 집권한 시기다. 또한 이들이 황해를 내해(內海)처럼 서로 무역하며 개방체제의 황해무역권을 형성하고 멀리 지중해의 베네치아와 통상했던 시기이기도 하다.

그러나 해상왕 장보고의 한국 내 역사 기록은 많지 않다. 삼국사기와 삼국유사에는 장보고가 반란을 일으킨 역적으로 기록됨으로써 그의 행적이 축소되거나 누락되고 말았다. 따라서 장보고의 재조명은 일본이나 중국의 역사적 자료에 크게 의존할 수밖에 없다. 일본의 천태종 고승이었던 자각대사(慈覺大師) 엔닌(圓人)이 장보고의 주선으로 중국의 당나라에 가서 불법을 구하는 순례행적을 스스로 기록한 『입당구법순례행기(入唐求法巡禮行記)』를 비롯해 『신·구당

서(新舊唐書)』등의 중국 자료를 통해서 그의 위대한 행적을 찾을
수 있었다. 특히 그 당시 당나라 중국 동안(東岸)에 설치되었던 신라
방(新羅坊), 신라소(新羅所)를 비롯해 장보고의 적산(赤山) 법화원(法
花院) 창건과 그를 비롯한 재당(在唐) 신라인들의 활발한 무역활동
은 엔닌 일기를 통해서 상세히 드러나고 있다.

왜 우리나라는 고려 말과 조선시대에 와서 대륙문화권으로 흡입
되었을까? 국내적인 이유도 있었겠지만, 명나라 주원장의 해금(海禁)
정책이 영향이 컸던 것 같다. 주원장이 집권과정의 대항세력이었던
해양세력을 분쇄하기 위하여 바다를 봉쇄하고 통제한 것이 한반도에
까지 영향을 미친 것으로 보는 사학자가 많다. 이러한 사실들은 해
양문화의 뿌리를 캐기 위해 3국을 포함한 국제간 협력이 얼마나 중
요한지를 보여주는 하나의 좋은 사례라 할 수 있다.

해양유적과 민속의 발굴, 보전

6천여 년 전 선사시대 것으로 추정되는 울산의 반구대암각화가
발굴된 지(1971년 12월)도 꽤 오래되었다. 그러나 국보(제285호)로
지정된 것은 1996년 7월의 일이고 그것도 국보 지정 후 입간판 하
나 세워두는 정도에 그치고 있다. 해양역사의 의의가 큰 장보고의
청해진이 설치되어 있었던 완도의 유적 복원, 그리고 해양민속의 발
굴과 보전도 시늉만 내고 있을 뿐이다.

해양선진국에서는 바다의 역사가 가득 실린 선박들을 보전하고
있는데 우리나라에서는 거북선 하나 발굴 못하고 제대로 복원도 하
지 못하고 있다. 영국 넬슨(Nelson) 제독의 기함 '빅토리(Victory) 함'
은 영국 군함기지인 포츠머스 해군 공창 내부에 보존되어 있고 선체

보존상태는 대단히 양호하다. 코펜하겐에서 기차로 30분 거리에 있는 옛 수도 로스키레(Roskille)의 바이킹선 박물관에는 다섯 척의 바이킹 선(船)이 그대로 전시되어 있다.

친수공간의 개발 촉진

역사상 한민족과 바다를 멀어지게 만든 결정적인 사건은 바로 공도정책이었다. 아쉬운 것은 6·25동란 이후 남북간의 군사적 대치상황 속에서 항만은 안보 차원에서 철조망으로 차단되고 접근이 허용되지 않았기 때문에 개발연대 중에도 공도정책의 정신과 정책이 계승되어 오늘에 이르고 있다는 점이다. 지금 동해안의 일부 해수욕장과 모래사장은 아직도 통제되고 있는 실정이 아닌가.

친수공간의 개발 필요성은 해양수산부가 탄생된 이후 비로소 인식되고 그 개발구상이 시도되기에 이르렀다. 필자가 장관 시절에 "친수성항만공간개발 실시계획 검토 및 기본구상"이란 용역을 발주해 현재 그 보고서가 해양수산부에 제출되어 '보관'되고 있다. 또한 그때 하나의 시범사업으로 인천항의 연안항 지구에 국제여객부두, 구(舊)연안여객터미널, 연안부두와 그 인근지역을 묶어 하나의 체계화된 친수공간으로 개발하기로 하고 인천시와 계약을 체결, 대우건설로 하여금 국제여객부두 개발의 일환으로 추진되도록 해 현재 완성되었다고 한다. 지금 부산항에서도 제1 - 2부두 중심의 '머린랜드(Marine Land)', 영도의 해양종합공원 계획등 대규모 친수공간 구상에 더하여 태종대 등대 주변의 개발·이용, 송도(거북섬)의 재개발 등 소규모 친수공간의 오밀조밀한 조성이 속속 추진중이고, 이 중에 태종대 등대 주변은 1998년 12월 28일에 준공되어 개방되었다.

우리나라에 맞는 한국형 친수공간의 유형 정립은 여러 가지 측면에서 이루어질 수 있다. 도시적 측면, 경제적 측면, 기술적 측면 등 다양한 방향에서 친수공간에 대해 유형 정립을 할 수 있으나, 가장 일반적이면서 과거 선진 외국의 개발유형에 따른 분류방법으로 한국형 친수공간의 유형을 정의할 수 있을 것이다. 그 유형은 크게 나누어, 관광위락형, 자연보전형, 지역개발형, 그리고 도시문제 해결형으로 나누어볼 수 있고, 항만도시의 공간구조는 대체로 항만 기본시설지역, 해양문화지역, 항만 개발 유보지역, 항만 관련 산업지역, 유통관련 산업지역, 녹지 및 주거지역, 도시 핵심지역, 해양레저 수역(水域)으로 구분될 수 있다. 이 중 해양문화 지역에는 해양관광단지, 국제전시장 및 회의장, 해양유적전시관 등이 수용되고, 해양레저 수역(水域)에서는 요트, 보트, 해수욕, 윈드서핑 등을 즐길 수 있는 친수성 해양공간이 조성되는 것이다.

해양스포츠와 레저의 보급

1998년 방콕 아시안게임에서 우리나라는 요트 부문에서 여섯 개의 금메달을 휩쓸었고 카누는 은메달을 쟁취했다. 희망적인 여건 변화이다. 그러나 우리나라의 레저는 여태까지 주로 내륙 중심의 보는 관광 위주로 특징지어진다. 해양레저는 여름 한철 해수욕이 고작이었고 한려해상이나 한강의 유람선도 안전벨트에 묶여 앉아서 해변의 풍광을 심미하는 정도에 그치고 있다. 국립공원은 산악 위주로 지정되어 있고 해양은 한려해상과 다도해국립공원이 지정되어 있으나 개발이 미진한 상태로 방치되어 있다. 그러나 최근 들어 해양관광에 대한 관심이 높아지면서 충무 도남단지가 드디어 개발되었고,

해남 화원, 경주 감포, 제주 성산포 등이 관광단지로 지정되어 개발 중이다.

해양관광은 활동 유형에 따라 스포츠형, 레저형, 관광형으로 구분할 수 있다. 스포츠형은 활동성 해양관광으로 모터보트, 수상스키, 제트스키, 요트, 윈드서핑, 스쿠버다이빙과 바다낚시가 여기에 속한다. 이들 해상스포츠는 역동적인 특성으로 인하여 주로 젊은 층을 중심으로 선호된다. 이러한 해양레크리에이션은 각 종목에 필요한 자연 및 개발조건이 다르므로 지역에 맞는 종류가 도입되어야 하고 복합적인 프로그램이 개발되어야 한다.

레저형은 주로 해변을 중심으로 하는 휴식과 레저를 겸하는 것으로 해수욕, 파도타기, 모래찜질, 해변캠프, 임시 바다학교 등을 들 수 있으며 조개잡이 등 해변 동·식물을 채취하는 조간대(潮間帶) 수렵도 여기에 속한다. 서해안의 경우 갯벌과 공동어장에서 일반인이 유료로 조개 등을 직접 채취하고, 불가사리, 게 등을 직접 만지며 관찰할 수 있는 체험관광이 이루어지고 있다.

관광형은 경치 좋은 해안지역을 배를 타고 유람한다든지 해안을 따라 자전거 및 도보코스를 이용하여 해안의 경관을 즐기고 감상하는 것이다. 해양과 관련된 시설인 해양박물관, 수산과학관, 수족관, 해양식물원, 해양민속촌 등을 만들어 이를 관람하는 것도 관광형으로 볼 수 있다. 이밖에 해양관광시설로는 해중(海中) 전망탑, 해상호텔, 관광잠수정, 오션돔, 해중공원 등이 있다. 크루즈 여행의 경우 더 다양한 상품 개발이 외국과 연계되어야 하고 무인도 탐험과 연결시키는 방안도 고려해볼 만하다.

우리나라의 남해안에는 세계 요트의 중심이 되는 미국 서부 로드

아일랜드 주의 뉴포트(Newport)와 비슷한 조건을 갖춘 해안이 없지 않다. 경남의 안정(安井)은 지명처럼 '고요한 우물'이라 동양의 뉴포트 수준 같은 요트항의 후보지로 검토할 만하다.

우리나라의 해양레저 개발은 이제 보다 동적인 면을 강조하여 성장하는 젊은이의 취향을 자극해 미래 성장 산업으로 키울 필요가 있다. 우리 젊은이의 요트경기 성적이 이 가능성을 높여주고 있다. 한강이나 한려해상의 유람선도 중미의 카리브해처럼 젊은이들이 노래 부르고 춤추면서 해양을 즐기게 하는 방향으로 변화가 필요하다. 주요 항만의 친수공간 개발, 더 나아가서 어촌이나 어항 개발도 젊은이 취향의 해양스포츠가 가미되도록 해야 한다. 우리나라의 어항도 이제 어항법의 개정(1997)으로 관광용도의 개발이 가능해졌고, 이 경우 개발용지의 민간소유도 허용하고 있어 앞으로 민간투자가 촉진되어 어항이 해양스포츠와 휴양을 겸하는 다기능 어항으로 변신될 수 있을 것으로 기대된다.

해양문학의 계발

우리나라의 해양문학은 육지의 좋은 정자에 앉아 바다를 바라보고 읊은 서정시가 전부인 것 같다. 이웃 일본만 해도 엔도 슈사쿠의 『바다와 독약』이라는 소설과 만지로의 표류기가 유명하다고 한다. 그러나 우리나라는 바다나 해양의 삶을 주제로 한 인기 있는 소설 한 편 없고 드라마 한 편 없었다. 해양문학이 해양력의 진작에 끼치는 영향을 생각할 때 이 분야의 적극적인 개척이 아쉽다. 우리나라가 개발연대에 와서 수산대학이나 해양대학 출신으로서 선장 경험을 하고 해양개척에 선봉이 되었던 인물을 주인공으로 하면서 거기에 아기자기한 바다와 관련된 인간사를 엮게 되면 좋은 소설이나 드라마가 나올 법도 하다. 이런 의미에서 부산시 중심으로 제정·운영되고 있는 해양문학상 제도의 의의가 크기 때문에 이의 확대와 발전이 필요하다.

친해성(親海性) 해양교육의 전개

우리나라 해양교육의 시작이라 할 수 있는 초등학교 교과서에는 바다에 관련된 내용들이 적지 않으나 큰 결함은 대부분 바다의 시각이 아닌, '육지의 시각'으로 일관되어 있고, 인간의 삶과 생명공간의 바다, 세계 문화의 통로이자 각종 상상, 모험과 도전 대상으로서의 바다, 무한한 개척 대상으로서의 바다에 대한 인식이 제대로 각인되어 있지 않다. 그러나 그중에 초등학교 4학년 1학기 국어교과서에 실렸던 <남태평양에서>(김재철 지음)라는 편지와 일기 형식은 『모비딕』의 한국식 축소판 정도의 일지를 연상하게 하는 해양 개척정신을 일깨워주고 있어 의의가 크다.

우리나라에는 아직까지도 제대로 된 해양박물관 하나 없다. 세계 5대 항만으로 알려진 부산항에도 어린이들이 즐겨 찾는 견학용 항만 운영 전시관 하나 없는 형편이다. 그러나 다행히도 목포에는 국립해양유물전시관이 마련되어 있고 그곳에 '바다문화학교'와 '바다문화사랑방'이 개설되어 있어 성인 해양문화 강좌의 본을 보여주고 있다.

우리나라도 이제 해양교육, 체험, 스포츠 등 다양한 목적으로 서구의 해양선진국과 같은 범선교육(sail training ship)을 시도해볼 만하다. 돛을 활짝 펴고 바람을 듬뿍 받으며 달리는 범선, 순풍만범(順

風滿帆), 이것이야말로 많은 애호가들이 열광적으로 반기는 대상이
다. 범선교육은 한때 기술교육이 중심이었으나, 이제 이에 더하여 소
년 소녀들에게 순항의 기회를 통하여 바다를 지향하고 호연지기를
키우는 신종(新種)의 해양스포츠로 성장잠재력을 갖고 있다.

‘바다의 날’의 범국민적 행사와 2010 해양엑스포의 추진

‘바다의 날’은 친(親)해양사고의 고취에 큰 전기가 되었고, 최초의
행사는 바로 해양수산부의 창설로 이어졌으며 이는 다시 2010 해양
엑스포의 추진 등 해양지향의 정책전개와 국민성 함양이란 역사적
의의를 드높였다. 이는 과거 내륙지향의 정책이 대양(大洋)지향으로
옮겨가고 있음을 국내에 널리 알리고, 이 선언이 더 나아가서 2010
년 해양엑스포를 계기로 전세계에 선포하는 의의가 있다.

이들 사업은 정부 주도로 전개하는 데 한계가 있기 때문에 1997
년 12월 12일에 설립된 재단법인 ‘해양문화재단’의 활성화가 긴요하
다. 이 재단은 국민들의 해양사상 고취를 위한 문화사업, 우수 해양
수산인력 양성을 위한 장학사업 등의 수행을 통하여 21세기 신(新)
해양시대에 걸맞은 범국민적인 해양사상 고취와 해양 저변세력 확대
를 도모함으로써 일류 해양국가 발전에 기여하는 데 그 목적을 두고
있다.

현재 IMF 한파 속에 자금 확보 등에 어려움이 있을 것으로 보이
나, 해양문화의 진작이 해양력의 함양에 기본이 됨을 감안할 때 해
양문화의 체계적인 계발과 발전에 대한 주체가 필요하고 이 역할은
해양문화재단이 종합적인 구심점이 되어 추진되어야 할 것이다. 그
런 의미에서 이에 대한 정부의 긍정적인 이해와 지원 속에 범해양인

의 적극적인 참여가 기대된다.

* 이 글은 2000년 가을 해양대학교에서 특강했던 내용을 보완한 것이다.

신해양시대의 개막과 해양안보

새로운 바다경영시대의 도래

바다! 바다는 인류의 희망을 잉태하고 있다. 일찍이 바다의 중요성을 강조한 여러 선각자들의 말을 되새기지 않더라도 바다개척은 우리가 추구해야 할 시대적 요청인 것이다.

18세기 후반, 인류가 직면한 과제가 '산업혁명'이었다면, 21세기를 맞이하는 우리의 사명은 '바다경영'이라고 할 수 있다. 이에 선진 해양국가에서는 이미 '해양화'를 새로운 국가 발전전략으로 삼고 있으며, 바다경영을 통해 세계경영의 꿈을 실현해나가고 있다.

바다는 생명체의 고향이자 안식처다

사실 바다는 지구상 모든 생명체의 고향이자 최후의 안식처이며 미래가 살아 숨쉬는 삶의 터전이다. 또한 바다는 그 생성의 신비만큼이나 오묘하여 우리가 상상할 수 없을 만큼 엄청난 자원이 그 속에 숨어 있다. 지구상의 동식물 중 80%가 바다에 살고 있으며 석유와 가스 등의 에너지 자원은 물론 주석, 사금, 사철 등의 금속자원과 모래, 자갈 등의 골재자원이 산업화된 지 이미 오래다. 그리고 수심 3,000~6,000m에 부존하는 심해저 광물자원의 상업적 생산을 위한 탐사기술은 물론 채광기술 개발도 상당히 높은 수준에 이르렀다.

바다는 무한한 보고다

바다는 또한 인류가 필요로 하는 동물성 단백질의 약 6분의 1을 공급하는 수산식물자원의 보고(寶庫)일 뿐 아니라 아름다운 섬과 해안선, 해저공간 등 천혜의 관광자원을 보유한 삶의 공간이기도 하다. 또한 세계 전체 교역량의 75%인 40억 톤의 화물이 바다를 통해 수송되고 있다.

한편 우리나라의 해양개발 여건은 세계 어느 나라와 견주어도 손색이 없다. 3면이 바다로 둘러싸여 있고 남한의 경제활동 가능 면적의 15배, 육지 전체 면적의 5배에 달하는 광활한 관할 가능 해역을 가지고 있다. 여기에다 3,200여 개의 도서, 1만 1,500km의 긴 해안선 등 천혜의 자연조건을 구비하고 있어 우리나라 관할 해역의 해양생태계 생산력은 연간 약 100조 원에 달할 것으로 추정된다. 그리고 제7광구에는 약 20억 배럴의 석유와 가스가 매장되어 있고, 우리가 보유하고 있는 태평양 심해저 광구에는 1억 톤의 망간단괴가 깔려 있다. 또한 우리 해안에서는 조력(潮力), 파력(波力), 온도차 발전이 가능하다. 갯벌은 우리 국토의 6%에 해당할 정도의 크기($6,400km^2$)로 분포되어 있으며, 세계 5대 갯벌에 들 정도로 유명하다.

21세기는 분명 바다의 세기다. 지금 지구촌시대에 밀려오고 있는 세계화·해양화의 거대한 물결 속에 우리는 21세기 일류 해양강국을 건설하기 위한 준비를 착실하게 해나가야 할 때다. 다행히 우리는 '바다의 날'을 제정하고 해양수산부를 탄생시켰다. 이제는 이 통합된 해양행정 기반을 바탕으로 바다 개척을 통해 해양화를 적극적으로 추진해나가야 한다. 새로운 바다경영시대를 열어가야 하는 것이다.

바다경영시대와 우리의 과제

바다경영시대의 해양화는 크게 네 가지 방향으로 추진되어야 한다.

첫째는 세계화다. 세계는 바야흐로 국경 없는 해양산업 활동이 전개되고 있다. 수산자원 개발은 연안국의 자국화 정책 강화에 따라 국가간 실질적인 협력 요구가 증대되고 있고, 해운선사들은 전략적 제휴를 통해 세계화 경영전략을 추구하고 있으며 선사간 흡수합병이 본격적으로 추진되고 있다. 또한 미국, 영국 등 8개국은 공동으로 심해저 자원개발에 박차를 가하고 있다. 따라서 우리의 바다경영은 세계를 무대로 추진되어야 한다.

둘째는 미래화다. 바다는 우리 시대, 우리 세대만의 전유물이 아니다. 선조들이 우리에게 물려준 자산이고 다시금 후손에게 물려주어야 할 소중한 인류 공동의 자산이다. 그리고 바다 개척의 중요한 목표는 후손에게 물려줄 풍요롭고 쾌적한 해양 국토 공간 조성에 두어야 한다.

셋째는 실용화다. 바다는 무한한 자원의 보고이다. 그러나 바다자원은 인류를 위해 유용하게 활용될 때에만 진정한 가치가 있으며 그렇지 못할 경우 무용지물이 되고 만다. 따라서 해양개발은 해양산업의 부가가치를 제고하고 국가 경제 발전을 선도해나갈 수 있도록 추진되어야 한다.

끝으로 해양화는 지방화에 바탕을 두고 추진되어야 한다. "생각은 세계 차원으로 하고, 행동은 지방 차원에서 하라(Think globally and act locally)." 해양화는 특히 세계 차원으로 문제를 보고 지방의 현지에서 문제를 풀어가야 한다. 지방 차원에서는 동·서·남해안의 해양여건, 주변 연안지역 여건, 우리나라의 경제적 특성과 국내외 물류 흐름 등을 감안하여 지역 특성에 맞는 특화된 해양개발을 추진해야 한다.

해양경영화를 위한 기본 정책과제

해양경영시대의 해양화 추진을 위해서는 먼저 우리에게 주어진 산적한 과제들을 우선적으로 해결해야 한다.

1997년 6월과 7월, 다섯 차례에 걸친 일본 해상보안청의 우리 어선 납치는 어업인들과 국민들의 분노와 경악을 자아냈으며 우리의 해양관리 체제를 다시금 되돌아보게 하는 커다란 사건이었다.

사실 지난 1996년 7월 5일, 일본이 「영해 및 접속수역법」을 제정해 1997년 1월 1일부터 직선기선(直線基線)을 적용할 때만 해도 외교관례상 동법의 시행이 일방적인 어선 납치로 이어질 줄은 예상도 못했다. 그러나 일본은 6월 8일 오대호, 6월 9일 대동호에 이어 수덕호, 덕용호, 대양호를 잇달아 납치함으로서 직선기선 적용 의사를 분명히 했다. 또한 역사상 독도가 우리의 영토임이 명백함에도 불구하고, 일본은 끊임없이 영유권을 주장하는 등 이를 분쟁지역으로 남기고자 온갖 짓을 다하고 있다. 아울러 지금 한반도의 안보 상황은 불투명하고 불확실하다. 특히 지난 1996년 발생한 잠수함 침투 사건과 1997년 6월 서해안 북방한계선 인근 해역에서 촉발된 북한 함정과의 세 시간에 가까운 교전 및 대치상황에서 드러났듯이 바다를 통한 군사도발은 북한이 가장 손쉽게 노릴 수 있는 침략수단이다. 이렇듯 해양영토를 둘러싼 치열한 대립과 갈등이 지속되고 있음에도 불구하고 우리의 해양관리는 너무도 열악한 상태에 놓여 있다.

우선 우리의 해양경찰력은 12해리 영해시대에 걸맞은 경비역량 수준에도 미흡하다. 한 개 해양경찰서의 관할구역은 적정 경비구역의 두 배에 가까운 약 6,000km^{2}에 달하고 있으며, 경비 업무 수행에 절대적으로 필요한 항공기는 일본 해상보안청이 44대를 보유하고 있는데 우리 해양경찰은 불과 4대를 보유하고 있을 뿐이다.

해군력 또한 상황이 크게 다르지 않다. 1993년 미국의 국방비는 육군이 630억 달러였다. 해군은 이보다 약 220억 달러가 많은 850억 달러였으며 병력도 육군보다 약 5,000명이 많은 54만 명에 이르고 있다. 일본의 경우도 1995년도 해상자위대의 신형장비 구입비는 6,900만 달러로서 육상자위대의 4,300만 달러보다 훨씬 많다. 또한 현재 금세기 최고의 구축함을 세 척이나 보유하고 있으면서도 새로 네 척을 추가로 건조할 계획이다.

그러나 우리의 해군은 너무도 어려운 실정에 있다. 국방비 총예산 중 해군예산은 15% 수준으로 육군의 3분의 1에도 미치지 못하고 있다. 그러니 이 빈약한 예산 때문에 우리 해군은 날로 증강되고 첨단화되는 주변국들의 해군력을 지켜만 볼 뿐 이를 견제할 수 있는 자체 해군력을 키우지 못하고 있다. 우리의 해양 관리 역량 강화는 21세기 배타적 경제수역시대를 맞이하여 최우선적으로 해결해야 할 과제가 아닐 수 없다.

두번째는 우리의 해양산업 여건을 획기적으로 개선해야 한다. 그동안 우리나라는 여러 가지 어려운 여건 속에서도 급속한 성장을 해왔다. 우리의 조선산업은 세계 1, 2위, 해운업은 세계 8위, 수산업은 세계 9위를 차지하고 있다. 해양 관련 산업이 국민총생산에서 차지하는 비중이 7%에 이르고 있으며 수출입 물량의 99.7%가 바다를 통해서 이루어지고 있다. 이것은 우리 해양역군들이 전세계 5대양을 무대로 이루어낸 자랑스런 성과다.

그러나 오늘날 우리나라의 해양산업 여건은 갈수록 어려워지고 있다. 각종 불합리한 금융·세제 제도는 국적선사의 경쟁력을 약화시키고 있고 항만은 만성적인 체선·체화(滯貨)에 시달리며 물류비 증가의 주 원인이 되고 있다. 수산업 여건 또한 연안국들의 배타적 경제수역 선포에 따른 어장축소, 매립과 간척으로 인한 해양오염 증가, 수산물 수입자유화 등에 따라 갈수록 어려워지고 있다. 해양 광물자원 개발 사업도 전문가의 부족, 관련 장비와 채광 기술의 낙후, 해양자원 개발에 대한 투자와 인식 부족 등으로 그동안 거의 전무였다고 해도 과언이 아니다. 따라서 국제경쟁력을 갖춘 일류 해양산업을 육성하기 위해서는 열악한 해양산업 여건의 개선이 무엇보다 시급하다.

세번째로는 해양환경체계를 재정비하고 적극적으로 해양정책을 개발해나가야 한다. 지난 1995년에는 유난히 많은 대형 해양오염사고가 발생하였다. 전남 여천군 소리도 앞 바다에서는 '씨프린스'호가 좌초되었으며, 전남 낙포 부두에서는 '호남 사파이어'호가 충돌하여 광범위한 해양오염을 유발하였다. 경남 통영과 고성 해역 등에서는 유독성 적조가 발생하여 어패류의 대량 폐사 등 막대한 피해가 발생하기도 하였다.

이는 수출 지향적인 경제 특성에 따라 해상 물동량이 많고 특히 주 에너지원인 석유의 의존도 증가에 따라 대형 유조선의 운항이 계속 늘어나고, 임해 중심의 산업입지에 배후 해안도시의 인구증가로 인하여 각종 오염물질의 해양 유입이 급증한 데서 기인한다.

대외적으로도 1992년 '리우' 환경회의 이후 연안을 포함한 모든 해양, 해양생물환경의 보호와 합리적 이용에 대한 국제적 관심이 고조되고 있다. 특히 UN해양법협약 등 신해양질서 태동에 따른 범지구적 해양환경보전 의무의 강화와 황해 등 지역해역의 환경보전을 위한 주변국과의 협력 필요성이 증대되고 있다.

따라서 우리는 국내외 해양환경의 여건 변화에 대응하여 쾌적한 해양환경 기반을 조성하기 위해 종합적이고 체계적인 해양환경 관리체제를 확립해야 한다. 국가의 해양력은 바로 깨끗하고 쾌적한 바다 환경을 확보하는 데서부터 시작되는 것이기 때문이다.

마지막으로 해상안전관리체계를 획기적으로 개선해야 한다. 최근 국제사회의 움직임을 살펴보면, 해상안전에 대한 관심과 규제가 크게 강화되고 있다. 국제해사기구(IMO)는 국제해상인명안전협약(SOLAS)을 개정하여 선박 검사를 강화하였으며 1997년 11월부터는 유조선 등에 대한 2중 선체구조가 의무화된 것이다. 뿐만 아니라 세계 각국은 노후 선박에 의한 사고방지를 위해 항만국 통제(port-state control)를 강화하고 있으며, 아·태 지역 항만국 통제 협력체, 카리브해 지역 항만국 통제 협력체 등 지역 단위의 항만국 통제가 태동하고 있다. 동시에 인적 과실에 의한 해난사고를 방지하기 위해 국제안전관리 규약(ISM Code)이 지난 1994년에 채택되었으며 1995년 7월 시행되기에 이르렀다.

그러나 이러한 국제사회의 안전관리 강화 추세에도 불구하고 우리나라의 해상안전관리 상황은 여전히 미흡한 실정이다. 우선 선박의 해난 발생율이 지난 1985년에 비해 두 배 이상 증가하였고 선박 전손율(船舶全損率)은 세계 평균보다 2.4배 높다. 또한 해난사고의 원인을 분석해보면 운항 과실, 시설 결함 등 선박 종사자의 인적 과실이 78%에 이르고 있다.

이는 지속적인 경제성장에 따른 해상 교통량 증가와 국민들의 소득 증가에 따른 해사관광 레저 소요 증가에도 그 원인이 있지만, 보다 근본적인 원인은 선박종사자와 국민들의 낮은 안전의식과 전반적인 안전관리체제의 부재에 있다고 할 수 있다. 따라서 우리는 안전한 바다의 실현을 위하여 민관이 함께하는 안전관리체제를 조속히 정비해나가야 한다.

이상 21세기 바다경영시대에 우선적으로 해결해야 할 몇 가지 과제를 논의했다. 이러한 과제의 해결은 어느 한 순간에 이루어지는 것은 아니다. 정부와 국민들이 하나가 되어 일궈내는 강력한 해양력이 뒷받침되어야 가능하다. 우리가 우선적으로 추진해야 할 것은 바로 해양력 강화라 할 것이다.

21세기를 향한 해양 강화 전략

일찍이 미국의 '알프레드 마한'은 한 나라 해양력의 요소를 지리적 위치, 물리적 환경, 영토의 크기, 인구 수, 국민성, 정부의 성격 등으로 평가한 바 있다. 여기에서는 우리나라의 해양력 강화를 위한 기본 요소를 크게 세 가지로 나누어 이야기하고자 한다.

우선 해양산업의 부가가치를 제고하고 경쟁력 있는 첨단해양산업을 육성하고 발전시키기 위해 해양과학 기술력을 획기적으로 제고해야 한다. 예컨대 현대 산업의 기초원료인 철강 1톤을 생산하기 위해서는 망간 약 9kg이 소요되는데 우리나라는 국내 망간 수요의 거의 전량을 해외 수입에 의존하고 있다. 그러나 1994년 확보한 태평양 하와이 동남방(東南方) 1,700km 해역의 심해저 광구에 약 1억 톤의 망간이 매장되어 있으며, 개발기술을 확보하여 이를 상업화하는 경우 연간 8,800억 원의 매출액과 4,000억 원의 순수익을 창출할 수 있는 것으로 추정하고 있다. 현재 연간 100만 대의 자동차 수출로 1,000억 원의 순수익을 내고 있으니 이는 매년 400만 대의 자동차를 수출하는 효과를 거두는 셈이다. 그러니 우리는 해양과학기술을 획기적으로 확대하고 해양과학기술을 실용화해야 하지 않겠는가.

이를 위해 「해양과학기술촉진법」을 제정해서 정부 예산 투자 비중을 현재 0.03%에서 선진국 수준인 0.1% 이상으로 확대해야 하고, 해양과학기술심의회의 구성, 심해저 광물자원 개발, 남극 과학기지 운영 등을 지원하기 위한 제도적인 장치를 곧 마련해야 할 것이다. 아울러 국가목표와 해양산업계 수요를 연계한 특정 기술의 개발을 위해 '해양과학기술개발을 위한 실천방안'을 마련하여 차질 없이 추진해나가야 한다.

두번째로 200해리 배타적 경제수역시대에 걸맞은 광역해양관리 체제를 구축해야 한다. 이를 위해 우선 광역 해양경찰의 위상을 재정립해야 한다. 해양경찰은 해양수산부 출범과 더불어 독립 외청(外廳)으로 승격하였다. 이제는 이 조직을 정비하여 독립 외청의 기반을 더욱 공고히 하고 해양경찰교육원의 신설 등을 통해 전문 인력을 양성하며 선박과 항공기 등 장비를 획기적으로 확충하여 배타적 경제수역을 실효(實效)적으로 관리해나가야 한다.

한편 바다에서 우리 자신을 지키고 5대양으로 뻗어나가게 하는 힘은 바로 해군력에 있다. 따라서 우리 해군은 항공기와 잠수함 등으로 입체적인 전력을 갖추고 '대양해군'으로 거듭나야 한다. 이를 위해 해군은 투자를 확대하고 우수한 인력을 확보하여 대양으로 나아가 나라의 주권과 국과의 이익을 수호할 수 있는 '전략적 기동 전력'으로 발전해나가야 한다. 이를 위해 '대양해군 건설'에 거는 국민의 기대에 부응해야 하며 자랑스런 충무공의 후예로서 우리 해군의 위상을 한 차원 높여나가야 할 것이다.

마지막으로 해양한국을 뒷받침할 국민의 해양의식을 제고해야 한다. 세계 일류 해양국가 건설은 단순히 계획의 수립과 투자만으로 이루어지는 것이 아니며 국민들의 마음속에 강력한 해양입국(海洋立國) 의지가 살아 움직일 때 가능한 것이다. 따라서 우리는 국민의 가슴속에 잠재되어 있는 해양민족으로서의 정기(精氣)를 일깨워 국민적 에너지로 승화시켜야 한다.

우선 매년 5월 31일 '바다의 날'은 해양인만의 행사가 아니라 적어도 일본 수준의 국민축일(國民祝日)로 발전되어야 할 것이다. 1997년에 개최된 제2회 바다의 날 행사는 단순한 기념행사에서 벗어나서 모형함선경연대회, 독도해상선상세미나, 해양동물박람회 등 국민과 함께하는 내실 있는 다채로운 이벤트들을 기획, 추진하였으나 국민의 호응이 기대에 미치지 못해 아쉬움을 남겼다. 이러한 차원에서 해양수산부는 해양문학·해양민속·해양을 소재로 한 '애니메이션' 등 해양문화 활동을 지원하고, 해양 관련 장학·연구·교육·홍보 등을 주간하게 될 '해양문화재단'이 모든 해양수산인과 해양문화인의 참여 속에 설립되고, 아울러 전국의 연안을 환경친화적인 해양 환경공간 또는 해양휴식공간으로 조성해나가는 한편 해양문화교실 개최, 해양소년단 육성 등 해양사상 고취를 위한 각종 프로그램을 실행해나갈 것이다.

1998년 UN이 정한 '세계 해양의 해'를 계기로 우리나라에서도 갖가지 바다문화행사가 전개되고, 게다가 앞으로 2010년 세계해양 박람회를 전라남도에 유치함으로써 우리나라를 세계 해양사(海洋史)에 우뚝 선 찬란한 해양문화민족으로 다시금 고쳐 세우고자 한다.

21세기 신해양시대의 해양력 강화 전략에 대해 나의 소신을 피력하였다. 이제 우리 앞에 다가온 21세기는 바다를 통해 시작될 것이며, 새로운 변화에 능동적으로 대처해나가는 국가만이 세계 일류가 될 수 있는 것이다. 따라서 우리는 급변하는 세계사의 흐름 속에서 21세기를 향한 새로운 항해를 시작해야 한다.

더 이상 바다는 동경과 낭만, 위험과 불안의 대상이 아니다. 바다는 우리의 미래가 살아 숨쉬는 도전의 장이요, 기회의 창이다. 우리 모두는 바다를 무대로 풍요롭고 윤택한 21세기 일류 해양국가를 건설해야 한다. 이는 바로 우리 모두의 꿈이요 희망이자 의무이다. 이를 위해서는 해양의 중요성에 대한국민 모두의 획기적인 발상의 전환과 해양력 강화를 위한 우리 모두의 땀과 노력이 필요하다.

* 이 글은 필자가 해양수산부 장관 재직 중 해양수산부 출범 1주년 기획특집으로 열린 해양전략연구소(KIMS) 주관의 국제해양력심포지움(1997. 8. 14)에서 기조연설로 발표한 내용이다.

3부 더불어 잘사는 세상

12 더불어 잘사는 세상

경제성장과 형평
우리의 소원은 통일, 통일이어라
자선사업도 이제 세계화가 필요하다
현장에서 본 베트남 : 경협 서둘러야 할 새로운 시장

경제성장과 형평

경제·사회의 병근(病根)

1987년, 추석 때 농촌에 가보고 놀랐다. 컬러TV, 냉장고, 전화가 없는 집을 찾기 어려울 정도였다. 이제 가스레인지의 보급단계에 접어들었다. 이러한 발전은 1인당 국민소득 평균 2,000달러 시대의 산물이다.

사람의 욕망은 한정이 없다. 이제 국민생활의 기본수요가 충족되자 사람들의 희구수준(aspiration level)이 증대되고 질적으로 다양해지고 있다. 이러한 현상은 정부가 주도해온 장기계획목표의 과잉 PR로 인하여 수요가 환상적으로 고급화되고 앞당겨 충족되기를 요구하게 되어 현실에 대한 불만이 터지기도 하는 것이다. 사실 1인당 국민소득 2,000달러 수준으로 국민의 높은 기대수준에 근접하는 욕구를 충족시키기는 불가능하다.

최근에는 노사간 갈등과 소득계층간 불공평이 새로운 사회문제로 부각되고 있다. 초기 성장과정에서는 저렴한 노임을 활용하는 노동집약적인 산업의 성장이 불가피하였고, 이 가운데 새로운 소득계층의 성장이 이루어져 소득계층간의 소득불균형이 가시화됨에 따라 보통 사람들은 소득수준의 향상에도 불구하고 상대적인 빈곤을 느끼고 사회적인 불만을 유발하게 되었다.

시장경제 기능에 바탕을 둔 자본주의 경제는 가진 자의 확대와 중산층의 육성이 뒷받침되어야 하는 것이다. 택시운전사 중에도 개인택시와 고용택시의 운전사간 세상을 보는 눈에 큰 차이를 발견할 수 있다. 개인택시 운전사는 자본과 경영이 분리되지 않은 자본주(資本主)이기 때문에 자본주의 경제체제에 대해 긍정적인 시각을 갖고 있는 게 보통이다. 그러나 아직 가진 자의 비중이 크지 못한 것이 문제이다. 가진 자의 소유 대상은 토지, 주택 등의 부동산과 승용차, 주식, 자본 등을 들 수 있는데, 이들의 소유 가능성이 아직도 보통 사람들의 현실적인 실현과 거리가 먼 형편이다. 이러한 현실과 더불어 경제거래질서가 공평하지 않고 경제윤리가 건전하지 못한 것도 큰 문제이다.

주변을 살펴보면 벼락부자가 많다. 이들 중에는 정보가 밝은 사람이거나 재수가 좋은 사람이거나 아니면 불의와 야합한 사람이 많다. 건전한 보통 사람의 생각으로는 이해하기 어렵게 돈을 번 것이다. 이것이 문제이다. 기회가 공평하고 중립적이어야 한다. 그러나 복부인을 욕할 수는 없다. 복부인들은 돈을 버는 빼어난 재주를 지닌 사람들이다. 이러한 재주는 자본주의 사회의 좋은 자산이기도 하다. 문제는 공평하지 못한 기회를 방치해둔 사회적인 제도에 흠이 있는 것이다. 따라서 공평이 보장되는 제도적인 장치가 필요하다.

우리 사회에는 왜 그런지 사업에 성공한 사람이나 돈을 번 부자에 대한 존경하는 태도를 찾아보기 힘들다. 옛날부터 배어 있는 사농공상(士農工商)의 차등관(差等觀)에 기인하기도 했을 것이다. 돈을 버는 과정에서 존경받지 못할 행위를 하기 때문이기도 할 것이다. 그러나 자본주의 사회에서 돈을 버는 행위나 이윤을 추구하는 동기는 존경받아야 한다. 이것 없이 자본주의 사회의 발전은 불가능하다.

우리 경제사회는 기술혁신과 고용확대 사이에 또 하나의 갈등을 경험하게 되었다. 노사분규 이후에 고용을 줄이고 기계로 대체하려는 움직임이 심상치 않다. 서울시의 도로에서 휴지 등을 쓸어내며 다니는 인부들을 볼 때 미국에서처럼 기계로 대체하면 쉬울 텐데 하고 생각하기 쉽다. 그러나 우리나라는 인건비가 쌌기 때문에 그것이 지금까지는 가능했으나, 조만간 이것마저 기계로 대체될 것이다. 종전에는 싼 노임을 활용한 것이었기 때문에 경제성장이 바로 고용증대로 나타났으나, 현재는 점차 기계화되는 경향이라 추가 고용의 기회는 별로 늘어나지 않게 될 것이고, 이것은 사회문제로 나타날 것이다.

노사분규는 단순히 노(勞)와 사(使) 간의 문제에 그치는 것이 아니다. 이윤이 노동과 자본에 의해서 생산된 것이니 노사간에 나눠 갖자는 사고는 큰 사회적인 문제라 하지 않을 수 없다. 이 사회에는 취업하지 못한 실업자가 허다한데 이들이 배제된 노사간의 담합으로 취업자와 비취업자 간에 또 하나의 갈등을 유발하게 되기 때문이다.

시장경제와 형평

최근 우리나라 한 구석에서 사회주의적인 평등의 목소리가 커지고 있다. 사회주의의 평등관은 개인의 능력과 창의를 무시한 무조건의 평등과 균배(均配)를 지향한다. 우리나라가 자본과 노동 등 생산요소의 기여도에 관계없이 균배했을 때 어떻게 될까? 경제성장의 침체가 그 결과일 것이 분명하다. 그 사회는 열심히 일하고 창의를 발휘하면서 이윤을 추구하는 동기가 없는 정태(靜態)의 침체사회가 되고 마는 것이다. 최근 소련이나 중공에서 개인의 소유권을 제한적이나마 허용하여 점진적으로 개인의 노력과 창의를 존중하는 제도로 탈바꿈하는 것은 이를 잘 반증해준다.

평등사회는 근본적으로 빵을 나누어준다고 만들어지는 것이 아니다. 평등사회는 사회를 구성하는 개개인의 능력향상을 통해서 이루어져야 한다. 빵을 나눠주는 일은 단기적인 임시변통이고 능력이나 자력양성은 시간은 걸리나 근본적인 접근이다. 그동안 우리 사회는 능력 있는 개인을 활용하는 정책을 추구하였고 능력이 부족한 자들의 능력 또는 자력을 키워주는 사회 정책적인 노력은 미흡하였다. 능력/자력양성을 통한 사회 평등의 지향을 위해서는 현재 능력이 부족한 자의 갱생과 교육·훈련 등을 통한 범사회적인 지원이 전제되어야 한다. 이러한 능력/자력양성을 통한 평등의 추구는 시간은 걸릴지라도 사회 전체의 성장 지향적인 풍토를 조성하면서 동시에 착실히 사회적인 형평을 실현할 수 있는 길이 아닌가 싶다.

이윤의 사회적인 배분: 이윤의 4분원칙 실현

1980년대 후반부터 격화된 노사분규를 계기로 노동자의 목소리가 커지고 노동자의 몫이 늘어났다. 노사분규의 원인으로 몫에 대한 주장을 무시할 수 없으나 이에 못지않은 것이 노동자를 한갓 생산수단으로만 취급하지 말고 경영의 과정에 참여시켜주기를 바라는 일종의 인본주의의 주창이다.

이윤은 자본, 노동, 경영에 의해서만 만들어지는 것이 아니다. 이에 못지않게 중요한 것은 사회의 질서와 안정이 보장되어야 하고, 종횡으로 얽혀 있는 기업들, 전문용어로는 전후방 연관산업의 지원 속에 헤아릴 수 없는 국민의 구매행위에 의해서 실현되어야 한다. 요컨대 이윤은 국가와 국민의 은혜 속에서 조성된 것이다. 그렇다면 이윤의 분배는 노사간의 배분이 아니라 사용자, 노동자, 일반 국민, 비취업자간에 적절히 배분되어야 마땅하다. 이를 이윤의 4분(四分) 원칙이라 부르기로 하자.

4분원칙은 사용자의 분배는 축소하지만 노동자의 몫을 키워준다. 그리고 이윤의 일부는 유보하여 기업의 확충기금으로 사용함으로써 고용기회를 확대시키고 또 일부는 그 기업에서 생산되는 제품의 질을 향상시키고 제품 값을 인하시키는 데 할애한다. 모든 기업이 제품의 값을 인하하게 될 경우, 그 사회의 물가가 그만큼 안정됨으로써 노동자는 실질임금의 상승으로 보상받는 결과가 되는 것이다. 더 나아가서 이 같은 제품 가격 인하는 그 제품의 수출 증대를 통한 성장의 촉진으로 더 큰 보상을 보장받게 된다. 이는 당연히 단기적인 내 이익만의 추구와는 상반된 결과를 가져온다. 또한 당장의 내 몫 찾기에 혈안이 되지 말고 좀 길게 내다보고 또 사회 전체를 생각하는 것이 멀리 보았을 때 개개인에게 유리하다. 이것이 바로 종교계가 지향하는 상생상화(相生相和)에 바탕한 자리이타의 바람직한 사회상이리라.

* 이 글은 1987년 12월호 ≪원광≫에 실린 글이다.

우리의 소원은 통일, 통일이어라

남북통일에의 길

통일문제는 해마다 UN총회가 열리면 일과성으로 한번씩 거론된다. 올해도 예외 없이 UN에서 제기되었으나 그 내용은 정치적 탁상공론에 불과한 것이었다. 조선시대 유교의 완고한 형식 존중의 풍토가 아직도 남아 있어서인지 남북한의 주장은 다분히 내용을 경시한 형식 면으로 흐르는 경향이 있는 것 같다. 한쪽은 UN 감시하의 남북총선을 주장하고, 다른 한쪽은 연방론, 중립론 등을 주장하면서, 실은 내심으로 상대가 반대할 것으로 기대하고 있는 듯 하다.

그러나 통일의 문제는 급진적으로 해결될 성질의 것이 아니라, 그 바탕의 형성과 '무드'의 조성이 선행되어야 한다고 본다. 현재의 남북한은 두 개의 극단적인 '나'의 대립 속에 서로 현상유지에 급급한 실정이다. 북한의 조국은 공산주의고 남한은 미국을 절대시하는 극단적인 대치 속에 남북한간에는 '우리'라는 감정(We-feeling)이 전혀 없다. 너는 너 나는 나, 서로 적대적으로 대치할 뿐 공동체적 의식이 결여된 불통(不通)의 관계인 것이다. 우리는 같은 민족이고 '우리'라는 감정부터 먼저 회복해야 한다. 우리 민족의식의 고취를 통한 운명공동체적 이해 없이는 어떤 구체적인 방법도 자기 방어적인 형식론에 불과한 것이다. 따라서 우리가 관심을 가져야 할 일은 정치적 통일방법보다 남북 공통의 민족의식 고취에 도움이 되는 선행조건을 찾는 것이다. 현재 서신교류, 가족면회소 설치 등 여러 가지 의견들이 제시되고 있으나, 이들은 정치적으로 이용될 소지가 크다. 민족의 공동 광장을 마련하기 위해서는 공산국가니 자유민주주의 국가니 하는 정치성을 제쳐놓고 그 이전의 백의민족으로 돌아가야 한다. 민족의식을 찾고 이를 고양시키기 위해서는 여러 가지 구체적인 방법이 있을 수 있겠으나 먼저 정치성이 배제된 체육분야에서 해결책을 찾아야 할 것으로 보인다.

이 역시 남북한간에 합의하기가 쉽지 않을지 모른다. 그래서 정치에서 거리가 있는 여성 위주의 체육분야, 그것도 남한에서는 남한이 우세한 여자 농구, 북한에서는 북한이 우세한 여자 배구 시합을 각기 우세지역에서 개최해서 서로 체제우위와 만족감을 충족시켜주면서 시작하자. 시작이 반이다. 그리고 서서히 확대해서 끝내는 옛날 서울-평양을 오가며 벌인 그 축구경평전(蹴球京平戰)을 다시 열고 더 나아가서 남북체육대회를 대대적으로 거행함으로써 민족의 자존을 찾고 아울러 우리 민족의 공동 광장을 마련할 수 있게 될 것이다.

이러한 공동 바탕의 확립 위에 현실적인 통일방안이 '우리'라는 인식 속에 점진적으로 논의될 수 있게 될 것이다. 이때 동북아시아 국제정세의 변화를 도외시할 수 없다. 남북한을 둘러싸고 있는 국제정세도 때가 되면 변하게 되는 법이다. '우리'라는 민족의식의 성숙에 주안을 두고 대비하고 있다가 국제정세가 우리에게 유리하게 전개될 때에 우리 주도로 통일을 이룩할 수 있도록 정치문제의 해결방안을 미리 준비해두기를 기대해본다.

남북 화해협력시대의 진전

지난 2000년 6월 7일 남산 기슭에 있는 민주평화통일 자문회의의 민족화해협력위원회에서 '남북정상회담과 민족화해협력방안'을 주제로 한 원불교 이광정 좌산 종법사의 통일 강연에 큰 감명을 받았다. 이날 강조한 통일대도(統一大道) 원칙은 대해원(大解寃), 대사면(大赦免), 대화해(大和解), 대수용(大受容), 대협력(大協力), 대합의(大合意)다. 이 통일대도 원칙은 원불교의 인과원리(因果原理)와 해원상생(解寃相生)의 도(道)에 바탕을 두고 있다. 이 원칙은 원불교 소태산 대종사의 어변성룡(魚變成龍)의 국운 전망 속에 정산종사의 대아(大我)를 바탕으로 한 국가 대의의 맥을 잇고 있다.

이날 질의 순서에서 서강대학교 박홍 전 총장 등 여러 자문위원은 북한은 조금도 변하지 않고 있는데 우리만 사상적 무장해제를 무조건 해버리면 적화통일을 조장하는 것 아니냐는 우려를 나타내었다. 이에 대해서 좌산 종법사의 "만고에 변하지 않는 게 어디 있느냐. 세상은 변하기 마련이고 북한도 변하지 않고는 생존할 수 없는 시점에 와 있다"는 답변은 남북정상회담에 어떤 가능성을 기대하게 한다. 북한은 이제 변하기 시작한 것이다. "닭의 목을 비틀어도 새벽이 온다"는 김영삼 전 대통령의 강변이 통하는 것이 아닐까?

이번 역사적인 남북 또는 북남 정상회담의 합의는 마치 좌산 종법사의 통일대도원칙을 그대로 수용·반영한 것처럼 보인다. 과거에는 쌍방이 상대방의 부당성을 캐고 서로 차이점을 부각하는 데 주력하는 상극(相剋)의 대치 형태였으나, 이번 정상회담에서는 두 주장의 유사점과 공통점을 찾는 대수용의 '코페르니쿠스'적 큰 변화를 보인 것이다. 남한의 '국가연합'과 북한의 주장을 반영한 '약한 형태의 고려연방제'는 어느 정도의 유사성이 있고, 이 실천과정에서 국가연합의 단계적인 접근방향으로 유도해갈 수 있을 것으로 보인다. 현재의 유럽연합(EU)은 국가연합의 한 형태이지만 처음에는 유럽경제공동체로 출발하여 오늘날의 유럽연합으로 점진적인 발전을 해온 것이 우리에게 좋은 참고가 될 것으로 보인다.

우리도 국가연합을 지향하면서 통일대도 원칙 위에 먼저 한반도 경제공동체의 한 형태로 출발하자. 남한의 자본, 기술과 북한의 좋은 인력이 조합을 이루면 남·북한이 동시에 승자가 될 수 있다. 지금 한·일간에도 또 동아시아에도 경제공동체가 논의되고 있는 상황 속에서 한반도에 봄이 오지 말란 법이 어디 있으랴? 당장 통일이 되면 사회적 비용이 엄청 소요되기 때문에 우리가 지금 감당하기에 너무 벅차다. 경제공동체도 남북한간의 인구이동을 제한하고 자본과 기술이전에 의해 남북한간 경제력과 생활수준의 격차를 줄이는 데 주력해서 통일비용을 줄여가야 한다. 북한의 투자도 경제성 기준으로 추진하되, 자본동원이 가능한 수준에서 차관이나 공채(公債) 등으로 조달하고 세금부담을 최소화함으로써 북한도 경제성 또는 기업성(企業性) 위주의 경제운용을 가능케 하고 남한도 현세대뿐 아니라 차세대도 통일 비용을 부담토록 해야 할 것이다.

이처럼 경제협력을 통한 상생(相生)의 선택 속에 통일을 점차 앞

당기기 위해서는 남·북한의 동질성 회복을 위한 스포츠나 문화교류
도 아울러 추진되어야 한다. 스포츠나 문화교류도 통일원칙처럼 대
화해의 물꼬를 트게 되면, 통일은 봄 동산에 개나리 피듯 때가 되면
자연스레 이루어질 것이다. 너무 서두르지 말자. 입춘대길이 아닌가!

* 앞의 글, "남북통일에의 길"은 서울대학교 행정대학원에 다닐 때 1964년 11월 30
일자 서울대학교 ≪대학신문≫의 "남북통일에의 길" 특집에 실렸던 글인데, 이번에
문장을 좀 쉽게 다듬었다. 그리고 뒤의 글, "남북 화해협력시대의 진전"은 2000년 6월
30일자 ≪한울안신문≫에 기고했던 글이다. 이 글은 원불교 이광정 좌산 종법사님이
민주통일자문회의의 민족화해협력위원회에서 '남북정상회담과 민족화해협력방안'을
주제로 한 통일강연에 참여하고 쓴 글인데 이번에 약간 손질하였다.

자선사업도 이제 세계화가 필요하다

1996년 3월 9일 이른 봄, 서울에서는 '아프리카 어린이 돕는 모임'이 결성되었다. 아프리카는 최근 TV나 매스컴에서 자주 소개된 것처럼, 많은 어린이들이 상상 이상의 굶주림 속에서 연명하기조차 어려운 아귀 같은 삶을 살고 있는 곳이다. 그러니 교육도, 변화와 발전의 기미도, 내일의 희망도 없다. 남아프리카에서도 백인은 유럽 못지않게 잘살지만, 흑인은 다른 아프리카와 조금도 다를 바 없다고 한다. 우리나라 6·25 동란 후의 그 처참한 생활보다도 더하다. 그래도 그 당시 한국은 교육열이 대단했고, 발전에 대한 동기와 미래에 대한 희망이 있었으니 큰 차이가 아닐 수 없다.

미국의 넬킨(Nelkin) 교수의 "달과 빈민굴의 은유(The Moon-ghetto metaphor)"가 떠오른다. 이는 우리가 인간을 달에 올려 보내면서도 지구상의 빈민굴 하나 해결하지 못하는 것을 꼬집은 비유다. 지구상의 마지막 '프론티어'는 우주개발도 아니고 해양개발도 아니다. 이 땅 위에 처참하게 팽개쳐진 빈민구제라 할 수 있다. 빈민구제는 과학기술자의 지혜와 노력만으로 해결할 수 없는 어려운 과제이다. 이의 해결은 이제 과학기술의 힘에만 의존할 것이 아니라 종교와 사회정책 차원에서 그 처방을 찾아야 하는데, 원불교의 삼동윤리 사상이 해결의 가닥을 잡아주는 것 같다.

세계의 모든 인종과 민족은 얼굴색과 언어가 다르다 해도 지구의 '한 울안', 인류의 '한 집안', 지구촌 '한 일터'라는 '세 개의 하나 세계' 곧 삼동(三同)세계 속에 살고 있다. 그러나 우리나라에서는 음식을 과잉 섭취하여 비만을 걱정하고 콜레스테롤에 주의를 기울이고 있는데, 지구 저편 아프리카의 흑인들과 그 아이들은 처참하게도 몰골이 앙상할 정도의 기아에 헤매고 있으니 어찌 남의 일로 눈감아버릴 수 있겠는가?

우리나라가 미국의 원조를 받고 있을 때, 우리는 기아에 허덕이고 있는데 미국의 개들조차 우리보다 더 잘 먹고 있는 것을 보고 분통을 터뜨리곤 했던 기억이 난다. 지금은 그들이 우리를 그렇게 보지 않겠는가? 이제 우리가 그들의 입장이 되어 도와줄 차례가 온 것 같다.

이러한 때에 원광대학교 약학대학 학장 김혜심 교무가 학장직과 교수직을 내던지고 불모의 아프리카 땅에 뛰어든 것은 충격적이면서 신선한 감동을 자아낸다. 김 교무는 교화·교육·자선을 동시에 추진하고 있다. 남아프리카공화국에 교당을 내고, 스와질랜드에서는 각종 자선사업과 더불어 '흑인 어린이 보육센터'를 개설·운영하고 있다. 김 교무는 아프리카에 일원의 복음을 전하는 교화에 멈추지 않고 어린이의 자력양성을 위한 교육에도 심혈을 쏟음으로써 아프리카에 미래가 있게 하고 이것이 사회운동으로 번져나가기를 염원하고

있다. 이 새로운 해외 교화가 아프리카의 교화는 물론 그들에게 희
망을 주고 지역발전의 전기가 되고 삼동윤리의 한 농장이 되기를 기
원해본다.

우리나라의 자선사업도 국수적인 면이 없지 않다. 우리 아이들만
보살피려하고, 북한의 기아문제만 걱정하고, 베트남에 손을 뻗치면
서도 우리 2세들만 찾아서 도움의 손길을 주는 데 그친다. 이제 우
리의 자선·구호사업도 세계화시대에 걸맞게 민족과 국경을 뛰어넘
어야 한다. 경제동물이란 인식을 벗어 던지고, 삼동세계에 두루 베푸
는 새 이미지를 심어야 한다.

* 이 글은 1996년 4월 12일자 ≪원불교 신문≫에 실린 것으로 이번에 상당한 손질을
하였다. 기고 당시 필자는 '아프리카 어린이 돕는 모임'의 이사(理事)였는데, 현재는
이사장(理事長)의 중책을 맡고 있다.

현장에서 본 베트남 : 경협 서둘러야 할 새로운 시장

필자는 1993년 12월 한 달 동안 베트남 총리의 경제자문 역으로 초청받아 우리나라 경제발전 전략을 설명하고 베트남의 경제정책 방향에 관하여 조언하고 돌아왔다. 그 당시 하노이 시에 가서 대도시 서울의 개발 경험을 소개했었는데, 강단 옆에 호지민 주석의 흰 동상이 버티고 서 있는 가운데 자본주의에 대한 강의를 하자니 이상한 기분이 들었었다.

당시의 베트남은 소득수준, 경제구조 등으로 보아 우리나라의 1960년대를 연상케 했다. TV 속에 등장하는 가수들의 몸 동작도 1960년대의 느릿한 모습 그대로여서 타임머신을 타고 옛날로 되돌아간 기분이었다. 나는 경제잠재력이 큰 베트남에 우리가 어떻게 진출하고 어떤 경제협력관계를 가지는 것이 좋을지에 관해 관심을 가지고 살펴보았다.

베트남은 1980년대 후반 들어 정부 관리하에 시장경제의 폭을 점차 확대해감으로써 높은 경제성장의 잠재력이 현재화되고 있다. 경제성장률은 1990년에는 5% 수준이었으나 1992년에는 8%를 넘어섰고 1인당 소득은 220달러 수준으로 알려져 있다. 베트남은 지정학적 위치, 부존자원, 인력 등으로 보아 성장잠재력이 매우 높다. 해안선의 길이가 3,000km를 넘는 데다가 좋은 대륙붕이 깔려 있고, 북부 지역을 중심으로 유전을 비롯하여 무연탄, 석회석 등 자원이 풍부하다. 특히 중요한 자원은 값싸고 질 좋은 노동력이다. 1992년 실업자는 370만 명에 달하고 잠재실업자도 많은데 여기에 매년 100만 명 가량의 젊은 노동력이 신규로 추가 공급되고 있으니 앞으로 적어도 10년 내에 높은 임금 상승이 일어날 가능성이 적어 보인다. 게다가 도시화도 늦어 도시용지의 지대(地代)가 낮은 것도 투자의 좋은 요인이 된다.

따라서 베트남은 외국인 투자가 값싼 인력 및 토지와 결부될 때 비교적 토지 소요가 큰 노동집약산업의 좋은 투자대상이 될 수 있다. 현재 베트남 시장에는 자전거는 물론 심지어 잉크와 사과까지 중국산이 판치고 있다. 때문에 중국과의 경쟁을 전제한 비교우위 산업을 고르지 않으면 안된다. 그러나 베트남의 전력부족, 열악한 육로 교통, 얕은 수심의 항만조건 등을 고려할 때 이들의 이용도가 큰 장치산업의 본격적인 유치는 적어도 5~7년 후로 내다보아야 할 것 같다. 베트남은 아시아 지역의 태평양 연안국 중 가장 늦게 개발의 시동이 걸린 나라인 데다 장차 열릴 라오스와 캄보디아에의 진출 거점이 될 수 있고, 미국의 무역 및 원조의 금지조치가 곧 해제될 것으로 보여 기회선점을 위해 진출을 서둘러야 할 신개척지라 할 수 있다.

베트남은 우리나라가 경험했듯이 당분간 상대적으로 집적과 생산성이 높은 하노이 - 하이퐁 - 광닌을 잇는 북부광역권과 호치민 - 붕타우를 연결하는 남부경제권의 집중 개발이 불가피하게 될 것이다. 남북을 잇는 육로 교통은 협궤철도와 1번 국도가 있으나 이틀 이상 걸리고 이를 개량하는 데 대규모 투자가 소요된다. 또한 남북의 연관관계가 크지 않고 중부지역은 개발가능지역도 제한되어 있어 남북을 잇는 연계개발보다 남·북의 광역경제권이 별도의 자족권으로 발전될 것으로 보인다.

현재로는 남강북약(南强北弱)의 경제력 격차가 상당하다. 호치민 시는 하노이보다 훨씬 활력이 넘쳐 보였고 방콕을 닮아가는 듯했다. 우리 교민도 700~800명이나 되고 한국 식당이 10곳이 넘었다. 따라서 남북의 경제력 격차 때문에 베트남 정부는 두 지역의 견제와 균형화를 위해 북부권의 개발에 더 치중하고 있다. 이를 촉진하려면, 우리의 서울과 인천에 비유되는, 하노이 - 하이퐁 항 간의 고속도로화가 가장 시급하다.

하노이 시는 하노이의 강북 및 공항 방향으로 신도시의 개발을 계획중에 있고 우리나라의 대우그룹에서 100만 달러의 계획비용을 지원해주고 있다. 수출 가공구로는 호치민 시 근방의 두 곳이 지정되어 개발중에 있고 이와의 균형을 위해 북부권에도 하노이와 하이퐁 부근에 지정할 계획이다. 그리고 중국 국경 가까이에 변방무역을 겨냥한 수출 가공구를 추진하고 있다.

베트남이 가장 자랑하는 관광명소인 광닌 성의 '하롱베이'는 중국의 남쪽 해남도와 멀지 않은 곳에 3,000개가 넘는 천혜의 아름다운 섬으로 구성되어 있어 관광자유지역으로 지정할 것을 검토중인데 필자도 이를 권고하였다. 베트남은 다른 사회주의국가와 같이 관광 등 서비스업이 부진하기 때문에 이 부문의 투자기회도 많아 보였다. 그러나 베트남 정부는 개방 지향적인데 비해 공산당이 다소 보수 경향을 띠고 있어서 정책의 일관성이 보장되고 있지 못하다. 따라서 높은 성장 저력에도 불구하고 시장경제로의 점진적 이행과정에서 아직 자본주의의 제도와 관행이 충분히 정착되어 있지 않다. 외국투자자는 이 점의 사전 이해와 대책이 필요하다. 우선 토지문제와 관련해 이용권의 거래, 담보, 상속 등이 상당히 인정되고 있으나 국유(國有)다.

그리고 외국인 투자의 절차가 복잡하고 시간이 많이 소요된다. 또한 합작기업의 경우 법제의 미흡으로 쌍방간에 분쟁이 잦고 합자 비율에 관계없이 중요사항은 이사회의 만장일치로 결정하토록 되어 있어 합자 비율의 경영상 실익이 적다. 게다가 수출금융제도가 미흡한 것도 큰 문제로 지적되고 있다. 필자가 베트남 총리실 자문관으로 일하면서 이들 문제를 지적한 바 있고, 총리실과 해당부처에서도 이들 문제를 파악하고 있어 머지않아 상당히 개선될 것으로 기대된다.

* 이 글은 내가 한국개발연구원에 초빙연구위원으로 재직하고 있을 때 베트남을 다녀와서 1994년 1월 25일자 《중앙일보》에 특별기고한 글이다.

■ 참고문헌

WTO체제와 지방의 세계화: 세방화(본문 86~92쪽)는『세계화에 대응하는 지방화』(권태준, 공보처, 1995), 「世界化와 우리의 대응」, 『Shipping Gazette』(金光得, 1995년 5월 29일자)를, **지방행정의 경영화 전략**(본문 97~112쪽)는 「미국 지방자치단체의 경영전략」(金益植, 한국지방행정연구원, 1995), 「日本 地方自治團體의 경영전략」(金益植, 한국지방행정연구원, 1994), 「지역활성화의 手法」(金銑基, 지방행정연구원, 1994), 『都市經營』(趙正濟, 法文社, 1991), 『地方政府經營論』(金源譯, 法文社, 1992), 『정부혁신의 길, 기업가 정신이 정부를 변화시킨다』(데이빗 오스본·태드 게블러, 삼성경제연구소, 1994)를, **해양력 신장과 해양강국**(본문 255~278쪽)은『중국진출백제인의 해상활동 천오백년』(김성호, 맑은소리, 1989), 『해양력과 국가경제』(김재철, 해군본부, 1996), 「해양레져·문화공간의 창조: 다양한 해양관광개발방법의 모색」(≪해양21세기≫, 김철용, 1998), 『친수공간(Waterfront)』(서의택, 제일인쇄, 1997), 「바다의 문학(영미문학의 경우)」(≪해양과 인간≫, 이상섭, 해양문화재단·한국해양연구소), 「해양민족주의와 해양개발경쟁」(≪해양21세기≫, 이서항, 김진현·홍승용(공편), 나남, 1998), 『바다·배·사람』(이재우, 천지, 1998), 『해양문학의 산책』(이재우, 해인출판, 1998), 『해양력과 국가경제』(조정제·강종희, 1996), 「해양과 국민생활」(≪지방행정≫, 최남선, 1953), 『시파워의 세계사』(靑木榮一, 최재수(역), 한국해사문제연구소, 1995)를 참조했다.

▓ 지은이

조정제(趙正濟)

서울대학교 문리과대학 영어영문학과 졸업

서울대학교 행정대학원 행정학 석사, 미국 캔사스 주립대학교 경제학 박사

행정고시 제4회 합격

경제기획원 경제기획국 자금계획과장, 국토연구원 부원장, 대한교통학회 부회장,

대한국토·도시계획학회장, 한국해양수산개발원 원장, 해양수산부 장관,

규제개혁위원회 경제분과 위원장 등 역임

국민훈장 동백장, 국민훈장 모란장 수상

주요 저서로『지역산업연관분석』,『도시재정의 개선방안』,『토지세제의 과제와 정책』,

『도시경영』외 다수

좁은 땅 넓은 바다

ⓒ 조정제, 2002

지은이 | 조정제

펴낸이 | 김종수

펴낸곳 | 도서출판 한울

편집책임 | 곽종구

편집 | 이원숙

초판 1쇄 발행 | 2002년 6월 30일

초판 2쇄 발행 | 2002년 11월 30일

주소 | 121-801 서울시 마포구 공덕1동 105-90 서울빌딩 3층

전화 | 영업 326-0095(대표) 편집 336-6183(대표)

팩스 | 333-7543

전자우편 | newhanul@nuri.net

등록 | 1980년 3월 13일, 제14-19호

Printed in Korea.

ISBN 89-460-2987-0 03320